Reihe: Planung, Information und Unternehmungsführung · Band 4
Herausgegeben von Prof. Dr. Norbert Szyperski, Köln; Prof. Dr. Paul Schmitz, Köln; Prof. Dr. Winfried Matthes, Köln und Dr. Udo Winand, Frankfurt

Dr. Andreas Paffhausen

Grundlagen eines Informationssystems für die langfristige Absatzführung in mittelständischen Betrieben der Konsumgüterindustrie

1. Auflage 1984

Verlag Josef Eul
Bergisch Gladbach 1

CIP-Kurztitelaufnahme der Deutschen Bibliothek

Paffhausen, Andreas:
Grundlagen eines Informationssystems für die langfristige Absatzführung in mittelständischen Betrieben der Konsumgüterindustrie / von Andreas Paffhausen. –
Bergisch Gladbach : Eul, 1984.
(Planung – Information – Unternehmungsführung ; 4)
ISBN 3-89012-014-8
NE: GT

Printed in Germany
Druck: difo-druck schmacht, Bamberg

Seite

Seite

Seite

Seite

Seite

VERZEICHNIS DER TABELLEN

Seite

Seite

Seite

VERZEICHNIS DER ÜBERSICHTEN

Seite

I. Einleitung

A. Problemstellung der Arbeit

Die heutige Markt- und Umweltsituation der Konsumgüterproduzenten ist insbesondere durch folgende Erscheinungen gekennzeichnet:

- Stagnieren und Schrumpfen von Absatzmärkten verschiedener Konsumgüterbranchen;
- Verschärfung des Wettbewerbs, zusätzlich hervorgerufen durch das zunehmende Eindringen ausländischer Konkurrenten;
- nachhaltige Veränderungen im Wertesystem und im Nachfrageverhalten der Konsumenten;
- Konzentrations- und Kooperationsprozesse beim Handel;
- technologische Entwicklungen, insbesondere auf dem Kommunikationssektor.

Angesichts dieser Entwicklungen wird es für den einzelnen Betrieb[1] immer schwieriger, seine Leistungs- und Wettbewerbsfähigkeit zu bewahren oder gar noch zu steigern. In besonderem Maße gilt das für die mittelständischen Betriebe[2] der Konsumgüterindustrie, da ihre Aktivitäten auf dem Markt und ihr Durchsetzen gegenüber den großbetrieblichen Mitbewerbern zusätzlich durch betriebsgrößenspezifische Probleme erschwert werden.[3]

---

1) Die Begriffe "Betrieb" und "Unternehmen" werden in der vorliegenden Untersuchung synonym verwendet.

2) Zur Abgrenzung des Bereichs "mittelständischer Betriebe" siehe Seite 12 ff; die Begriffe "mittelständische Betriebe" und "kleine und mittlere Betriebe" werden in der vorliegenden Untersuchung synonym verwendet.

3) Vgl. dazu Karl Robl: Ansätze eines theoretischen Systems der Wettbewerbsvorteile und Wettbewerbsnachteile mittelständischer Betriebe, in: Die Betriebsgröße als Bestimmungsfaktor der Wettbewerbsfähigkeit mittelständischer Betriebe, hrsg. v. F. Klein-Blenkers, Heft 55 der Beiträge zur Mittelstandsforschung, Göttingen 1979, insbesondere S. 13 (im folgenden zitiert als: Karl Robl: Ansätze eines theoretischen Systems)

Die Auswirkungen zeigen sich in dem seit Jahren sehr deutlich zu beobachtenden Schrumpfungsprozeß und Positionsverlust der mittelständischen Industriebetriebe. Ein besonders deutliches Bild von der negativen Situation vermittelt ein zeitlicher Vergleich der Marktanteile. Während die Großbetriebe ihren Marktanteil ganz erheblich vergrößern konnten, sank der Marktanteil der auf dem Industriesektor tätigen mittelständischen Betriebe von 38 % im Jahre 1962 auf ca. 22 % im Jahre 1978 um somit 42 %.[1] Diese Tendenz in der Abnahme der Marktanteile dürfte für den Bereich der mittelständischen Konsumgüterproduzenten einen ähnlichen Verlauf genommen haben.[2]

Vor dem Hintergrund dieser kritischen Situation einerseits sowie aufgrund der - hinreichend belegten - großen Bedeutung des mittelständischen Bereichs für die Marktwirtschaft und die Gesellschaft der Bundesrepublik Deutschland[3] andererseits, erscheint es notwendig, die Leistungsfähigkeit dieser Betriebe zu verbessern bzw. dauerhaft zu sichern. Ansätze für wirksame Bemühungen finden sich bei den Schwachstellen der mittelständischen Industriebetriebe. Diese erstrecken sich auf den überbetrieblichen Bereich (Einflüsse von Gesellschaft und Staat), zwischenbetrieblichen Bereich (Einflüsse von Marktpartnern und Konkurrenten) und betrieb-

---

1) Vgl. hierzu Fritz Klein-Blenkers: Förderung der Betriebsführung kleiner und mittlerer Unternehmungen, in: Betriebswirtschaftliche Forschung und Praxis, 34. Jg., September 1982, S. 395 (im folgenden zitiert als: Fritz Klein-Blenkers: Förderung der Betriebsführung)

2) Aus der amtlichen Statistik können keine näheren Angaben entnommen werden, da aufgrund der dort gewählten Systematik die "Konsumgüterindustrie" nicht gesondert ausgewiesen ist. Zu den Abgrenzungsschwierigkeiten vgl. auch die Ausführungen auf Seite 11 ff.

3) Zu den Funktionen und Leistungen der mittelständischen Wirtschaft vgl. Fritz Klein-Blenkers (und andere): Die mittelständische Wirtschaft -heute- Probleme und Lösungsansätze, Heft 50 der Beiträge zur Mittelstandsforschung, Göttingen 1979, S. 1 ff (im folgenden zitiert als: Fritz Klein-Blenkers: Die mittelständische Wirtschaft)

lichen Bereich (eigenes Verhalten, z.B. im Rahmen der Führung, Finanzierung).[1] Wie mehrere Untersuchungen belegen, weist insbesondere der Führungsbereich sehr vieler mittelständischer Industriebetriebe zum Teil erhebliche Mängel auf und bestimmt von daher ihre ungünstige Entwicklung wesentlich mit.[2] Diese Erkenntnisse geben Anlaß, Einzelheiten dieses Problemkomplexes zu ergründen.

Es gehört zum gesicherten Erkenntnisstand der Betriebswirtschaftslehre, daß für die Effizienz der Betriebsführung in Betrieben aller Größenordnungen und Wirtschaftszweige die (1) Qualitäten der Führungspersonen und die ihr zur Verfügung stehenden (2) Informationen maßgebend sind.[3] Diese Zusammenhänge gewinnen vor allem bei einer absatzorientierten Unternehmensführung, die bei den eingangs erwähnten Marktverhältnissen für die Betriebe allgemein als existenznotwendig erachtet wird, eine herausragende Bedeutung.[4] Einsichten in die Praxis der mittelständischen Wirtschaft zeigen jedoch, daß bei beiden Komponenten der Betriebsführung häufig essentielle Schwächen vorhanden sind.

---

1) Vgl. Fritz Klein-Blenkers: Förderung der Betriebsführung, S. 396

2) Vgl. z.B. Winfried Reske; Achim Brandenburg; Hans-Jürgen Mortsiefer (Bearbeiter): Insolvenzursachen mittelständischer Betriebe - Eine empirische Analyse -, Nr. 70 der Schriften zur Mittelstandsforschung, 2. Aufl., Göttingen 1978, S. 60 ff (im folgenden zitiert als: Winfried Reske; Achim Brandenburg; Hans-Jürgen Mortsiefer: Insolvenzursachen)

3) Vgl. Fritz Klein-Blenkers: Ansatzstellen und Maßnahmen zur Verbesserung der Betriebsführung des mittelständischen Facheinzelhandels unter besonderer Berücksichtigung staatlicher Gewerbeförderungsmaßnahmen, Nr. 48 der Abhandlungen zur Mittelstandsforschung, Köln 1971, S. 55 (im folgenden zitiert als: Fritz Klein-Blenkers: Ansatzstellen und Maßnahmen); Winfried Anton Elm: Das Informationssystem als Mittel der Unternehmensführung, Diss. Berlin 1970, S.1

4) Zur "Konzeption einer absatzorientierten Führung" oder zur "Marketingkonzeption" vgl. die Ausführungen beispielsweise bei Johannes Bidlingmaier: Marketing 1, Reinbek 1973, S. 13 ff (im folgenden zitiert als Johannes Bidlingmaier: Marketing 1)

(zu 1) Unzulänglichkeiten bei der unternehmerischen Qualifikation werden besonders deutlich durch das weitgehende Fehlen einer systematischen Betriebsführung und durch das unzureichende Entwickeln von Konzeptionen einer langfristig orientierten Absatzführung.[1] Betrachtet man dahingehend die einzelnen Aufgabengebiete der Unternehmensführung - in Bezug auf den Absatzbereich -, so wird offenkundig, daß in vielen mittelständischen Betrieben

- kaum langfristige Ziele konzipiert und fixiert sind,[2]
- nur teilweise strategische Maßnahmen für den Absatz geplant und realisiert werden[3] und
- daher nur sehr bedingt eine Kontrolle der Absatzergebnisse möglich ist.[4]

Charakteristische Handlungsweisen mittelständischer Unternehmer sind sehr häufig kurzfristiges Reagieren auf eingetretene Marktveränderungen und Improvisation im Betriebsgeschehen. Begründet wird dieses Verhalten durch eine falsch verstandene Flexibilität, durch ein starres Festhalten an traditionellen Gepflogenheiten sowie durch eine hohe Aufgabenbelastung im Tagesgeschäft.

(zu 2) Die weitläufig artikulierte Forderung nach der konsequenten Anwendung einer <u>absatzorientierten</u> Unternehmensführung in mittelständischen Betrieben verbunden mit der

---

1) Vgl. Fritz Klein-Blenkers: Ein tüchtiger Unternehmer hat immer Chancen, in: Mitteilungen des Instituts für Handelsforschung, 30. Jg., Nr. 3, 1978, S. 37 (im folgenden zitiert als: Fritz Klein-Blenkers: Ein tüchtiger Unternehmer)

2) Vgl. Industrie- und Handelskammer zu Koblenz (Hrsg.): "Zukunft im Nebel", im Kleinbetrieb wird Planen klein geschrieben, Koblenz 1978, S. 6

3) Vgl. Rationalisierungs-Kuratorium der Deutschen Wirtschaft (RKW) e.V. (Hrsg.): Marketing in mittleren und kleineren Industrieunternehmen dargestellt am Beispiel der Wohnmöbel-Industrie, Frankfurt 1975, S. 62 ff (im folgenden zitiert als: RKW: Marketing)

4) Vgl. Helmut Frenzel: Jedes Unternehmen braucht eine Konzeption. Die Management-Lücke gegenüber Großunternehmen, in: Blick durch die Wirtschaft, hrsg. v. Frankfurter Allgemeine Zeitung, 21. Jg., Nr. 16 vom 19.1.1978, S. 3

stärkeren <u>langfristigen</u> Ausrichtung des Marketing rückt die herausragende Bedeutung der Informationsversorgung ins Blickfeld.[1] Wegen der Tragweite und Relevanz langfristiger absatzpolitischer Führungsentscheidungen für die gesamte Unternehmung ist in besonderem Maße in den kleinen und mittleren Industriebetrieben ein fundierter Informationsstand bei den Entscheidungsträgern notwendig. Denn weitaus eher als bei den in Konkurrenz stehenden Großbetrieben können Fehlentscheidungen, die aufgrund einer mangelhaften Informiertheit der Führungspersonen getroffen werden, zur Existenzbedrohung oder gar zur Verdrängung aus dem Markt führen.[2] Klein- und Mittelbetriebe sind kaum in der Lage, Verluste eines Betätigungsbereiches durch entsprechende Gewinne eines anderen Bereichs zu kompensieren. Ferner lassen die finanziellen Reserven kostspielige Marktexperimente nicht zu.[3]

Empirischen Erhebungen zufolge läßt sich jedoch konstatieren, daß die Informationsversorgung eine typische Schwachstelle mittelständischer Betriebe darstellt. Einige wichtige Ergebnisse, die den Untersuchungen entnommen wurden und im folgenden aufgeführt sind, belegen dies:

- Die gravierenden Folgen, die ein mangelhaftes Informationswesen hervorrufen kann, gehen aus der Analyse der Insolvenzursachen mittelständischer Betriebe hervor. Demnach gehört der <u>unzulängliche Informationsstand der Unternehmensführung</u> neben der mangelhaften Unternehmer-

---

1) Vgl. u.a. Heribert Meffert: Perspektiven des Marketing in den 80er Jahren, in: Die Betriebswirtschaft, 40. Jg., Heft 1 (März) 1980, S. 75; Hans Raffée: Marketingperspektiven der 80er Jahre, in: Marketing, 4. Jg., Heft 2 (Mai) 1982, S. 86

2) Rühle von Lilienstern vertritt beispielsweise die Ansicht, "daß die kleinen und mittleren Unternehmen nicht in Gefahr sind, weil sie so klein sind, sondern weil sie unzureichende Informationen für ihre Entscheidungen haben". Hans Rühle von Lilienstern: Konkurrenzfähiger durch bessere Informationen, Berlin 1974, S. 9

3) Vgl. Fritz Klein-Blenkers: Die mittelständische Wirtschaft, S. 70

qualifikation zu den wesentlichsten Gründen, auf die Insolvenzen mittelständischer Industriebetriebe zurückzuführen sind.[1)]

- In der selben Studie wird offenkundig, daß bei kleineren und mittleren Industriebetrieben eine falsche Einschätzung des Absatzmarktes an erster Stelle der absatzwirtschaftlich bedingten Insolvenzursachen rangiert.[2)]
- Aus Untersuchungen von Betrieben verschiedener Wirtschaftsbereiche wird in Bezug auf die Informationssituation mittelständischer Betriebe ersichtlich, daß eine permanente und systematische Informationsgewinnung überwiegend fehlt.[3)]
- Bei einer Analyse von Problemkomplexen mittelständischer Betriebe stellte sich als herausragendes Einzelproblem des Absatzbereichs die mangelnde Versorgung mit Marktinformationen heraus. Beachtlich ist in diesem Zusammenhang die Diskrepanz zwischen den Nennungen der befragten Betriebe (26,2 %) sowie den Nennungen der Kammern und Verbände (42,1 %). Daraus ist zu schließen, daß den Betrieben als den unmittelbar Betroffenen ein Informationsproblem gar nicht oder nur schwach bewußt ist.[4)]

---

1) Vgl. Winfried Reske; Achim Brandenburg; Hans-Jürgen Mortsiefer: Insolvenzursachen, S. 62 ff

2) Ebenda, S. 96 ff

3) Vgl. Achim Brandenburg (Bearbeiter): Möglichkeiten und Grenzen der Marktforschung in mittelständischen Handwerksbetrieben, Heft 37 der Beiträge zur Mittelstandsforschung, Göttingen 1978; (im folgenden zitiert als: Achim Brandenburg: Möglichkeiten und Grenzen der Marktforschung); RKW: Marketing, S. 50 ff; Ralf-Peter Thürbach unter Mitwirkung von Evelyn Hutter (Bearbeiter): Zum Stand der Organisation in mittelständischen Betrieben - eine empirische Analyse -, Heft 11 der Beiträge zur Mittelstandsforschung, Göttingen 1976, S. 39 f (im folgenden zitiert als: Ralf-Peter Thürbach: Zum Stand der Organisation)

4) Vgl. Karl Robl unter Mitwirkung von Ralf-Peter Thürbach (Bearbeiter): Zur Problemsituation mittelständischer Betriebe - eine empirische Analyse -, Heft 10 der Beiträge zur Mittelstandsforschung, Göttingen 1976, S. 23 ff (im folgenden zitiert als: Karl Robl: Zur Problemsituation)

- Untersuchungen des Organisationsstandes mittelständischer Industriebetriebe zeigen, daß das Informationswesen als der am schwächsten organisierte Bereich anzusehen ist.[1]

- Eine andere Untersuchung zeigt allerdings auch, daß mittelständische Betriebe zu manchen Bereichen von außen nicht gut mit Informationen versorgt werden. In ihr wird nachgewiesen, daß die Informationsversorgung mittelständischer Betriebe über leistungssteigernde Maßnahmen, die auch zur Förderung der Absatzbestrebungen eingesetzt werden könnten, Mängel aufweist.[2]

Eine zusammenfassende Wertung der aufgezeigten unterschiedlichen Forschungsergebnisse zur Unternehmerqualifikation und zum Informationsbereich führt zu dem Schluß, daß bei den mittelständischen Industriebetrieben die Hauptursachen ihres Scheiterns sowohl in der nur schwach ausgeprägten langfristigen Orientierung ihrer Absatzführung als auch in schlechter Informationsversorgung der Führungspersonen liegen. In Übersicht 1 (S. 8) wird diese Problemstellung verdeutlicht.

Als ein erfolgversprechender Weg zur Lösung dieser Probleme wird die Gestaltung absatzorientierter Informationssysteme angesehen. An diesem Punkt setzt die vorliegende Arbeit an und versucht, auf der Grundlage bereits vorhandener Erkenntnisse die Gestaltungsmöglichkeiten absatzorientierter Informationssysteme in mittelständischen Betrieben der Konsumgüterindustrie aufzuzeigen. Die thematische Verknüpfung (Informationssysteme - langfristige Absatzführung) ergibt sich aufgrund der engen Interdependenzen zwischen beiden Problemkomplexen. Der Akzent der Betrachtung liegt jedoch eindeutig auf der Informationsversorgung.

---

1) Vgl. Ralf-Peter Thürbach: Zum Stand der Organisation, S. 73 ff

2) Fritz Klein-Blenkers unter Mitwirkung von Emil Leihner, Achim Brandenburg, Hans-Jürgen Mortsiefer, Winfried Reske, Sigrid Hühnert: Zur Verbesserung des Informationsstandes mittelständischer Betriebe über leistungssteigernde Maßnahmen, Nr. 81 der Schriften zur Mittelstandsforschung, Göttingen 1981 (im folgenden zitiert als: Fritz Klein-Blenkers u.a.; Zur Verbesserung des Informationsstandes)

Übersicht 1

Zur Problemstellung der Arbeit

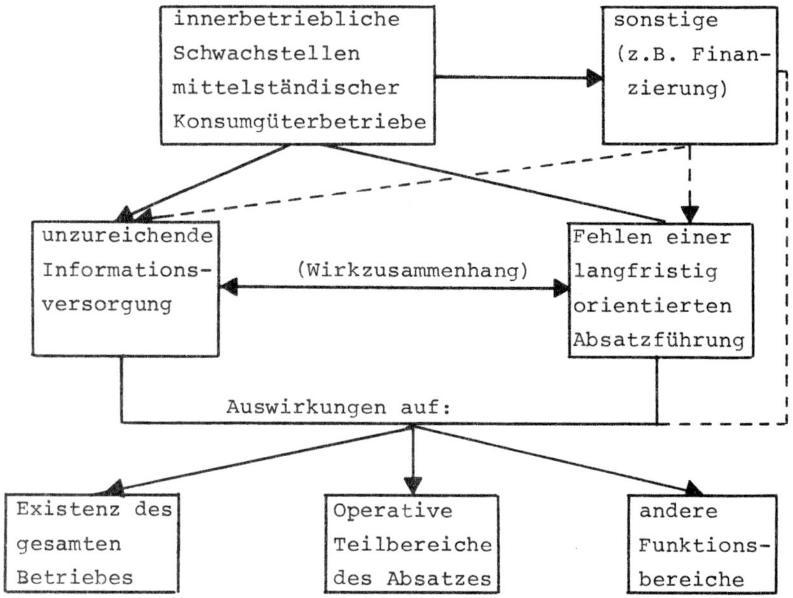

B. Begriffliche Grundlagen der Arbeit

Um den Rahmen und den Hintergrund der besprochenen Problematik aufzuzeigen, ist es notwendig, die Untersuchungselemente der Arbeit abzugrenzen und näher zu charakterisieren. "Untersuchungssubjekte" sind die mittelständischen Betriebe der Konsumgüterindustrie (Abschnitt B.1., S. 9 ff). Das "Untersuchungsobjekt" stellt die langfristige Absatzführung (Abschnitt B.2., S. 15 ff) und das damit im Zusammenhang stehende Informationssystem (Abschnitt B.3., S. 20 ff) dar.

1. Mittelständische Betriebe der Konsumgüterindustrie

Im folgenden sollen die Wesensmerkmale des Wirtschaftsbereichs "Konsumgüterindustrie" und besonders die Charakteristika seiner mittelständischen Betriebe aufgezeigt werden. Die thematische Eingrenzung auf den Bereich der Konsumgüterindustrie dient einer möglichst tiefen Durchdringung des Untersuchungskomplexes, und sie erleichtert die empirischen Erhebungen. Insgesamt ist sie in dem Sinne zu verstehen, daß die Untersuchung am B e i s p i e l der Konsumgüterindustrie erfolgen soll.

Die Betriebe der Industrie zählen zu den Produktivbetrieben, d.h. zu den Wirtschaftseinheiten, die "Leistungen für andere hervorbringen".[1] Im Gegensatz dazu stehen die "Konsumtivbetriebe" (private und öffentliche Haushaltungen), die konsumieren und je nachdem für den eigenen Bedarf produzieren. Da beispielsweise auch Anbaubetriebe und Dienstleistungsbetriebe produktiv tätig sind, muß der Produktionsbegriff im allgemeinen Sinne[2] auf den rein technologischen Aspekt eingeengt werden.

---

1) Erich Schäfer: Die Unternehmung, 9., durchgesehene Auflage, Wiesbaden 1978, S. 10

2) Kosiol versteht unter Produktion "jede Art von werteschaffender Erzeugung". Erich Kosiol: Die Unternehmung als wirtschaftliches Aktionszentrum, Reinbek 1966, S. 17 (im folgenden zitiert als: Erich Kosiol: Die Unternehmung)

Konstitutives Element eines Industriebetriebes ist demnach der Vollzug "eine(r) technologische(n) Transformation von Stoffen, Energien und Vorprodukten in verkaufsfähige (marktfähige) Güter".[1] Diese Phase ist im wesentlichen dadurch bestimmt, daß

- als Transformationsarten "Stoffgewinnung, -umwandlung, -verformung sowie Veredelung und Montage in mechanischen, energetischen oder chemischen, diskontinuierlich oder kontinuierlich ablaufenden Prozessen",[2] Anwendung finden,
- die Produktion "unter prozeßprägender Anwendung mechanisierter, maschinisierter und automatisierter Betriebsmittel"[3] abläuft.

Mellerowicz führt dazu aus, daß Industriebetriebe mehr als alle anderen Betriebe eine "Synthese von Technik und Wirtschaft" darstellen.[4]

Die aufgeführten Merkmale beziehen sich jedoch nicht nur auf Industriebetriebe; sie sind teilweise auch in Handwerksbetrieben zu finden. Eine Abgrenzung der Betriebe beider Wirtschaftsbereiche ist aber angebracht, da aufgrund unterschiedlicher Strukturen besonders die betriebswirtschaftlichen Probleme größtenteils anders gelagert sind. Eine eindeutige Unterscheidung ist aber problematisch, da auch Merkmale aus nicht-fertigungstechnischen Bereichen (Kapitaleinsatz, Personalstand)[5] bei einer vergleichenden Betrachtung der Praxis

---

1) Werner Kern: Industriebetriebslehre, in: Handwörterbuch der Betriebswirtschaft, hrsg. v. E. Grochla und W. Wittmann, 4., völlig neu gestaltete Aufl., Stuttgart 1975, Bd. I/2, Sp. 1850

2) Ebenda, Sp. 1850

3) Ebenda, Sp. 1850

4) Konrad Mellerowicz: Betriebswirtschaftslehre der Industrie, 6. neubearb. u. erweit. Aufl., B. I., Freiburg i.Br. 1968, S. 31

5) Vgl. die Unterscheidungsmerkmale in der synoptischen Darstellung bei Werner Kern: Industriebetriebslehre, Stuttgart 1970, S. 8

sehr oft sowohl in der Industrie als auch im Handwerk identisch sind.[1] Bei empirischen Untersuchungen bedient man sich daher häufig eines rein formalen Kriteriums, indem man eine Trennung nach der Zugehörigkeit zur jeweiligen Wirtschaftsorganisation (Industrie- und Handelskammer oder Handwerkskammer) vornimmt.[2]

Die Industriebetriebe können nun nach Art der erbrachten Leistung typologisiert werden. Da wir unsere Betrachtung auf den Zweig der Konsumgüter herstellenden Industriebetriebe beschränken wollen, gilt es, eine Abgrenzung zu den übrigen Industriebetrieben vorzunehmen. Die für diesen Zweck relevanten Unterscheidungsmerkmale sind der Verwendungszweck sowie die Verwender der produzierten Sachgüter.[3] Unter diesen Aspekten werden zur Konsumgüterindustrie all jene Produktionsbetriebe gerechnet, die Güter herstellen,

- "die entweder als Verbrauchsgüter zur einmaligen Verwendung oder als Gebrauchsgüter zur mehrmaligen bzw. zur längerfristigen Verwendung bestimmt sind"[4] und
- die "zum Gebrauch oder Verbrauch von Letztkonsumenten auf den Markt gebracht werden".[5]

---

1) Vgl. Helmut Kurt Weber: Industriebetrieb und Absatzwirtschaft, in: Handwörterbuch der Absatzwirtschaft, hrsg. v. B. Tietz, Stuttgart 1974, Sp. 836

2) Vgl. Hans-Joachim Brandenburg: Absatzforschung in mittelständischen Handwerksbetrieben, Diss. Köln 1979, S. 10 (im folgenden zitiert als: Hans-Joachim Brandenburg: Absatzforschung)

3) Eine Zuordnung der Güter und der sie herstellenden Betriebe zum Konsum- oder Investitionsgüterbereich kann nicht immer aufgrund der Art und Beschaffenheit der Produkte selbst vorgenommen werden. Verschiedene Produkte (beispielsweise Schreibmaschinen, "Do-it-yourself-Artikel") können nämlich sowohl als Konsumgut für den privaten Gebrauch als auch als Investitionsgut in einer Unternehmung genutzt werden. Vgl. Philip Kotler: Marketing-Management, Analyse, Planung und Kontrolle, Studienausgabe, Stuttgart 1977, S. 85 (im folgenden zitiert als: Philip Kotler: Marketing)

4) Robert Nieschlag, Erwin Dichtl, Hans Hörschgen: Marketing, 10., unveränderte Aufl., Berlin 1979, S. 180 (im folgenden zitiert als: Robert Nieschlag, Erwin Dichtl, Hans Hörschgen: Marketing)

5) Heinz Weinhold-Stünzi: Konsumgütermarketing, in: Handwörterbuch der Absatzwirtschaft, hrsg. v. B. Tietz, Stuttgart 1974, Sp. 1063

Folglich sollen Betriebe, die Güter herstellen, "die zur Erzeugung von Produkten notwendig sind",[1] sowie solche Unternehmen, die Verbrauchs- und Gebrauchsgüter produzieren und überwiegend an Weiterverarbeiter absetzen, von der Betrachtung ausgeschlossen werden.

Entsprechend der Themenstellung wollen wir uns jedoch nicht mit der Gesamtheit der Betriebe der Konsumgüterindustrie befassen, sondern die mittelständischen Betriebe herausgreifen, die aufgrund ihrer spezifischen Eigenarten eine Untergruppe dieses Wirtschaftssektors darstellen.

Um Betriebe in bestimmte Größenklassen einteilen zu können, müssen Indikatoren herangezogen werden, die vor allen Dingen einen pragmatischen Wert besitzen.[2] Das Institut für Mittelstandsforschung teilt die Industriebetriebe mit Hilfe der quantitativen Maßstäbe "Anzahl der Beschäftigten" und "Umsatz pro Jahr" in Betriebsgrößenklassen ein.[3] Aus Übersicht 2 (S. 13) ist die Abgrenzung von Größenklassen gemäß den genannten Kriterien ersichtlich.

---

1) Vgl. Robert Nieschlag, Erwin Dichtl, Hans Hörschgen: Marketing, S. 180

2) "Der Begriff Betriebsgröße kennzeichnet die betriebliche Leistungsbereitschaft. ... Da sich aber die Leistungsbereitschaft in allen ihren Faktoren nicht messen läßt, ist nach einem brauchbaren Hilfsmaßstab der Betriebsgrößenkennzeichnung zu suchen." Fritz Klein-Blenkers: Die Ökonomisierung der Distribution, Köln und Opladen 1964, S. 160 (im folgenden zitiert als: Fritz Klein-Blenkers: Ökonomisierung)

3) Vgl. Ralf-Peter Thürbach unter Mitwirkung von Heinz-Hermann Menzenwerth (Bearbeiter): Die Entwicklung der Unternehmensgrößen in der Bundesrepublik Deutschland von 1962 bis 1972 - Mittelstandsstatistik -, Heft 4 der Beiträge zur Mittelstandsforschung, Göttingen 1975, S. 7

Übersicht 2

Die Abgrenzung von Industrieunternehmen nach Größenklassen

Größenklasse	Größeneinteilung nach ...	
	Anzahl der Beschäftigten	Umsatz pro Jahr von...bis unter...Mio. DM
Klein	bis 49	bis 2,0
Mittel	50 - 499	2,0 - 25,0
Groß	500 und mehr	25,0 und mehr

Dieser Einteilung schließt sich der Verfasser an. Demnach werden in dieser Arbeit zum Kreis der mittelständischen Industriebetriebe solche Betriebe gezählt, die nach dem Beschäftigtenkriterium bis 499 Beschäftigte bzw. nach dem Umsatzkriterium bis 25,0 Mio. DM Jahresumsatz aufweisen.[1)]

Im Jahre 1976 repräsentierten von allen Industriebetrieben, die in der Bundesrepublik Deutschland Konsumgüter herstellen, die kleinen und mittleren Betriebe insgesamt 98,7 %.[2)] An-

---

1) Die Abgrenzung der Industriebetriebe nach den genannten Umsatzklassen basiert auf nominalen Zahlenwerten aus dem Jahre 1970. Auf Grund von Preisveränderungen im Zeitablauf, denen die Umsätze unterliegen, werden deshalb von Zeit zu Zeit Preisbereinigungen erforderlich. Vgl. Joachim Steiner; Burkhard Börstler; Winfried Reske (Bearbeiter): Die Entwicklung von Unternehmen und Umsätzen in der Bundesrepublik Deutschland von 1970 - 1976 auf der Basis nominaler und realer Daten - Mittelstandsstatistik -, Heft 49 der Beiträge zur Mittelstandsforschung, Göttingen 1979, S. 18 (im folgenden zitiert als: Joachim Steiner; Burkhard Börstler; Winfried Reske: Die Entwicklung von Unternehmen)

2) Unter Vernachlässigung der Abgrenzungsschwierigkeiten wurden die mittelständischen Betriebe der Konsumgüterindustrie aus den Bereichen "Verbrauchsgüter produzierendes Gewerbe" und "Nahrungs- und Genußmittelgewerbe" errechnet. Statistisches Bundesamt: Statistisches Jahrbuch 1978 für die Bundesrepublik Deutschland, Stuttgart und Mainz im August 1978, S. 168 und eigene Berechnungen

hand dieses Wertes ist die große volkswirtschaftliche Bedeutung der mittelständischen Konsumgüterproduzenten erkennbar. Gleichzeitig wird auch deutlich, welch großer Anteil von Betrieben in der vorliegenden Arbeit angesprochen ist.

Begriffsbestimmende Merkmale der mittelständischen Industriebetriebe lassen sich ferner durch eine Betrachtung unter qualitativen Aspekten gewinnen. Unter Berücksichtigung verschiedener Autoren sind die kleinen und mittleren Industriebetriebe wesentlich durch folgende Kriterien gekennzeichnet:

- Der Unternehmer nimmt eine zentrale Stellung ein.[1)]
- Leitung und Eigentum bilden eine Einheit.[2)]
- Eine Obergrenze für mittelständische Industriebetriebe liegt dort, wo der Unternehmer den Betrieb noch unter technischen, verwaltungsmäßigen oder organisatorischen Aspekten überschauen kann.[3)]
- Das gesamte Geschehen im Betrieb ist personenorientiert.[4)]
- Der Aufgabenbereich ist im allgemeinen auf die Befriedigung einer individuellen bzw. kleindimensionierten Nachfrage ausgerichtet.[5)]
- In Grenzfällen entscheidet die Selbsteinschätzung des Unternehmers, ob der Betrieb als "mittelständig" einzustufen ist.[6)]

---

1) Klaus-Jürgen Gantzel: Wesen und Begriff der mittelständischen Unternehmung, Nr. 4 der Abhandlungen zur Mittelstandsforschung, Köln und Opladen 1962, S. 280 (im folgenden zitiert als: Klaus-Jürgen Gantzel: Wesen und Begriff)

2) Erich Hruschka: Die Besonderheiten der Klein- und Mittelbetriebe, in: Internationales Gewerbearchiv, 23.Jg. 1975, 4. Heft, S. 238

3) Dieter Günzel: Das betriebswirtschaftliche Größenproblem kleinerer und mittlerer industrieller Unternehmen,Göttingen 1975, S. 25 (im folgenden zitiert als: Dieter Günzel: Das betriebswirtschaftliche Größenproblem)

4) Klaus-Jürgen Gantzel: Wesen und Begriff, S. 280

5) Vgl. ebenda, S. 280

6) René König: Probleme der Mittelstandsforschung heute, in: Soziologische Probleme mittelständischer Berufe, I. Teil, Nr. 1 der Abhandlungen zur Mittelstandsforschung, Köln und Opladen 1962, S. 13

Wenn im folgenden von mittelständischen Betrieben der Konsumgüterindustrie gesprochen wird, so handelt es sich um Industriebetriebe, die (1) für den Letztverbraucher bestimmte Verbrauchsgüter oder Gebrauchsgüter produzieren; die (2) in die in Übersicht 2 aufgezeigten Größenklassen fallen und die (3) gleichzeitig einige der auf Seite 14 angeführten Merkmale aufweisen.

2. Langfristige Absatzführung

Um die Konzeptionierung bzw. Verbesserung der langfristigen Absatzführung in mittelständischen Konsumgüterbetrieben durch eine systematische Informationsversorgung zu untersuchen, müssen zunächst die wesentlichen Gesichtspunkte der langfristigen Absatzführung herausgestellt werden.

Der betriebliche Absatzprozeß ist die "Schlußphase des gesamtbetrieblichen Umsatzprozesses".[1] Der Absatz umfaßt alle Bemühungen eines Betriebes, die darauf gerichtet sind, Produkte und andere Leistungen an andere Marktteilnehmer zu veräußern, zu verpachten oder zu vermieten.[2] Die Absatzführung leitet sich unmittelbar aus der allgemeinen Betriebsführung ab[3], deren Tätigkeiten "sich vom ausführenden Tätigsein durch die besonderen Merkmale der Entscheidung, der Anordnung und der Initiative"[4] abheben.

---

1) Erich Gutenberg: Grundlagen der Betriebswirtschaftslehre, Band 2: Der Absatz, 15. neu bearb. und erw. Aufl., Berlin - Heidelberg - New York 1976, S. 2 (im folgenden zitiert als: Erich Gutenberg: Der Absatz)

2) Diese Begriffsauffassung ist angelehnt an die der Kommission zur Förderung der Handels- und Absatzwirtschaftlichen Forschung (Hrsg.): Katalog E, Begriffsdefinitionen aus der Handels- und Absatzwirtschaft, 3. Ausgabe, Köln 1982, S. 13 (im folgenden zitiert als: Katalog E)

3) Vgl. Erwin Dichtl: Über Wesen und Struktur absatzpolitischer Entscheidungen, Berlin 1967, S. 15

4) Erich Kosiol: Die Unternehmung, S. 81

Der Komplex "Betriebsführung" wird im vorliegenden Schrifttum unter sehr verschiedenen Aspekten (z.B. funktionalen, institutionalen) betrachtet.[1] Durch diese vielschichtige Analyse wird eine gute Durchdringung und eine umfassende Erklärung dieses Phänomens ermöglicht. Somit empfiehlt es sich, zuerst die unternehmerische Führungstätigkeit generell zu präzisieren und dann auf den Absatzbereich zu übertragen.

Nach funktionalen Gesichtspunkten besteht die zentrale Aufgabe der Betriebsführung darin, "Entscheidungen zu treffen und diese durchzusetzen"[2], denn "ohne Entscheidungen geschieht nichts".[3] Führungsentscheidungen können in Ziel- und Mittelentscheidungen unterteilt werden.[4]

Absatzführung umfaßt folglich die Gesamtheit aller auf den Absatzbereich bezogenen Entscheidungen,

- um den ausführenden Stellen Ziele zu setzen (Zielentscheidungen) und
- um mit Hilfe von Konzeption, Planung, Kontrolle und Organisation Wege zur Zielerreichung aufzuzeigen (Mittelentscheidungen).[5]

Wird das Fällen von Entscheidungen als Prozeß gesehen, so stehen die Handlungsphasen im Mittelpunkt der Betrachtung.[6]

---

1) Vgl. u.a. Horst-Thilo Beyer: Die Lehre der Unternehmensführung, Entwurf eines Forschungsprogrammes, Berlin 1970, S. 35 ff; Knut Bleicher, Erik Meyer: Führung in der Unternehmung, Formen und Modelle, Reinbek 1976, insbesondere S. 37 ff

2) Erwin Grochla: Gegenstand und Entwicklung der Managementlehre, in: Management, Aufgaben und Instrumente, hrsg. v. E. Grochla, 1. Aufl., Düsseldorf und Wien 1974, S. 12

3) Emil Leihner: Versuch einer systematischen Unternehmensführungslehre für den Einzelhandel, in: Jahrbuch 1970 der Betriebswirtschaftlichen Beratungsdienste für den Einzelhandel, hrsg. v. E. Leihner, Köln 1970, S. 42

4) Vgl. Edmund Heinen: Grundlagen betriebswirtschaftlicher Entscheidungen. Das Zielsystem der Unternehmung, 3. Aufl., Wiesbaden 1976, S. 18 ff

5) Vgl. dazu Fritz Klein-Blenkers: Ansatzstellen und Maßnahmen, S. 28; Fritz Klein-Blenkers: Ein tüchtiger Unternehmer, S. 37

6) Vgl. Ludwig Berekoven, Werner Eckert, Peter Ellenrieder: Marktforschung, Methodische Grundlagen und praktische Anwendung, Wiesbaden 1977, S. 15 und S. 26 (im folgenden zitiert als: Ludwig Berekoven, Werner Eckert, Peter Ellenrieder: Marktforschung)

Danach umfaßt die Betriebsführung bzw. Absatzführung die Phasen der Erkundung alternativer Möglichkeiten; Beurteilung der Ergebnisse der Erkundung; Entscheidung für eine Alternative und Entwicklung von Konzeption, Planung, Organisation; Ingangsetzung der Durchführung; Kontrolle der Durchführung.[1] Anhand des Phasenschemas läßt sich bereits in groben Zügen die Bedeutung von Informationen für zu treffende Führungsentscheidungen erkennen.[2]

Für die Zielsetzung dieser Arbeit ist ferner der <u>institutionelle</u> Aspekt von Bedeutung. Gegenstand der Betrachtung sind hierbei die mit Führungsaufgaben befaßten Führungspersonen (Entscheidungsträger). Entscheidungen der langfristigen Absatzführung werden in der Regel vom Unternehmer selbst bzw. von Mitarbeitern auf der oberen Führungsebene getroffen. Demnach konzentriert sich die Untersuchung auf den Nutzerkreis des Informationssystems, der in mittelständischen Industriebetrieben vorrangige Bedeutung auf das betriebliche Geschehen hat.

Die bisher überwiegend unter formalen Aspekten (generelle Führungsaufgaben, Phasen des Entscheidungsprozesses) behandelte Führungstätigkeit soll nunmehr durch den Bezug auf den Sachbereich "Absatz" konkretisiert werden. In Anlehnung an die Themenstellung soll dabei eine Eingrenzung durch den Aspekt der Fristigkeit vorgenommen werden.

In der Literatur wird in der Regel unterschieden zwischen langfristiger, mittelfristiger und kurzfristiger Absatzführung.[3] Einheitliche Aussagen über die zeitliche Reichweite sind jedoch nicht möglich, da eine Festlegung von verschiedenen betriebsinternen und betriebsexternen Einflußgrößen (z.B. Produktart, Unternehmensgröße, Marktsituation) abhängt. "Das Kriterium ist in der Frist zu sehen, während welcher die

---

1) Vgl. Fritz Klein-Blenkers: Ansatzstellen und Maßnahmen, S. 54

2) Vgl. dazu auch Richard Köhler: Informationssysteme für die Unternehmensführung, in: ZfB, 41.Jg., 1971, S. 29

3) Vgl. z.B. Heinz Weinhold-Stünzi: Grundlagen wirtschaftlicher Absatzführung, 2. unveränderte Aufl., Bern und Stuttgart 1974, S. 51

in der Gegenwart zu treffenden Entscheidungen wirksam sind".[1] Als grober Anhaltspunkt für die langfristige Absatzführung in der mittelständischen Konsumgüterindustrie soll eine Zeitspanne von mindestens 5 Jahren dienen. Zum besseren Verständnis ist dazu noch eine sachliche Abgrenzung vorzunehmen. Als langfristige Absatzführung soll in dieser Arbeit der Bereich angesehen werden, der zwischen dem Bereich der Absatzstruktur (Entscheidungen bezüglich Wirtschaftsbereich, Güterkreis, Standort, Bindung etc.) und dem Bereich der laufenden Absatzdurchführung (Absatztaktik) liegt.[2]

Die Aufgabe der langfristigen Absatzführung besteht demnach darin, Entscheidungen in der Gegenwart zu fällen über:

- Ziele, die über mehrere Jahre dem Absatzbereich als Richtgröße dienen, und
- Grundzüge absatzpolitischer Maßnahmen (Absatzstrategien), die der Zielerreichung dienen.

Die Sachgebiete, auf die sich die langfristige Absatzführung bezieht, und - damit verbunden - die verschiedenen Absatzstrategien werden in der Literatur unterschiedlich definiert und systematisiert.[3] Da eine Diskussion hierüber nicht der Intention dieser Arbeit entspricht, sollen im folgenden lediglich mögliche Ansatzstellen im Überblick gezeigt werden (Übersicht 3, S. 19). Konkrete Beispiele langfristiger Absatzziele und Absatzstrategien werden im Rahmen der Nutzungsmöglichkeiten von Informationen (Kap. III., S. 94 ff) behandelt.

---

1) Cuno Beat Pümpin: Langfristige Marketingplanung, Konzeption und Formalisierung, 2. Aufl., Bern und Stuttgart 1970, S. 7 f

2) Vgl. Fritz Klein-Blenkers: Handelsbetriebslehre, Teil II, in: WiSt, 6. Jg., 1977, Heft 12, S. 553 ff

3) Vgl. Klaus Hoffmann, Volker Wolff: Zur Systematik von Absatzstrategien als Grundlage langfristig wirkender Entscheidungen im Absatzbereich, in: Jahrbuch der Absatz- und Verbrauchsforschung, 23. Jg., 1977, S. 163 ff

Übersicht 3

Komponenten der langfristigen Absatzführung[1]

Formaler Führungsbereich	Sachbereich		
	Struktur	Ansatzstellen im lanfristigen Bereich	Absatz-durchführung
Ziele Zielerreichung · Konzeption · Planung · Kontrolle · Organisation	X	· Betriebsfaktoren · Absatzfunktionen · absatzpolitische Instrumente · Marktpartner · Konkurrenten	X
Informationsbereich			

Die langfristige Absatzführung umfaßt nicht nur die Führung im Bereich des Absatzes. Sie nimmt im Rahmen der langfristigen Unternehmensführung eine Schlüsselstellung ein, denn die "Notwendigkeit einer systematischen Ausrichtung der gesamten Betriebsarbeit auf den Absatzmarkt gehört heute zum gesicherten Erkenntnisstand der Betriebswirtschaftslehre".[2] Wie zahlreiche Untersuchungen belegen, ist jedoch das Konzept einer langfristigen, absatzorientierten Führung (Marketing) in mittelständischen Industriebetrieben noch wenig anerkannt und noch weniger realisiert.[3]

---

1) Vgl. Fritz Klein-Blenkers: Ansatzstellen und Maßnahmen, S. 43 ff

2) Fritz Klein-Blenkers: Ein tüchtiger Unternehmer, S. 37

3) Ebenda, S. 37

3. Absatzorientierte Informationssysteme

Wie bereits in den Ausführungen zur Problemstellung hingewiesen wurde, setzt die im vorangegangenen Abschnitt erörterte langfristige Absatzführung eine ausreichende Versorgung der Aufgabenträger mit Informationen voraus. Um diese Voraussetzung erfüllen zu können, ist auch in mittelständischen Betrieben ein übergreifendes Konzept für die Bewältigung der unterschiedlichen Informationsaufgaben notwendig. Unter einem solchen Konzept wird ein Informationssystem verstanden.[1] Die nachstehenden Ausführungen haben die Aufgabe, das Konzept eines solchen Informationssystems zu entwickeln.

Der betriebliche Informationsbereich ist sehr komplex und verfügt über sehr differenzierte Dimensionen. Dazu kommt, daß einheitliche und allgemein gültige Begriffsbestimmungen in der Literatur nicht existieren. Es erscheint daher zweckmäßig, am Anfang dieser Untersuchung die verschiedenen informationellen Teilbereiche darzustellen (vgl. hierzu Übersicht 4, S. 22). Dadurch sollen die Zusammenhänge im Informationsbereich deutlich gemacht, die einzelnen in der vorliegenden Arbeit erfaßten Untersuchungsfelder herausgestellt und darüber hinaus das Begriffsgerüst, so wie es hier verwendet wird, aufgezeigt werden.

Der gesamte Informationsbereich kann nach den betrieblichen Funktionen (Finanzierung, Verwaltung einschl. Personal, Beschaffung, Produktion und Absatz) unterteilt werden, wodurch die informationellen Teilbereiche spezifisch geprägt sind.
Da bei Konsumgüterherstellern vom Absatz bzw. von der Absatzpolitik in der Regel wesentliche Impulse für die gesamte Betriebspolitik ausgehen, soll auch auf informationeller Ebene diese Beziehung besonders hervorgehoben werden.

---

1) Vgl. Heinz-Wilhelm Niemeyer: Der Informationsbedarf im Marketing-Informationssystem, Zürich-Frankfurt/Main-Thun 1977, S. 40 f (im folgenden zitiert als: Heinz-Wilhelm Niemeyer: Informationsbedarf)

Die Informationsströme der betrieblichen Funktionsbereiche, insbesondere des Absatzbereiches, verlaufen in zwei Richtungen:

- Einerseits benötigen die Betriebe zur Erfüllung ihrer Aufgaben Informationen (Informationsversorgung).[1] Dieser Sachverhalt spricht die beschaffungsseitige Sphäre des Informationsbereichs an und ist Gegenstand dieser Untersuchung.

- Andererseits werden die verschiedensten Marktteilnehmer und die übrigen Stellen der betrieblichen Umwelt von den Unternehmen über bestimmte Sachverhalte informiert (Informationsabgabe).

  Die Abgabe von Informationen erfolgt sowohl an zwischenbetriebliche Stellen (Konsumenten, Konkurrenten, kooperierende Unternehmen usw.) als auch an überbetriebliche Stellen (Behörden, Verbände usw.). Dieser Bereich ist nicht Gegenstand dieser Arbeit und wird im folgenden nicht weiter betrachtet.

Die Informationsversorgung ist in den Betrieben hinsichtlich Form und Intensität sehr unterschiedlich gestaltet. Dabei erfolgt vielfach die Erledigung der Versorgungstätigkeiten mehr oder weniger unbewußt, konzeptionslos und unsystematisch.[2] Die Folge ist, daß in der Praxis zahlreiche Probleme auftreten, die Ursache für eine unwirtschaftliche und wenig effiziente Erfüllung informationeller Aufgaben sind. So bleiben beispielsweise infolge einer mangelhaften Kenntnis des Informationsbedarfs wichtige Informationen bei Entscheidungen unberücksichtigt. Andererseits werden ergiebige Informationsquellen gar nicht oder nur sporadisch genutzt. Aus der kaum noch überschaubaren Flut an eingehenden Informationen werden die entscheidungsrelevanten weder selektiert noch entsprechend ver-

---

1) Vgl. Jörg Bottler: Die Strukturierung eines branchenorientierten Systems informationeller Beziehungen der Unternehmung, in: Zeitschrift für Organisation, 41. Jg., 1972, Heft 7, S. 342 f

2) Diese Art der Informationsversorgung wird in dieser Arbeit mit Informationswesen bezeichnet. Vgl. dazu auch Cuno Beat Pümpin: Information und Marketing, St. Gallen 1973, S. 2 (im folgenden zitiert als: Cuno Beat Pümpin: Information)

Übersicht 4

Struktur des Informationsbereichs von Industriebetrieben[1)]

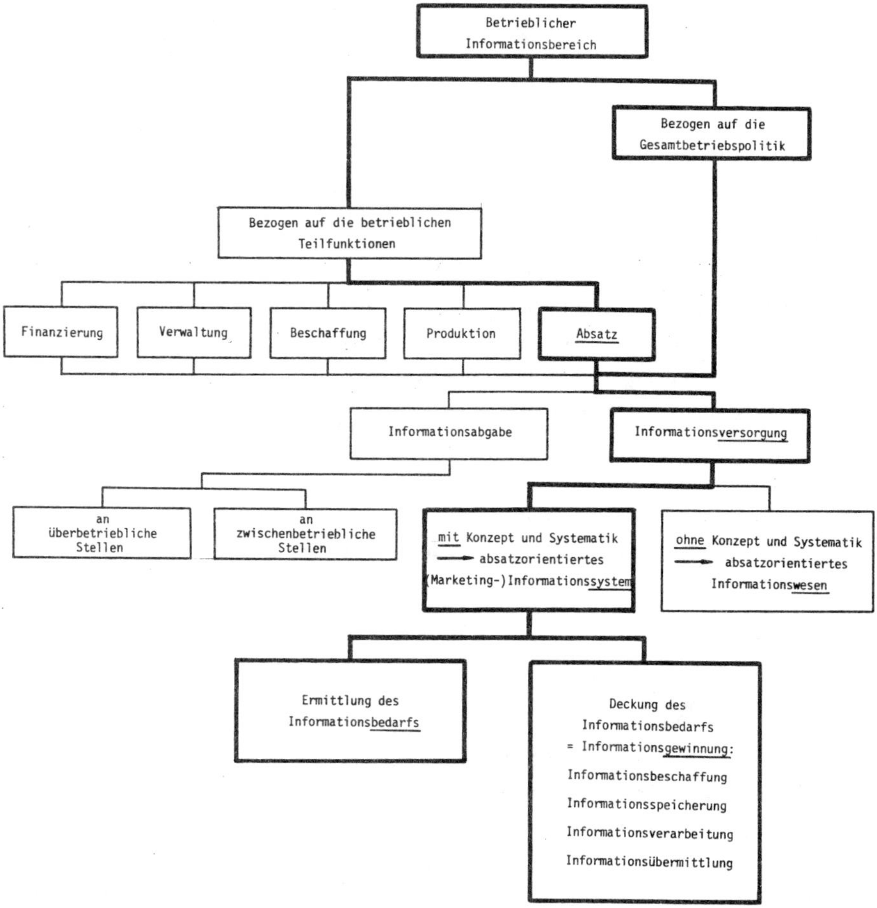

1) Die in dieser Übersicht hervorgehobenen Felder sind Gegenstand der vorliegenden Untersuchung.

arbeitet. Eine unsystematische Informationsspeicherung erschwert einen raschen Zugriff oder führt zu Doppelarbeiten. Organisatorische Mängel runden schließlich das Bild ab.[1)]

Eine intensive Beschäftigung mit der Problematik führte daher zu der Erkenntnis, daß eine rationale und wirkungsvolle Informationsversorgung der Betriebs- bzw. der Absatzführung nur dann möglich ist, wenn die Informationen auf die Bedürfnisse der Entscheidungsträger abgestimmt werden (Ermittlung des Informationsbedarfs) und die Deckung des Informationsbedarfs (Informationsgewinnung[2)]) systematisch und integriert erfolgt.[3)]

Das Ergebnis dieses Gestaltungsvorganges wird als Informationssystem bezeichnet, bei einer Konzentration der Betrachtung auf den Absatzbereich einer Unternehmung als sog. absatzwirtschaftliches oder Marketing-Informationssystem.[4)]

Die ständig wachsende Zahl an Beiträgen von Wissenschaftlern und Praktikern zum Themenbereich "Informationssysteme" und insbesondere "Absatzwirtschaftliche oder Marketing-Informationssysteme" hat auch die Vielfalt an Definitionen erhöht.[5)]

---

1) Vgl. in diesem Zusammenhang auch: Karsten-Heinz Mentzel: Das Marketing-Informations-System, Grundlagen für Entscheidungen im Marketing-Management, Essen 1974, S. 58 (im folgenden zitiert als: Karsten-Heinz Mentzel: Marketing-Informations-System); Philip Kotler: A Design for the Firm's Marketing Nerve Center, in: Information for Decision Making, hrsg. v. A. Rappaport, Englewood Cliffs, N.J. 1970, S. 258

2) Die Begriffe "Informationsbedarfsdeckung" und "Informationsgewinnung" werden in der vorliegenden Untersuchung synonym verwendet. Sie umfassen die Teilprozesse Informationsbeschaffung, -speicherung, -verarbeitung und -übermittlung.

3) Vgl. Robert Hansen, Heinz-Peter Waibel: Marktorientierte Unternehmensführung mit Computern, Teil 1: Grundlagen der marktorientierten Unternehmensführung, in: IBM-Nachrichten, 22. Jg., Feb. 1972, Nr. 209, S. 25; Cuno Beat Pümpin: Information, S. 24

4) Die Begriffe "absatzwirtschaftliches Informationssystem", "Absatzinformationssystem" und "Marketing-Informationssystem" werden in der vorliegenden Untersuchung synonym verwendet.

5) Siehe hierzu die Literaturhinweise bei Diethard Mai: Marketing und Kybernetik, Frankfurt/Main, Zürich 1971, S.429 ff (im folgenden zitiert als: Diethard Mai: Marketing); Heinz-Wilhelm Niemeyer: Informationsbedarf, S. 42

Nach Durchsicht des Schrifttums läßt sich feststellen, daß keine einheitliche und allgemein gültige Umschreibung existiert und daß ferner unterschiedliche Vorstellungen mit dem Terminus verbunden sind. Dies ist darauf zurückzuführen, daß diejenigen, die sich mit dem Informationsbereich befassen, oft verschiedene Intentionen verfolgen und das zugrundeliegende Phänomen aus unterschiedlichen Blickrichtungen betrachten.[1)]

An dieser Stelle soll jedoch weder eine Analyse der bereits vorhandenen Definitionsversuche vorgenommen werden, noch die Diskussion um die unterschiedlichen Begriffsauffassungen fortgeführt werden. Für die weitere Betrachtung ist es vielmehr sinnvoll, eine terminologische Präzisierung der Hauptbestandteile des Begriffs vorzunehmen und daran anschließend eine Arbeitsdefinition zugrunde zu legen, die den spezifischen Besonderheiten und Anforderungen dieser Untersuchung gerecht wird.

Was unter einem Informationssystem zu verstehen ist, wird einerseits in entscheidendem Maße vom Verständnis des Begriffs "Information" geprägt. Eine Begriffsbestimmung stößt jedoch auf erhebliche Schwierigkeiten, da dieser Terminus von einer solch großen Komplexität ist, daß sich eine Menge unterschiedlicher Ausgangsmöglichkeiten ergeben. Im folgenden soll eine Interpretation des Informationsbegriffs in der Weise vorgenommen werden, daß den betriebswirtschaftlichen Erfordernissen entsprochen wird. Demnach sind Informationen immaterielle Wirtschaftsgüter, die durch den Einsatz von Produktionsfaktoren hergestellt werden und deren Erzeugung Kosten verursacht.[2)] Während die übrigen Güter in ihrem betrieblichen Transformationsprozeß der Lenkung bedürfen, weisen die In-

---

1) Vgl. die unterschiedlichen Ansätze bei Dieter Römheld: Informationssysteme und Management-Funktionen, Wiesbaden 1973, S. 28 f

2) Vgl. Erich Kosiol: Die Unternehmung, Reinbek, S. 167 f; Jürgen Berthel: Information, in: Handwörterbuch der Betriebswirtschaft, Bd. I/2, 4., völlig neu gestaltete Aufl., hrsg. v. E. Grochla und W. Wittmann, Stuttgart 1975, Sp. 1869 (im folgenden zitiert als: Jürgen Berthel: Information)

formationen eine herausragende Besonderheit auf; sie besitzen nämlich selbst "Lenkungscharakter".[1]

Eine weitere Konkretisierung der Information wird durch die dreidimensionierte Gliederung im Rahmen der Informationstheorie erzielt.[2] Diese Betrachtungsebenen - syntaktische, semantische und pragmatische - entstammen der Semiotik.[3] Am interessantesten für betriebswirtschaftliche Untersuchungen, insbesondere aus dem Bereich der Unternehmensführung, ist eine Betrachtung unter dem pragmatischen Aspekt. Die Pragmatik beschäftigt sich nämlich mit den Beziehungen zwischen der Information bzw. den Zeichen und den Wirkungen, die diese auf die Benutzer im Rahmen ihrer Tätigkeiten ausüben. Werden beispielsweise die Mitglieder der Unternehmensführung als Benutzergruppe festgelegt, so handelt es sich nur dann um Informationen, wenn die empfangenen Nachrichten für ihre Führungsaufgaben sowohl im positiven als auch im negativen Sinne von Bedeutung sind. Konstitutives Kriterium dieses pragmatischen Informationsbegriffes, der auch in dieser Arbeit benutzt werden soll, ist also die Zweckgerichtetheit; lediglich das übermittelte "zweckorientierte Wissen"[4] wird als Information aufgefaßt. Danach sollen unter Informationen "Aussagen verstanden werden, die den Erkenntnis- bzw. Wissensstand eines Subjektes (Informationssubjekt oder <u>Informationsbenutzer</u>) über ein Objekt (<u>Informationsgegenstand</u>) in einer gegebenen Situation und Umwelt (<u>Informationskontext</u>) zur Erfüllung einer <u>Aufgabe</u> (<u>Informationszweck</u>) verbessern".[5]

---

1) Jürgen Berthel: Information, Sp. 1870

2) Vertiefende Analysen des Informationsbegriffs und Literaturhinweise zur Informationstheorie finden sich u.a. bei: Sebastian Dworatschek; Hartmut Donike: Wirtschaftlichkeitsanalyse von Informationssystemen, Berlin - New York 1972, S. 17 ff; Diethard Mai: Marketing, S. 43 ff

3) Vgl. Die Interpretation der semiotischen Gliederung bei Rolf Kramer: Information und Kommunikation, Berlin 1965, S. 21 ff (im folgenden zitiert als: Rolf Kramer: Information)

4) Vgl. Waldemar Wittmann: Unternehmung und vollkommene Information, Köln und Opladen 1959, S. 14

5) Norbert Szyperski: Informationsbedarf, in: Handwörterbuch der Organisation, 2., völlig neu gestaltete Aufl., hrsg. v. E. Grochla, Stuttgart 1980, Sp. 904 (Unterstreichungen im Original kursiv)

Diese Informationen sind in ein System zu bringen, womit ein weiterer zentraler Begriffsbestandteil angesprochen ist. Unter einem System wird allgemein verstanden "...eine geordnete Gesamtheit von Elementen, zwischen denen irgendwelche Beziehungen bestehen oder hergestellt werden können".[1] Elemente sind beispielsweise Menschen, Maschinen, Objekte; Beziehungen können sich durch den Austausch von Energie, Materie und Informationen zwischen den Elementen konkretisieren.[2]

Wählt man als Informationsbenutzer die Entscheidungsträger im Absatzbereich, so ist unter einem Absatz-/Marketing-Informationssystem folgender Komplex zu verstehen:

> Ein formales System, das die Gesamtheit der Personen, Maschinen und Verfahren umfaßt, die Aufgaben der Informationsbeschaffung aus innerbetrieblichen und außerbetrieblichen Quellen, der Informationsspeicherung, Informationsverarbeitung und Informationsübermittlung erfüllen, um den Informationsbedarf der Entscheidungsträger des Absatzbereichs zu decken.[3]

---

1) Hans Ulrich: Die Unternehmung als produktives, soziales System, Bern, Stuttgart 1968, S. 105

2) Vgl. Erwin Grochla, Helmut Lehmann: Systemtheorie und Organisation, in: Handwörterbuch der Organisation, hrsg. v. E. Grochla, 2., völlig neu gestaltete Aufl., Stuttgart 1980, Sp. 2209

3) Vgl. Die Begriffsabgrenzungen bei: Richard H. Brien, James E. Stafford: Marketing Information Systems: A New Dimension for Marketing Research, in: Journal of Marketing, Vol. 32, July 1968, S. 21; Günter Mathieu: Informationssysteme im Marketing, in: Handwörterbuch der Absatzwirtschaft, hrsg. v. B. Tietz, Stuttgart 1974, Sp. 851 f (im folgenden zitiert als: Günter Mathieu: Informationssysteme); Klaus Heinzelbecker: Problembereiche, Komponenten und Entwicklungsstand computergestützter Marketing-Informationssysteme, in: Der Marktforscher, 18. Jg., 1974, Heft 2, S. 37; Robert Nieschlag, Erwin Dichtl, Hans Hörschgen: Marketing, S. 403

Die Grundelemente und Beziehungen des definierten Marketing-Informationssystems sind in Übersicht 5 (S. 28) dargestellt; auf sie soll im folgenden kurz eingegangen werden.[1)]

Das Absatzinformationssystem kann in zwei Bereiche unterteilt werden,

- in den informationsnachfragenden Bereich und
- in den informationsanbietenden Bereich.

Die Informationsnachfrager in der vorliegenden Untersuchung sind die Entscheidungsträger des Absatzbereiches mittelständischer Konsumgüterhersteller. Sie benötigen für die Führungsaufgaben Informationen, um Entscheidungen treffen zu können, die sich auf die Ausführung der Absatzprozesse (Absatz-Basissystem) beziehen. Die Gesamtheit der benötigten Informationen, die für die Entscheidungen relevant sind, bilden den Informationsbedarf der Führungspersonen.

Die Deckung des Informationsbedarfs (= Informationsgewinnung) wird durch den zweiten konstitutiven Bereich des Absatzinformationssystems (informationsangebotorientierter Teil) besorgt. Die Informationsgewinnung umfaßt die Teilbereiche der Informationsbeschaffung, -speicherung, -verarbeitung und -übermittlung.[2)]

---

1) Bezüglich der Struktur eines Marketing-Informationssystems vgl. u.a. Klaus Heinzelbecker: Partielle Marketing-Informationssysteme, Zürich, Frankfurt, Thun 1977, S. 63 (im folgenden zitiert als: Klaus Heinzelbecker: Partielle Marketing-Informationssysteme); Philip Kotler: Marketing, S. 293; Heribert Meffert: Computergestützte Marketing-Informationssysteme, Wiesbaden 1975, S. 29; Karsten-Heinz Mentzel: Marketing-Informationssystem, S. 62; Norbert Szyperski: Informationssysteme, computergestützte, in: Handwörterbuch der Organisation, hrsg. v. E. Grochla, 2., völlig neu gestaltete Aufl., Stuttgart 1980, Sp. 920 ff

2) Der Teilbereich "Informationsübermittlung" wird in der vorliegenden Arbeit nicht explizit behandelt. Denn einerseits beinhalten sämtliche Prozeßphasen der Informationsgewinnung (Beschaffung, Speicherung, Verarbeitung) Übermittlungsvorgänge, die somit in den entsprechenden Abschnitten Berücksichtigung finden. Andererseits sind Übermittlungsprobleme in mittelständischen Betrieben von untergeordneter Bedeutung, da aufgrund der unmittelbaren Überschaubarkeit dieser Betriebe überwiegend direkte Informationsbeziehungen bestehen.

Übersicht 5

Grundelemente und Beziehungen des Absatz-(Marketing-)Informationssystems in mittelständischen Betrieben der Konsumgüterindustrie

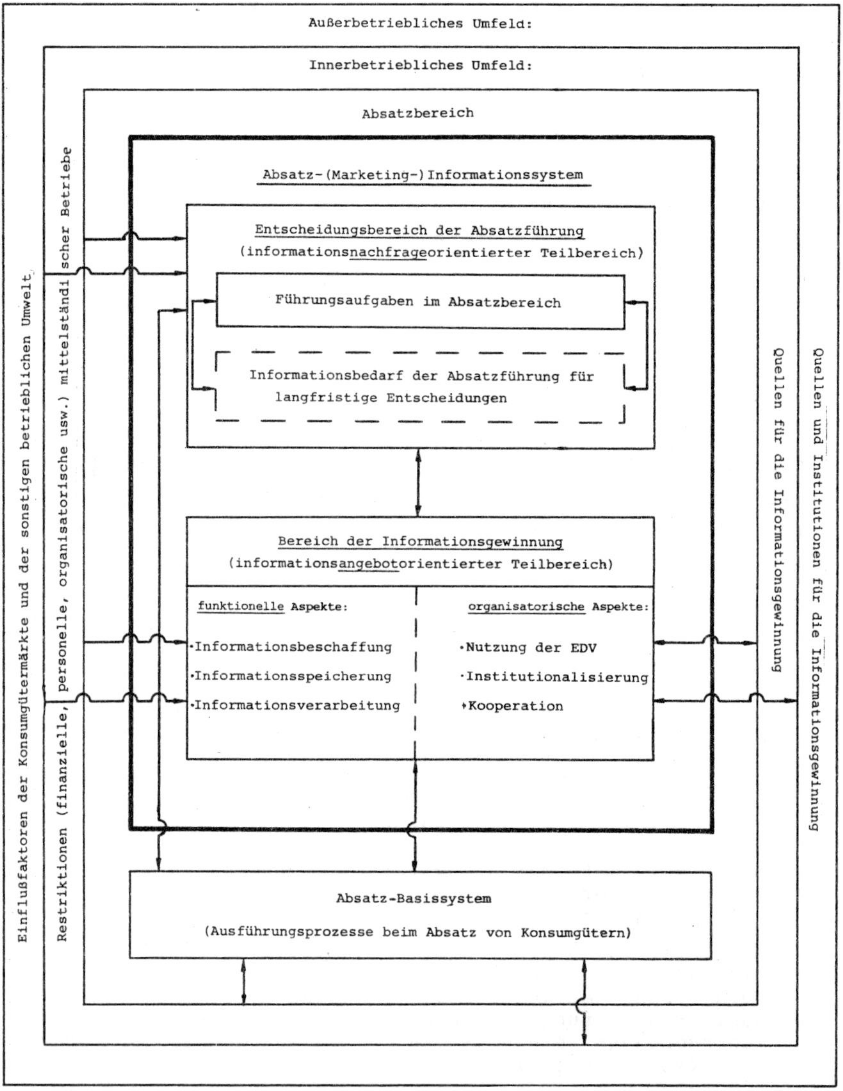

Das Absatzinformationssystem wird umgeben von einem innerbetrieblichen und einem außerbetrieblichen Umfeld. Einerseits prägen die daraus erwachsenden situativen Bedingungen die konkrete Ausgestaltung des absatzorientierten Informationssystems. So gehen von der betriebsinternen Struktur der mittelständischen Betriebe restriktive Wirkungen aus, die berücksichtigt werden müssen. Ferner beeinflussen Faktoren der Konsumgütermärkte und der sonstigen betrieblichen Umwelt die Führungs- und Ausführungsaufgaben der mittelständischen Konsumgüterhersteller und somit den zur Aufgabenerfüllung notwendigen Informationsbedarf.

Ein so definiertes Marketing-Informationssystem ist durchaus auch in mittelständischen Unternehmen anzutreffen oder kann dort aufgebaut werden. Als Konsequenz der eingangs geschilderten Gründe leitet sich für die kleinen und mittleren Betriebe sogar die Notwendigkeit ab, für die Informationsversorgung eine entsprechende Konzeption anzuwenden.[1)]

Die Existenz von maschinellen Anlagen (Elektronische bzw. Automatische Datenverarbeitungsanlagen) mit entsprechender Software erscheint dazu nicht zwingend erforderlich, zumal vielfach die Ansicht vertreten wird, daß eine EDV-Anlage kein konstitutives Element eines Informationssystems darstellt.[2)] Wesentlich ist, daß die kleinen und mittleren Betriebe der Konsumgüterindustrie im Rahmen ihrer spezifischen Bedingungen (personelle, organisatorische, finanzielle) die vorhandenen Möglichkeiten für ihre Informationsversorgung systematisch nutzen.

---

1) Vgl. Heinz Naegler: Management-Informations-Systeme für Klein- und Mittelbetriebe?, in: Zeitschrift für betriebswirtschaftliche Forschung und Praxis, 25. Jg., Jan. 1973, S. 26

2) Vgl. hierzu die auf die mittelständischen Betriebe bezogene Aussage bei Helmut Perrevort: Die Strukturierung der Informationen im Informationssystem der Unternehmung, Diss. Köln 1974, S. 37; Klaus Höfner, Horst Kaltenbach: So verbessern Sie Ihr Marketing, in: Marketing Journal, 10. Jg., März 1977, S. 314

C. Zur Konzeption der Arbeit

1. Zielsetzung und Aufbau

Die Versorgung der Führungspersonen im Absatzbereich mit Informationen ist in den vergangenen Jahren verstärkt in den Blickpunkt des Interesses von Wissenschaft und Praxis gerückt; zahlreiche Veröffentlichungen sind zu diesem Gebiet erschienen.

Die Analyse der bisherigen Abhandlungen und Untersuchungen läßt jedoch erkennen, daß eine Ausrichtung der Betrachtungsweise auf den Aufbau und die Nutzungsmöglichkeiten von Informationssystemen in industriellen Klein- und Mittelbetrieben nahezu fehlt. Die gewonnenen Erkenntnisse beziehen sich fast ausschließlich auf großbetriebliche Verhältnisse, und sie können in Anbetracht der besonderen Bedingungslage der Klein- und Mittelbetriebe nur als Grundlage für eine weiterführende Erforschung des Problemkomplexes herangezogen werden. Neben dem Mangel an mittelstandsorientiertem Schrifttum zeigt sich, daß empirisch angelegte Untersuchungen zu diesem Komplex weitgehend fehlen.

Aufgrund der Ausführungen zur Problemstellung und zu den Abgrenzungen der einzelnen Untersuchungselemente ist grundlegendes Ziel der vorliegenden Arbeit, die Notwendigkeit, Auswirkungen und Gestaltungsmöglichkeiten eines Informationssystems für die langfristige Absatzführung in mittelständischen Betrieben der Konsumgüterindustrie aufzuzeigen. Diese grundlegende Zielsetzung wird anhand zahlreicher verschiedener Fragestellungen erörtert und umfaßt im einzelnen die folgenden Untersuchungsschritte (vgl. dazu die Übersicht 6, S. 32):

(1) Im Einleitungsteil (Kap. I) wird ausgehend von den in der mittelständischen Praxis auftretenden Schwachstellen die Problemstellung skizziert. Ferner erfolgt die theoretische Grundlegung für die Untersuchung.

(2) Im II. Kapitel werden die Ausgangstatbestände für die Gestaltung eines Informationssystems für die langfristige Absatzführung in mittelständischen Betrieben der Konsum-

güterindustrie näher untersucht. Zunächst wird ein erster Einblick in die vielschichtige Problemstruktur des Bereichs der betrieblichen Informationsversorgung gewährt. Daran anschließend wird versucht, eine Antwort auf die Frage nach der Wirksamkeit eines Marketing-Informationssystems zu geben. Die dann folgende Betrachtung des "Bedingungsrahmens" zielt darauf ab, die Voraussetzungen, Möglichkeiten und Grenzen aufzuzeigen, die für die Gestaltung eines Informationssystems in mittelständischen Betrieben der Konsumgüterindustrie von Bedeutung sind.

(3) Das III. Kapitel setzt sich zum Ziel, den Informationsbedarf mittelständischer Betriebe der Konsumgüterindustrie für die langfristige Absatzführung zu analysieren und gleichzeitig - anhand von Beispielen - die Nutzung dieser Informationen darzustellen. Zur Lösung dieser Aufgabenstellung sind verschiedene Untersuchungsteilschritte erforderlich, deren Erörterung an dieser Stelle jedoch wenig sinnvoll wäre. Um einen unmittelbaren Bezug zu den Ausführungen herzustellen, werden sie dem III. Kapitel im Abschnitt B. (S. 62 ff) vorangestellt.

(4) Mit den Möglichkeiten zur Deckung des ermittelten Informationsbedarfs befaßt sich das IV. Kapitel. Zuerst werden im Rahmen der Informationsbeschaffung die für mittelständische Betriebe der Konsumgüterindustrie nutzbaren Informationsquellen und anwendbaren Erschließungsmethoden untersucht. Danach werden Fragen, die mit der Informationsspeicherung und -verarbeitung in Zusammenhang stehen, behandelt.

(5) In Kapitel V. wird die Gestaltung eines Informationssystems unter dem organisatorischen Aspekt diskutiert. Im Vordergrund stehen die Träger der Informationsversorgung.

(6) In Kapitel VI. erfolgt die Zusammenfassung der gewonnenen Ergebnisse.

Übersicht 6

Schematische Darstellung des grundsätzlichen Aufbaus der Arbeit

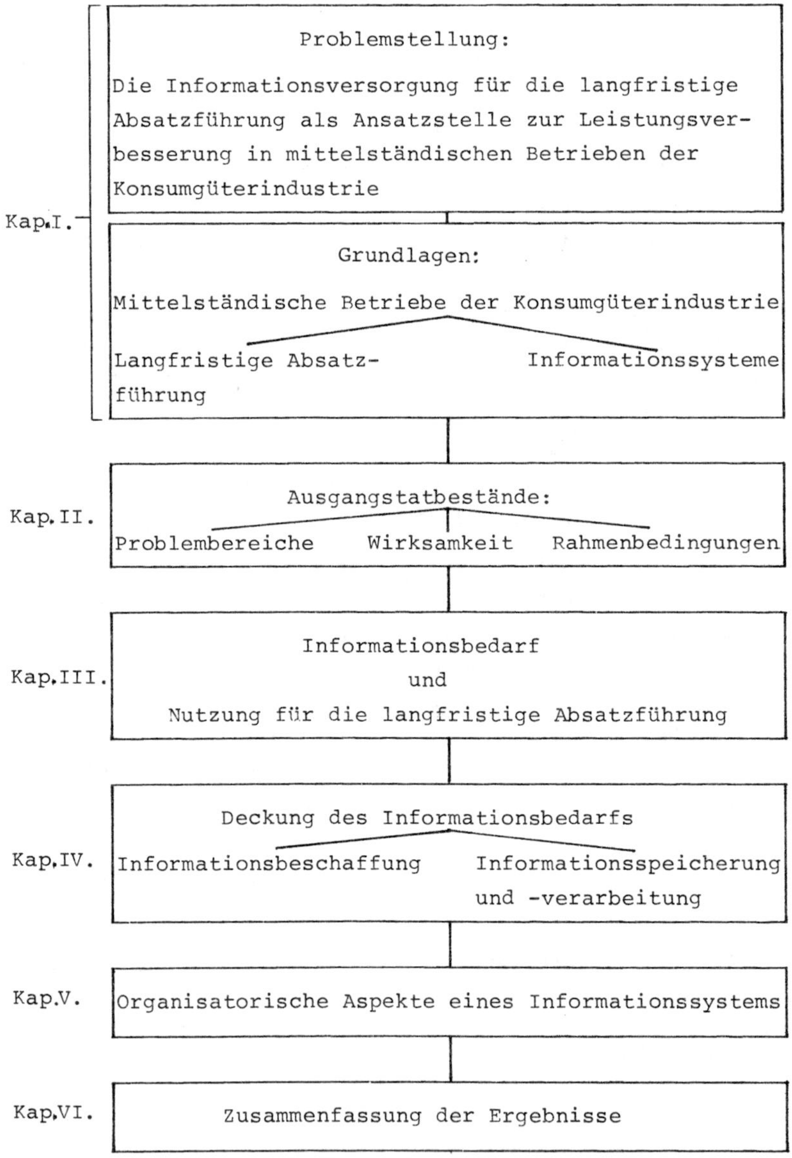

2. Durchführung und Erhebungsgrundlagen

Die Untersuchung stützt sich zunächst auf das Schrifttum. So wurden theoretische Abhandlungen, relevante Zeitschriften und - soweit verfügbar - empirische Analysen ausgewertet. Es konnte zwar auf eine Vielzahl von Veröffentlichungen zurückgegriffen werden, jedoch wurden die hier interessierenden Fragen unter verschiedenen Aspekten betrachtet und mit unterschiedlicher Zielsetzung diskutiert.

Es war deshalb unumgänglich, auf empirischem Wege zusätzliche Erkenntnisse zu gewinnen. Zu diesem Zweck wurde mittels eines strukturierten Fragebogens[1)] eine schriftliche Erhebung durchgeführt. Dieser ist in verschiedenen mittelständischen Betrieben der Konsumgüterindustrie vor seiner endgültigen Fertigstellung und Versendung auf seine Anwendbarkeit hin getestet worden.

Bei den in diesem Zusammenhang geführten Gesprächen konnten zusätzlich zahlreiche Anregungen der Unternehmer zur Untersuchung aufgegriffen und bei der Abfassung des endgültigen Erhebungsbogens berücksichtigt werden.

Insgesamt wurden 1.800 Erhebungsbögen versandt. Die Adressen stammten von einem Adreßverlag. Es antworteten 154 Betriebe, was einer Rücklaufquote von 8,6 % entspricht. In die Auswertung gelangten schließlich 152 Fragebögen (8,4 %).

Nach Durchsicht der eingegangenen Erhebungsbögen wurden in verschiedenen Betrieben, die sich dazu bereit erklärt hatten, mündliche Zusatzinterviews durchgeführt. Durch die hierbei gewonnenen Erkenntnisse konnten die schriftlichen Ergebnisse vertieft werden.

Einen systematischen Überblick über die in die Untersuchung einbezogenen Industriebetriebe vermitteln die nachstehenden

---

1) Der Fragebogen ist im Anhang, S.217 ff beigefügt.

Tabellen 1 bis 4. Der Befragtenkreis wird dort anhand ausgewählter Strukturmerkmale aufgegliedert.

Tabelle 1 gibt Auskunft über die betriebsgrößenmäßige Zusammenstellung der befragten Betriebe. Da die Anzahl der Beschäftigten ein operationales und in der empirischen Forschung häufig verwendetes Kriterium für die Darstellung von Betriebsgrößen ist[1], soll es auch an dieser Stelle Anwendung finden.

Tabelle 1: Die Aufgliederung der in die Erhebung einbezogenen Betriebe der Konsumgüterindustrie nach Beschäftigtengrößenklassen

- Angaben absolut und in Prozent -

Betriebsgröße	Beschäftigtengrößenklassen	Zahl der Betriebe	
		absolut	in %
Kleinbetriebe	Bis 19	3o	19,7
	2o - 49	35	23,o
Mittelbetriebe	5o - 199	55	36,2
	2oo - 499	2o	13,2
Großbetriebe	5oo und mehr	12	7,9
Insgesamt		152	1oo,o

1) Vgl. dazu auch die Ausführungen zur Abgrenzung mittelständischer Betriebe, S.12

Es war nicht beabsichtigt, in den verschiedenen Beschäftigtengrößenklassen ein repräsentatives Abbild der in der Wirtschaft der Bundesrepublik Deutschland vorhandenen Konsumgüterhersteller darzustellen. Die einzelnen Klassen sollten vielmehr mit einer ausreichenden Zahl an antwortenden Betrieben besetzt sein, um einen guten Einblick in die aufgeworfenen Fragenkomplexe zu gewinnen.

Erfahrungsgemäß handelt es sich bei den Betrieben, die sich an schriftlichen Erhebungen beteiligen, um relativ gut geführte Unternehmen. Insofern ist davon auszugehen, daß in der hier erfaßten Unternehmensgruppe die Sachverhalte etwas positiver gesehen werden als im Durchschnitt aller Konsumgüterbetriebe.

Wie aus der Tabelle 1 zu ersehen ist, sind in der Klasse der "kleineren" Industriebetriebe[1] 65 Betriebe und in der der "mittleren" 75 Betriebe erfaßt. Während die beiden Unterklassen der "Kleinbetriebe" nahezu gleichbesetzt sind (Klasse bis 19 Beschäftigte : 30 Betriebe; Klasse 20 - 49 Beschäftigte : 35 Betriebe), gehen die Besetzungszahlen bei den "Mittelbetrieben" weit auseinander. Insgesamt am stärksten vertreten (55 Betriebe) sind die Unternehmen mit 50 - 199 Beschäftigten. Nur 12 Betriebe gehören zur Größenklasse der Betriebe mit 500 und mehr Beschäftigten. Obwohl das Institut für Mittelstandsforschung die Grenze zwischen dem mittelständischen Bereich und den industriellen Großunternehmen bei 500 Beschäftigten zieht, sollen die größeren Industriebetriebe mit einbezogen werden; denn eine vergleichende Betrachtung der Gruppe der Klein- und Mittelbetriebe auf der einen Seite und die der Großbetriebe auf der anderen lassen sich zusätzliche Erkenntnisse erwerben.

Die Unterteilung der 152 untersuchten Industriebetriebe nach ihrer Branchenzugehörigkeit ist Tabelle 2 (S. 37) zu entnehmen.

---

1) Vgl. dazu die Klassenbildung auf S. 12.

Die Gesamtheit der Konsumgüterproduzenten[1] ist hinsichtlich des Produktprogramms und damit auch der Branchenzugehörigkeit sehr heterogen. Um dennoch eine nach Branchen differenzierte Betrachtung durchführen zu können, wurde aus auswertungs- und darstellungstechnischen Gründen bereits das Adressenmaterial selektiert. Die Auswahl erfolgte unter der Zielsetzung, daß die Industriezweige einen möglichst breiten Querschnitt des herstellenden Konsumgütersektors repräsentieren sollen. Kriterien, unter denen die Einschränkung auf die in Tabelle 2 aufgeführten Branchen vorgenommen wurde, waren:

- Kennzeichnung der Betriebsgrößenstruktur innerhalb der Branche durch eine Vielzahl kleiner und mittlerer Unternehmen,
- hohe gesamtwirtschaftliche Bedeutung der Industriezweige (gemessen am industriellen Gesamtumsatz bzw. an den gesamten Industriebeschäftigten),
- unterschiedliche Produktionswachstumsraten,
- unterschiedliche Eigenschaften der Waren (Lebensdauer, Wert, Modeabhängigkeit usw.).

Da sich die betrieblichen und außerbetrieblichen Bedingungen anderer, im Sample nicht erfaßter Branchen mit denen der hier vorgestellten ohne wesentliche Unterschiede decken, ist eine Übertragung der Untersuchungsergebnisse und somit eine Verallgemeinerung ohne größere Einschränkung möglich. Im folgenden werden daher auch keine nach Branchen differenzierte Auswertungen vorgenommen.[2]

---

1) Vgl. dazu die Ausführungen auf S.11 f.

2) Vgl. dazu Andreas Paffhausen: Zur Informationsversorgung der Absatzführung in mittelständischen Betrieben - Eine empirische Analyse in ausgewählten Branchen der Konsumgüterindustrie -, Heft 80 der Beiträge zur Mittelstandsforschung, Göttingen 1981

Tabelle 2: Die Aufgliederung der in die Erhebung einbezogenen Betriebe der Konsumgüterindustrie nach ihrer Branchenzugehörigkeit

- Angaben absolut und in Prozent -

Branchen	Zahl der Betriebe	
	absolut	in %
Bekleidungs- und Textilindustrie	33	21,7
Konsum-Kunststoffwarenindustrie[1)]	49	32,3
Nahrungs- und Genußmittelindustrie	3o	19,7
Möbelindustrie	4o	26,3
Insgesamt	152	1oo,o

1) Zur Konsum- Kunststoffwarenindustrie zählen diejenigen Betriebe, die ausschließlich bzw. überwiegend Gebrauchs- und Verbrauchswaren aus Kunststoffen für Endabnehmer herstellen.

Einen Einblick in die Umsatz- und Gewinnentwicklung der befragten Betriebe verschafft die folgende Tabelle 3 (S. 38). Diese Zahlenangaben sind von besonderem Interesse, da sie an anderer Stelle der Untersuchung (Kap. II.B., S. 44 ff) als Kriterien zur Messung der Leistungsfähigkeit ausgewählter Komponenten des Informationssystems herangezogen werden.

Während 42,1 % der Betriebe insgesamt in den letzten 5 Jahren im Branchendurchschnitt lagen, berichtete immerhin nahezu ein Drittel (32,9 %) aller untersuchten Betriebe von einer überdurchschnittlichen Entwicklung. Lediglich bei 9,2 % war eine unterdurchschnittliche Umsatz- und Gewinnentwicklung zu verzeichnen.

Tabelle 3: Umsatz- und Gewinnentwicklung der untersuchten Betriebe der Konsumgüterindustrie im Durchschnitt der letzten 5 Jahre, gegliedert nach Beschäftigtengrößenklassen
- Angaben in Prozent -
(n = 152)

Umsatz- und Gewinnentwicklung in den letzten 5 Jahren	Beschäftigtengrößenklassen					Betriebe insgesamt
	Bis 19	2o - 49	5o - 199	2oo - 499	5oo und mehr	
Über dem Branchendurchschnitt	16,7	31,4	3o,9	45,o	66,7	32,9
Im Branchendurchschnitt	43,3	34,3	52,7	35,o	25,o	42,1
Unter dem Branchendurchschnitt	13,3	11,4	7,3	1o,o	-	9,2
Entwicklung ist unbekannt	26,7	2o,o	9,1	1o,o	8,3	15,1
Keine Angabe	-	2,9	-	-	-	o,7
Insgesamt	1oo,o	1oo,o	1oo,o	1oo,o	1oo,o	1oo,o

Abweichungen von diesen Werten sind bei der Aufgliederung der Ergebnisse nach Betriebsgrößen feststellbar. Es zeigt sich, daß sich der Anteil der Betriebe mit überdurchschnittlicher Entwicklung mit abnehmender Beschäftigtengrößenklasse nahezu stetig verringert und in der Klasse bis 19 Beschäftigte den geringsten Besetzungsgrad (16,7 %) erreicht. Im unterdurchschnittlichen Bereich schneidet diese Gruppe ebenfalls relativ am ungünstigsten ab (13,3 %).

Auffallend ist ferner die Unkenntnis der Betriebe bezüglich der Umsatz- und Gewinnsituation im Vergleich zu anderen Betrieben der Branche. Für 15,1 % der Betriebe ergibt sich hier ein Informationsdefizit. Vor allen Dingen die kleineren Unternehmen waren nicht in der Lage (Klasse bis 19 Beschäftigte: 26,7 %; Klasse 20 - 49 Beschäftigte: 20,0 %), Aussagen zu dieser Frage zu machen. Die Unkenntnis der Umsatz- und Gewinnentwicklung könnte - in Anbetracht der Themenstellung - bereits auf eine größere Problemsituation bei der Informationsversorgung in kleineren Betrieben hindeuten. Es muß hier aber einschränkend darauf hingewiesen werden, daß erfahrungsgemäß bei Fragen über Umsätze und Gewinne auch die Auskunftsbereitschaft merklich sinkt.

II. Ausgangstatbestände für die Gestaltung eines Informationssystems für die langfristige Absatzführung in mittelständischen Betrieben der Konsumgüterindustrie

A. Überblick über die Problembereiche der betrieblichen Informationsversorgung und ihre Bedeutung aus der Sicht der befragten Betriebe der Konsumgüterindustrie

Wie bereits in der Grundlegung zu dieser Untersuchung zum Ausdruck kam, ist der Bereich der betrieblichen Informationsversorgung sehr komplex, so daß auch eine vielschichtige Problemstruktur vermutet werden muß. Einen ersten Überblick über die wichtigsten Problembereiche vermittelt die Tabelle 4. Sie beinhaltet neben den Häufigkeitswerten bezüglich des Auftretens von Problemen auch den Gewichtungskoeffizienten PK.[1] Durch diesen Koeffizienten wird zum Ausdruck gebracht, welche Bedeutung die Führungspersonen der untersuchten Betriebe den einzelnen Problemen aus ihrer Sicht zumessen. Um auch qualitative Aussagen über die Problembereiche zu erhalten, wurden die Betriebe um eine entsprechende Gewichtung der auftretenden Schwierigkeiten gebeten.[2]

Die Probleme der Informationsversorgung sind dabei nach folgenden Bereichen strukturiert[3]:

- Probleme, bezogen auf die Phasen der Informationsversorgung in mittelständischen Industriebetrieben
  - Ermittlung des Informationsbedarfs
  - Deckung des Informationsbedarfs (= Informationsgewinnung: Beschaffung, Verarbeitung, Speicherung, innerbetriebliche Weitergabe)
- Probleme, bezogen auf die Situation in mittelständischen Industriebetrieben (innerbetriebliche Bedingungen als Einflußfaktoren der Informationsversorgung).

---

1) Die Berechnungsmethode des Gewichtungskoeffizienten (PK) ist aus der Fußnote 2) der Tabelle 4 zu ersehen.

2) Vgl. hierzu Frage 27 des im Anhang beigefügten Fragebogens, S. 220

3) Vgl. dazu die Übersicht 5 auf S. 28

Tabelle 4: Probleme bei der Informationsversorgung und ihre Bedeutung aus der Sicht der untersuchten Betriebe der Konsumgüterindustrie, gegliedert nach Beschäftigtengrößenklassen

- Angaben in Prozent[1] und in Koeffizienten -[2]
(n = 152)

	Probleme bei der Informationsversorgung für die Absatzführung treten im Bereich ... auf	Beschäftigtengrößenklassen										Betriebe insgesamt	
		Bis 19		2o - 49		5o - 199		2oo - 499		500 und mehr			
		%	PK	%	PK	%	PK	%	PK	%	PK	%	PK
Phasenbezogene Probleme	Ermittlung des Informationsbedarfs	7o,o	2,1	74,3	2,5	8o,o	2,6	65,o	1,9	75,o	1,7	74,3	2,3
	Informationsbeschaffung	73,3	1,8	74,3	2,5	74,5	2,2	6o,o	1,9	75,o	1,6	72,4	2,1
	Informationsverarbeitung	63,3	1,7	65,7	1,8	78,2	2,o	7o,o	2,o	83,3	2,7	71,7	2,o
	Informationsspeicherung	6o,o	1,3	51,4	1,4	63,6	1,6	5o,o	1,4	58,3	o,8	57,9	1,4
	Innerbetr. Informationsweitergabe	56,7	1,2	57,1	o,9	76,4	1,7	55,o	1,2	75,o	1,8	65,1	1,4
Situationsbezogene Probleme	Einführung und Handhabung der EDV	56,7	1,5	45,7	1,1	67,3	1,5	45,o	1,1	58,3	1,5	56,6	1,4
	Organisation	63,3	1,8	6o,o	1,3	7o,9	1,6	45,o	o,9	66,7	1,6	63,2	1,4
	Finanzierung	76,7	2,2	71,4	1,3	69,1	1,6	5o,o	1,o	66,7	1,3	68,4	1,6
	Personal	73,3	2,o	62,9	1,9	72,7	1,9	55,o	1,2	58,3	1,4	67,1	1,8
Sonstige Probleme		6,7	o,1	5,7	o,1	3,6	o,1	-	-	8,3	o,1	4,6	o,1
Nennungen insgesamt in Prozent der Betriebe		6oo,o		568,5		656,3		495,o		624,9		6o1,3	

1) Mehrfachnennungen möglich

2) Es handelt sich um einen Gewichtungskoeffizienten, der die Bedeutung der Problembereiche ausdrückt (PK). Der Koeffizient wurde als gewogenes arithmetisches Mittel gebildet. Beurteilung der Probleme entsprechend den Alternativen im Erhebungsbogen: "großes Problem" = 4; "mittleres Problem"= 3; "geringes Problem" = 1; Nichtankreuzen ="kein Problem" = O. Haben z.B. alle in die Analyse einbezogenen Betriebe ein Problem als "großes Problem" eingestuft, so ergibt sich für den Koeffizienten der Wert PK = 4,o; entsprechend nimmt der Koeffizient den Wert PK = O an, wenn in allen Fällen "kein Problem" vorliegt.

Im Gesamtüberblick zeigt sich zunächst, daß im Durchschnitt etwa sechs Problembereiche (601,3 %) pro Betrieb genannt werden. Bei einer Betrachtung der Probleme im einzelnen fällt besonders auf, daß an erster Stelle - gemessen sowohl am Umfang der Nennungen (74,3 %) als auch an der Bedeutungseinschätzung (PK = 2,3) - die Schwierigkeiten bei der Ermittlung des Informationsbedarfs liegen.

In den meisten Veröffentlichungen über die Informationsversorgung bzw. über Informationssysteme wird dagegen der Schwerpunkt auf die Prozesse der Informationsbedarfsdeckung (Beschaffung, Verarbeitung, Speicherung) gelegt; dabei wird sehr häufig von einem gegebenen Informationsbedarf ausgegangen. Die differenzierte Phasenbetrachtung macht aber deutlich, daß damit ein sehr wichtiger Bereich ausgeklammert wird, der sich in der Praxis als überaus problematisch darstellt. Den o.a. Ergebnissen zufolge sind den Betrieben nämlich die Informationsarten, die für absatzpolitische Entscheidungen relevant sind, größtenteils nicht oder nur unvollständig bekannt.

Ebenfalls sehr häufig als Problemkomplex genannt werden die Bereiche Informationsbeschaffung (72,4 %) und Informationsverarbeitung (71,7 %). Sie werden auch im Urteil der Führungspersonen des Absatzbereichs als vergleichsweise bedeutend erachtet (PK = 2,1 bzw. PK = 2,0).

Immerhin 68,4 % der untersuchten Betriebe geben Schwierigkeiten bei der Finanzierung der Informationsversorgung an. Als ebenso problematisch sieht ein großer Teil der mittelständischen Betriebe (67,1 %) die Situation bei den Personen an, die die informationellen Aufgaben erfüllen sollen. Beide Problembereiche haben für den Durchschnitt der Befragten aber geringeres Gewicht (Finanzierung: PK = 1,6; Personal: PK = 1,8) als vergleichsweise die Probleme bei den Informationsversorgungsphasen.

Beachtlich erscheint, daß "nur" 56,6 % der untersuchten Unternehmen Probleme nennen, die mit der Einführung und Handhabung der EDV in Zusammenhang stehen. Daraus ist möglicherweise zu schließen, daß entweder bei nur verhältnismäßig wenigen Betrieben eine EDV-Anlage installiert ist oder daß durch die Beratung der Hardware- und Softwarehersteller Schwierigkeiten teilweise verringert werden.

Vergleicht man die Beschäftigtengrößenklassen miteinander, so liegen Betriebe der Klasse 200 - 499 Beschäftigte mit der Angabe von durchschnittlich fünf Problembereichen (495,0 %) verhältnismäßig am günstigsten.

Die meisten Schwierigkeiten sehen Betriebe mit 50 - 199 Beschäftigten, da sie im Durchschnitt pro Betrieb mehr als sechs Bereiche bei der Informationsversorgung der Absatzführung als problematisch erachten (656,3 %).

Zwei bemerkenswerte Tendenzen sind bei der Bedeutungseinschätzung der Problembereiche durch die befragten Betriebe zu erkennen. Während die Probleme im Bereich der Informationsverarbeitung mit steigender Betriebsgröße bedeutungsmäßig höher eingestuft werden (von PK = 1,7 in der Klasse mit bis zu 19 Beschäftigten auf PK = 2,7 in der Klasse mit 500 und mehr Beschäftigten), zeigt sich bei den personalbezogenen Problemen eine gegenläufige Entwicklung.

Einen detaillierten Einblick in das konkrete Problembewußtsein der untersuchten Betriebe wird bei den einzelnen Problembereichen ersichtlich.

Die Betriebe der Größenklasse 50 - 199 Beschäftigte haben die größten Probleme bei der Ermittlung des Informationsbedarfs. 80 % der Betriebe dieser Größenklasse nennen diesen Problemkomplex, dem sie zudem auch noch überdurchschnittliche Bedeutung (PK = 2,6) zumessen.

Ähnlich zeigt sich die Situation bei den Betrieben der Größenklasse 20 - 49 Beschäftigte. Zusammen mit dem Problembereich "Informationsbeschaffung" werden die Schwierigkeiten bei der Ermittlung des Informationsbedarfs am häufigsten genannt (74,3 %); sie nehmen auch die größte Bedeutung ein (PK = 2,5).

Für drei Viertel (75,0 %) der befragten Großbetriebe (500 und mehr Beschäftigte) ist die Ermittlung von Führungsinformationen für den Absatzbereich zwar auch problematisch; sie schätzen die Bedeutung dieses Teils der Informationsversorgung jedoch relativ gering (PK = 1,7) ein. Für diese Gruppe von befragten Betrieben sowie für die Unternehmen der Größenklasse mit 200 - 499 Beschäftigten spielen die Probleme der Informationsverarbeitung - gemessen an der Zahl der Nennungen (83,3 % bzw. 70,0 %) und der Bedeutungseinschätzung (PK = 2,7 bzw. 2,0) - die dominierende Rolle.

Im Gegensatz dazu stehen bei den Betrieben bis 19 Beschäftigte finanzielle und personelle Restriktionen im Vordergrund des Problemspektrums. 76,7 % der Betriebe dieser Größenklasse sehen in den knappen Finanzmitteln die größte Schwierigkeit für eine ausreichende Informationsversorgung; dieser Bereich erfährt auch die höchste Bedeutungseinschätzung (PK = 2,2). Überdurchschnittlich hoch liegen auch die Nennungen (73,3 %) und die Gewichtung (PK = 2,0) bei den Problemen im Personalsektor.

B. Zur Wirksamkeit eines Informationssystems in mittelständidischen Betrieben der Konsumgüterindustrie

Nachdem in der Einleitung zu dieser Arbeit die Bedeutung einer systematischen Informationsversorung aufgezeigt wurde, soll im folgenden die Frage nach der Wirksamkeit eines absatzorientierten Informationssystems näher untersucht werden. Die Beantwortung dieser Fragestellung besitzt mehrfachen Wert:
Zum einen kann eine Überprüfung der eingangs angeführten Hypothese vollzogen werden, ob die Leistungsfähigkeit der Unternehmensführung maßgeblich von den ihr zur Verfügung stehenden Informationen mitbestimmt wird[1]; gleichzeitig wird die Bedeutung der nachfolgenden Untersuchungsschritte zum Informationsbedarf und seiner Deckung untermauert. Zum anderen kann der mittelständischen Praxis der Nutzen eines Informationssystems vor Augen geführt werden.

---

1) Vgl. die Ausführungen auf S. 3

1. Zur Problematik der Effizienzmessung von Informationssystemen

Die Wirksamkeit von Informationssystemen insgesamt bzw. von einzelnen Informationsteilprozessen (Bedarfsermittlung, Beschaffung, Speicherung, Verarbeitung) zu messen und zu beurteilen, stellt allgemein ein äußerst schwierig zu lösendes Problem dar. Klein-Blenkers führt zu dieser Problematik aus: "Die Wirksamkeit der Verfahren zur Informationsverbesserung der Unternehmer ist im Grundsatz nicht meßbar. Es handelt sich hier ja nicht um direkte Mittel zur Verbesserung der Betriebsführung, sondern es sind Hilfsmittel, welche dem Unternehmer seine Entscheidungen und die Kontrolle erleichtern".[1)] Um aber wenigstens zu tendenziellen Aussagen über die Wirksamkeit zu kommen, sollen an die Stelle einer exakten Erfolgsquantifizierung verschiedene "Näherungslösungen" treten.

Ein weiteres Problem besteht in der Wahl eines Effizienzkriteriums, das einerseits die Beziehung von Ursache (Berücksichtigung eines Informationsprozesses) und Wirkung (Verbesserung absatzwirtschaftlicher Entscheidungen) ausdrückt und andererseits operational erscheint.

Um auch hier zumindest näherungsweise Anhaltspunkte zu erhalten, bietet sich die Möglichkeit an, als Richtgröße zur Beurteilung der Informationsversorgung den Zielerreichungsgrad generelIer betrieblicher Ziele heranzuziehen. Da nämlich das Informationssystem, das die Gesamtheit aller Informationsaktivitäten beinhaltet, als Instrument der Betriebsführung[2)] anzusehen ist, können seine positiven Auswirkungen dort vermutet werden, wo unternehmerische Ziele besser erreicht werden.

---

1) Fritz Klein-Blenkers: Ansatzstellen und Maßnahmen, S. 123

2) Wacker sieht den Zweck von Informationssystemen darin, daß sie der Führung zur Verdeutlichung, Klärung, Straffung, Konkretisierung, Realisierung und Kontrolle ihres Planwillens, ihrer Entscheidungen dienen. Vgl. Wilhelm H. Wacker: Betriebswirtschaftliche Informationstheorie, Grundlagen des Informationssystems, Opladen 1971, S. 47

Aus der Vielzahl möglicher Ziele wurde für diesen Untersuchungsteil als Ausdruck der betrieblichen Zielerreichung die Umsatz- und Gewinnentwicklung[1] gewählt. Bereits in früheren Untersuchungen des Institut für Mittelstandsforschung wurde ein starker Zusammenhang zwischen der betrieblichen Marktforschung und den hier angesprochenen Zielen festgestellt.[2] Ferner entsprechen diese Kriterien auch der Forderung nach Operationalität.

Als abschließende Bemerkung zur Methodik sei betont, daß sich das Ausmaß der Zusammenhänge aus der Korrelation zwischen den betrieblichen Zielerreichungsgraden und den informationellen Maßnahmen nicht ohne Einschränkung nur auf die betriebliche Informationstätigkeit zurückführen läßt. Wenn in mittelständischen Betrieben der Konsumgüterindustrie bestimmte Informationsaktivitäten zum Einsatz kommen und die Umsatz- und Gewinnentwicklung über dem Branchendurchschnitt liegt, so können zwar positive Auswirkungen vermutet werden; es muß jedoch berücksichtigt werden, daß meistens mehrere Teilaufgaben gleichzeitig erfüllt werden und daß die betriebliche Zielerreichung von zahlreichen Komponenten beeinflußt wird.

---

1) Die Zielgrößen "Umsatz" und "Gewinn" müssen nicht in jedem Fall denselben Grad der betrieblichen Zielerreichung widerspiegeln. Dennoch sind beide Größen im Rahmen der schriftlichen Erhebung gemeinsam erfragt worden, weil eine isolierte Erfragung der an sich aussagefähigeren Gewinngröße erfahrungsgemäß dazu geführt hätte, daß viel weniger Betriebe auskunftsbereit gewesen wären.

2) Vgl. Ralf-Peter Thürbach: Zum Stand der Organisation, S. 93 ff; Achim Brandenburg: Möglichkeiten und Grenzen der Marktforschung, S. 123 ff

2. Analyse der Wirksamkeit von ausgewählten Bereichen des Informationssystems

Im folgenden werden ausgewählte Teilbereiche des Informationssystems zur betrieblichen Umsatz- und Gewinnentwicklung in Beziehung gesetzt. Im einzelnen sind dies:

(1) die Informationsdefizite (Tabelle 5, S. 49)
(abgeleitet aus dem Informationsbedarf)

(2) die Informationsbeschaffung
(a) durch Sekundärerhebungen
- aus innerbetrieblichen Quellen (Tabelle 6, S. 51)
(Tabelle 7, S. 51)
- aus außerbetrieblichen Quellen (Tabelle 8, S. 53)
(Tabelle 9, S. 53)

(b) durch Primärerhebungen (Tabelle 10, S. 54)

(3) die Informationsspeicherung (Tabelle 11, S. 56)

(4) die Informationsverarbeitung (Tabelle 12, S. 57)

Im Fall (1) werden die Koeffizienten artenspezifischer Informationsdefizite von Betrieben im Vergleich gezeigt, deren Umsatz- und Gewinnentwicklung über dem Branchendurchschnitt liegt und deren Umsatz- und Gewinnentwicklung unter dem Branchendurchschnitt liegt. In den Fällen (2) bis (4) werden Differenzbewertungen vorgenommen, die ebenso als praktisch ausreichend akzeptiert werden können.[1] Der Nutzen eines Informationsprozesses wird daran beurteilt, wie sich das Effizienzkriterium bei den Betrieben verhält, die den Informationsteilprozeß berücksichtigen, im Vergleich zu den Betrieben, die diesen Teilprozeß nicht berücksichtigen.

---

1) Vgl. Jürgen Wild: Zur Problematik der Nutzenbewertung von Informationen, in: Zeitschrift für Betriebswirtschaft, 41. Jg., 1971, Nr. 5, S. 333 f

(1) Der Zusammenhang von Umsatz- und Gewinnentwicklung und Informationsdefiziten

Im Kapitel III.C.3. (S. 82 ff) werden empirische Befunde zum Informationsbedarf und Informationsstand mittelständischer Betriebe der Konsumgüterindustrie dargestellt und auf dieser Grundlage Informationsdefizite ermittelt. Um die Wirkungen eines Informationssystems unter verschiedenen Blickwinkeln betrachten zu können, ist es notwendig, diese Ergebnisse (Tabelle 20, S. 91) bereits hier hinzuzuziehen, ohne sie jedoch eingehend interpretieren und würdigen zu müssen (siehe dazu die Ausführungen auf Seite 90 ff).
In Tabelle 5 (S. 49) zeigt sich deutlich, daß zwischen "gut geführten" Betrieben (Umsatz- und Gewinnentwicklung über dem Branchendurchschnitt) und "weniger gut geführten" Betrieben (Umsatz- und Gewinnentwicklung unter dem Branchendurchschnitt) überwiegend gravierende Unterschiede in der Ausprägung der verschiedenen Informationsdefizit-Koeffizienten[1)] bestehen. Der vermutete Zusammenhang zwischen einer fundierten Informationsversorgung und der betrieblichen Zielerreichung wird somit bereits hierdurch ansatzweise bestätigt.

Betriebe, deren Umsatz- und Gewinnentwicklung unter dem Branchendurchschnitt liegen, haben - im Verhältnis zu den Betrieben mit einer überdurchschnittlichen Umsatz- und Gewinnentwicklung - besonders große Informationsdefizite bei folgenden Informationsarten: Konkurrenzmaßnahmen (ID = 7,8); Bedarf, Wünsche und Kaufverhalten der Konsumenten (ID = 7,4); Entwicklungen auf dem Branchenmarkt (ID = 5,1); Kosten und Erlöse des eigenen Produktes bzw. Produktprogramms (ID = 6,8); Kapazitäten, Engpässe in den Bereichen Beschaffung, Produktion, Finanzen, Personal (ID = 5,3); wirtschafts-, steuer- und finanzpolitische Maßnahmen des Staates (ID = 4,9).

---

1) Zur Berechnung und zur Ausprägung des Informationsdefizit-Koeffizienten siehe Fußnote 1 der Tabelle 20, S. 91.

Tabelle 5: Informationsdefizite bei Betrieben mit unterschiedlicher Umsatz- und Gewinnentwicklung

- Angaben in Koeffizienten[1] -
(n = 152)

Herkunftsbereiche	Informationsarten	Informationsdefizite von Betrieben mit einer Umsatz- und Gewinnentwicklung über dem Branchendurchschnitt	unter dem Branchendurchschnitt
Betrieb	Kosten und Erlöse des eigenen Produktes bzw. Produktprogramms	3,1	6,8
	Kosten für den Einsatz absatzpolitischer Maßnahmen	1,4	4,4
	Reklamationen	1,8	3,6
	Kapazitäten, Engpässe in den Bereichen Beschaffung, Produktion, Finanzen, Personal	1,6	5,3
Markt	Bedarf, Wünsche und Kaufverhalten der Konsumenten	4,0	7,4
	Änderung in der Konkurrenzstruktur	2,9	4,8
	Konkurrenzmaßnahmen	3,0	7,8
	Entwicklungen auf dem Branchenmarkt	2,7	5,1
	Umsatzentwicklungen auf den Märkten ergänzender Produkte	3,2	2,0
	Entwicklungen auf vorgelagerten Märkten	3,1	2,7
	Entwicklungen bei den Absatzmittlern	1,9	2,4
	Entwicklungen auf den Beschaffungsmärkten	2,6	3,7
Betriebliche Umwelt	Konjunkturelle Entwicklungen	1,6	2,9
	Währungsschwankungen	1,0	1,0
	Entwicklungen auf internationalen Märkten	1,8	1,7
	Neuerungen von Produkten und Prozessen	2,7	4,9
	Entwicklungen auf dem Kapitalmarkt	0,9	2,5
	Entwicklungen auf dem Arbeitsmarkt	1,9	3,0
	Wirtschafts-, steuer- und finanzpol. Maßnahmen des Staates	1,3	4,9
	Gesetzliche Regelungen und Auflagen	2,3	4,4
	Allgemeine Mode- und Geschmacksveränderungen	1,8	4,2
	Bevölkerungsentwicklungen	1,3	2,6
	Förderungshilfen für mittelständische Betriebe	2,3	3,6

1) Es handelt sich um einen Informationsdefizit-Koeffizienten (ID, vgl. Tabelle 2o, S.91). Der Koeffizient wurde durch Multiplikation der ermittelten Informationsbedarfs-Koeffizienten (IB, vgl. Tabelle 18, S.86) mit den jeweiligen Informationsstand-Koeffizienten (IS, vgl. Tabelle 19, S.89) gebildet (vgl. auch das Beispiel für die Berechnungsweise auf S.84). Haben z.B. alle in die Analyse einbezogenen Betriebe in Bezug auf eine Informationsart einen außerordentlich hohen Bedarf und verfügen gleichzeitig über einen nicht zufriedenstellenden Informationsstand, so ergibt sich für den Koeffizienten der Wert ID = 16,o; entsprechend nimmt der Koeffizient den Wert ID = 0 an, wenn entweder kein Bedarf nach einer bestimmten Informationsart besteht oder aber der tatsächliche Informationsstand dem notwendigen Bedarf voll und ganz entspricht.

(2) Der Zusammenhang von Umsatz- und Gewinnentwicklung und Informationsbeschaffung

In den Tabellen 6 - 10 werden Zusammenhänge zwischen den sekundär- und primärstatistischen Möglichkeiten der Erhebung von Informationsunterlagen einerseits und der Umsatz- und Gewinnentwicklung andererseits dargestellt.[1)]

Von den Betrieben, die das Rechnungswesen[2)] (Tabelle 6) als Informationsquelle nutzen, verzeichnete etwa jeder dritte (36,6 %) eine überdurchschnittliche Umsatz- und Gewinnentwicklung. Nur 9,5 % der Betriebe, die dieses Informationsangebot nicht in Anspruch nehmen, lagen bezüglich der hier angesprochenen Ziele über dem Branchendurchschnitt.

Eine ähnlich gelagerte Situation findet man bei der Betrachtung des Außendienstes (Tabelle 7), der eine weitere innerbetriebliche Möglichkeit darstellt, mit deren Hilfe der Betrieb Informationen über Marktfakten erhalten kann. Auch hier haben mehr als ein Drittel der untersuchten Unternehmen (36,1 %), die die Berichte der Verkaufspersonen entsprechend auswerten, eine im Vergleich zum Branchendurchschnitt bessere Umsatz- und Gewinnentwicklung verzeichnen können.

Aus den beiden Beispielen, die aus dem Bereich der innerbetrieblichen Sekundärquellen ausgewählt wurden, geht deutlich hervor, daß sich eine Auswertung von im Betrieb bereits vorhandenen Unterlagen recht positiv auswirken kann.

---

1) Die Durchschnittswerte der Tabellen 6 - 10 sind identisch mit den Durchschnittswerten der Tabelle 3 auf S. 38 und sind deswegen nicht mehr aufgeführt.

2) Vgl. dazu auch die Ausführungen zu den innerbetrieblichen Sekundärquellen, Kap. IV.A.1.a), S.141 f und b) ba), S. 146 ff

Tabelle 6: Informationsbeschaffung aus dem Rechnungswesen und ihre vermutete Auswirkung auf die Umsatz- und Gewinnentwicklung in den untersuchten Betrieben der Konsumgüterindustrie
- Angaben in Prozent -
(n = 152)

Umsatz- und Gewinnentwicklung gemessen am Branchendurchschnitt	Nutzung des Rechnungswesens als Informationsquelle	
	ja	nein
Über Durchschnitt	36,6	9,5
Im Durchschnitt	41,2	47,6
Unter Durchschnitt	6,9	23,8
Entwicklung unbekannt bzw. keine Angabe	15,3	19,1
Insgesamt	1oo,o	1oo,o

Tabelle 7: Informationsbeschaffung durch den Außendienst und ihre vermutete Auswirkung auf die Umsatz- und Gewinnentwicklung in den untersuchten Betrieben der Konsumgüterindustrie
- Angaben in Prozent -
(n = 152)

Umsatz- und Gewinnentwicklung gemessen am Branchendurchschnitt	Nutzung des Außendienstes als Informationsquelle	
	ja	nein
Über Durchschnitt	36,1	2o,o
Im Durchschnitt	41,o	46,7
Unter Durchschnitt	6,5	2o,o
Entwicklung unbekannt bzw. keine Angabe	16,4	13,3
Insgesamt	1oo,o	1oo,o

Die Ergebnisse der Tabellen 8 und 9,[1] die ausgesuchte außerbetriebliche Sekundärquellen betreffen, drücken ebenso positive Beziehungen zur Umsatz- und Gewinnentwicklung aus.

Von den Betrieben, die ihren Informationsbedarf (u.a.) aus Fachzeitschriften decken (Tabelle 8), lagen 35,2 % eigenen Angaben zufolge umsatz- und gewinnmäßig über dem Durchschnitt ihrer Branche. Besonders interessant ist die Tatsache, daß nicht ein einziger Betrieb der wenigen mittelständischen Industrieunternehmen, die nicht auf Fachzeitschriften zurückgreifen, überdurchschnittliche Umsätze und Gewinne erzielte.

Deutliche Zusammenhänge sind auch aus Tabelle 9 ersichtlich. Nahezu die Hälfte aller Betriebe (43,3 %), die sich bezüglich ihrer langfristigen Absatzführung aus "Veröffentlichungen wissenschaftlicher Institute" informieren, erreichten das Umsatz- und Gewinnziel überdurchschnittlich gut. Aufgrund dieser Ergebnisse darf jedoch nicht gefolgert werden, daß der Nutzen dieser Informationen alleinige Ursache für die besonders gute Wettbewerbssituation ist. Sicherlich kann jedoch vermutet werden, daß mittelständische Betriebe, die diese nicht "gängigen" Informationsquellen nutzen, generell eine intensive Informationsbeschaffung durchführen und die vielen Anregungen in ihre langfristigen Entscheidungsprozesse mit einfließen lassen.

---

1) Vgl. dazu auch die Ausführungen zu den außerbetrieblichen Sekundärquellen, Kap. IV.A.1.a), S.141 f und b) bb), S.155 ff

Tabelle 8: Informationsbeschaffung aus Fachzeitschriften und ihre vermutete Auswirkung auf die Umsatz- und Gewinnentwicklung in den untersuchten Betrieben der Konsumgüterindustrie
- Angaben in Prozent -
(n = 152)

Umsatz- und Gewinnentwicklung gemessen am Branchendurchschnitt	Nutzung von Fachzeitschriften als Informationsquelle	
	ja	nein
Über Durchschnitt	35,2	-
Im Durchschnitt	4o,8	6o,o
Unter Durchschnitt	9,2	1o,o
Entwicklung unbekannt bzw. keine Angabe	14,8	3o,o
Insgesamt	1oo,o	1oo,o

Tabelle 9: Informationsbeschaffung aus Veröffentlichungen wissenschaftlicher Institute und ihre vermutete Auswirkung auf die Umsatz- und Gewinnentwicklung in den untersuchten Betrieben der Konsumgüterindustrie
- Angaben in Prozent -
(n = 152)

Umsatz- und Gewinnentwicklung gemessen am Branchendurchschnitt	Nutzung von Veröffentlichungen wissenschaftlicher Institute als Informationsquelle	
	ja	nein
Über Durchschnitt	43,3	17,7
Im Durchschnitt	37,8	48,4
Unter Durchschnitt	7,8	11,3
Entwicklung unbekannt bzw. keine Angabe	11,1	22,6
Insgesamt	1oo,o	1oo,o

Wie Tabelle 10 zu entnehmen ist, zeigen primärstatistische[1] Markterhebungen, die von mittelständischen Betrieben selbst bzw. die in ihrem Auftrag von Instituten durchgeführt werden, einen ebenfalls deutlichen positiven Zusammenhang zur Umsatz- und Gewinnentwicklung, wie dies bereits bei den Sekundärerhebungen der Fall war. Nahezu jedes zweite Unternehmen (46,9 %), das von dieser Möglichkeit der Informationsbeschaffung für den Absatzbereich Gebrauch machte, gehört zu den Betrieben, die hinsichtlich Umsatz und Gewinn zu den überdurchschnittlich guten der Branche zählen.

Tabelle 10: Informationsbeschaffung durch primärstatistische Markterhebungen und ihre vermutete Auswirkung auf die Umsatz- und Gewinnentwicklung in den untersuchten Betrieben der Konsumgüterindustrie
- Angaben in Prozent -
(n = 152)

Umsatz- und Gewinnentwicklung gemessen am Branchendurchschnitt	Eigene Markterhebungen bzw. Auftragsvergabe an Marktforschungsinstitute	
	ja	nein
Über Durchschnitt	46,9	29,2
Im Durchschnitt	37,5	43,3
Unter Durchschnitt	6,3	10,0
Entwicklung unbekannt bzw. keine Angabe	9,3	17,5
Insgesamt	100,0	100,0

1) Vgl. dazu auch die Ausführungen zur Informationsbeschaffung durch Primärerhebungen, Kap. IV.A.2., S. 157

Einschränkend ist darauf hinzuweisen, daß von den Betrieben, die keine Primärforschung betreiben, immerhin 29,2 % auch Umsätze und Gewinne über dem Branchendurchschnitt aufweisen. Die Ergebnisse lassen folglich vermuten, daß sich zwar ein Verzicht auf primäre Markterhebungen nicht sehr negativ auf die Zielerreichung der mittelständischen Konsumgüterproduzenten auswirkt, daß jedoch durch die Anwendung dieser Methoden bei wichtigen absatzpolitischen Entscheidungen klare Vorteile gegenüber den Konkurrenten erreicht werden können.

Zusammenfassend ist demnach zu sagen, daß die Informationsbeschaffung auf sekundär- und primärstatistischem Wege einen sehr klaren Zusammenhang zur positiven Umsatz- und Gewinnentwicklung aufzeigt. Für die Klein- und Mittelbetriebe läßt sich aus diesen Ergebnissen die Notwendigkeit ableiten, die Inanspruchnahme innerbetrieblicher Sekundärquellen zu intensivieren sowie bei Entscheidungen mit langfristiger Wirkung die Primärforschung einzusetzen. Dadurch dürfte es möglich sein, die strategische Absatzführung auf eine solide Grundlage zu stellen und damit eine langfristige Existenzsicherung zu erzielen.

(3) Der Zusammenhang von Umsatz- und Gewinnentwicklung und Informationsspeicherung

Aus Tabelle 11 wird ersichtlich, daß zwischen der Aufgabe, Informationen zu speichern, und der Umsatz- und Gewinnentwicklung ebenfalls ein enger Zusammenhang vermutet werden kann.

Es kommt deutlich zum Ausdruck, daß die Betriebe, die eine Informationsspeicherung vornehmen (43,4 % aller in die Untersuchung einbezogenen Unternehmen[1]), den Konkurrenten gegenüber erheblich im Vorteil sind. Bezüglich der Umsatz- und Gewinnentwicklung liegt mehr als jeder zweite Betrieb (51,5 %)

1) Vgl. Tabelle 25 auf S.165 dieser Untersuchung.

über dem Branchendurchschnitt, während lediglich 4,6 % der Informationen speichernden Betriebe eine Tendenz aufweisen, die unter dem Mittel der Branche verläuft.

Die Erfüllung der hier angesprochenen informationellen Tätigkeit kann auch als Indikator dafür angesehen werden, daß in diesen Betrieben eine besonders aufgeschlossene Einstellung zur Informationsversorgung existiert und daß dieser Bereich insgesamt gut gestaltet ist.

Von den Betrieben, die angeben, daß sie die eingehenden Informationen nicht speichern, erreichen nur wenige (18,6 %) ihre Umsatz- und Gewinnziele überdurchschnittlich gut.

Tabelle 11: Informationsspeicherung und ihre vermutete Auswirkung auf die Umsatz- und Gewinnentwicklung in den untersuchten Betrieben der Konsumgüterindustrie
- Angaben in Prozent -
(n = 152)

Umsatz- und Gewinnentwicklung gemessen am Branchendurchschnitt	Informationsspeicherung	
	ja	nein
Über Durchschnitt	51,5	18,6
Im Durchschnitt	33,3	48,8
Unter Durchschnitt	4,6	12,8
Entwicklung unbekannt bzw. keine Angabe	1o,6	19,8
Insgesamt	1oo,o	1oo,o

(4) Der Zusammenhang von Umsatz- und Gewinnentwicklung und Informationsverarbeitung

Tabelle 12 zeigt den Zusammenhang zwischen einem weiteren Teilprozeß der Informationsbedarfsdeckung - nämlich der Informationsverarbeitung - und der Umsatz- und Gewinnentwicklung. Wie die Ergebnisse vermuten lassen, wirkt sich auch das Auswählen, Verknüpfen, Verdichten usw.[1] der aus den unterschiedlichen Quellen beschafften Informationen positiv für die mittelständischen Betriebe aus. Von den Unternehmen, die Verarbeitungstätigkeiten durchführen, liegen 38,5 % bezüglich der als Meßgrößen geltenden Ziele über dem Branchendurchschnitt.

Tabelle 12: Informationsverarbeitung und ihre vermutete Auswirkung auf die Umsatz- und Gewinnentwicklung in den untersuchten Betrieben der Konsumgüterindustrie
- Angaben in Prozent -
(n = 152)

Umsatz- und Gewinnentwicklung gemessen am Branchendurchschnitt	Tätigkeiten der Informationsverarbeitung ...	
	werden durchgeführt	werden nicht durchgeführt
Über Durchschnitt	38,5	-
Im Durchschnitt	43,8	31,8
Unter Durchschnitt	6,9	22,7
Entwicklung unbekannt bzw. keine Angabe	1o,8	45,5
Insgesamt	1oo,o	1oo,o

1) Vergleiche die Ausführungen zur Informationsverarbeitung auf S. 169 ff

Aus dem Kreis derer, die keine Informationsverarbeitung vornehmen, erreichte nicht ein einziger Betrieb überdurchschnittliche Umsätze und Gewinne. Bemerkenswert ist ebenfalls noch, daß fast die Hälfte dieser Industrieunternehmen keine Aussagen zur Umsatz- und Gewinnsituation machen konnte bzw. wollte. Vermutlich ist die Vernächlässigung der hier angesprochenen informationellen Aufgaben ein Indiz für ein insgesamt nur sehr mangelhaftes Informationswesen.

Im Gesamt zeigen die empirisch erhobenen Ergebnisse der Tabellen 5 - 12, daß bereits einzelne Teilbereiche der Informationsversorgung positive Auswirkungen zur Zielerreichung haben. Daher ist zu vermuten, daß die Konzeption und Realisation eines Informationssystems in den Betrieben eine noch deutlichere Gesamtwirkung und somit eine höhere betriebliche Zielerreichung erbringen dürfte (synergetische Effekte).[1]

C. Rahmenbedingungen eines Informationssystems in mittelständischen Betrieben der Konsumgüterindustrie

Im Rahmen der begrifflichen Grundlagen der Arbeit waren begriffsbestimmende Merkmale mittelständischer Betriebe unter qualitativen Aspekten herausgestellt worden (Kap. I.B.1, S. 9 f). Diese allgemein gehaltene Betrachtung gilt es im folgenden zu erweitern und zu vertiefen. Dabei geht es darum, die wichtigsten Einflußbereiche aus dem betrieblichen und außerbetrieblichen Bedingungsrahmen mittelständischer Betriebe der Konsumgüterindustrie und deren Auswirkungen auf das Informationssystem aufzuzeigen. Aus der Art der Einflußnahme können die Voraussetzungen abgeleitet werden, die für die Gestaltung des Informationssystems in Betrieben dieses Wirtschafts- und Betriebsgrößenbereichs erfüllt sein müssen. Ferner sind bereits in groben Zügen die besonderen Möglich-

1) Zum Begriff der "Synergie" vgl. Martin K. Welge: Synergie, in: Handwörterbuch der Betriebswirtschaft, 4. Aufl., hrsg. v. E. Grochla und W. Wittmann, Bd. I/3, Stuttgart 1976, Sp. 3800 ff

keiten und Grenzen zu erkennen, die die Informationsversorgung einerseits begünstigen und andererseits erschweren.

Der Informationsbedarf und in Abhängigkeit davon die Möglichkeiten zu seiner Deckung werden beeinflußt durch die allgemeinen Rahmenbedingungen des Betriebes und von der konkreten Entscheidungssituation, für die Informationen notwendig sind.[1] Da die Einflußfakten aus der Entscheidungssituation nur im Einzelfall genau zu bestimmen sind,[2] kann hier lediglich ein Überblick über die informationsversorgungswirksamen Fakten aus der Betriebsstruktur und dem außerbetrieblichen Bereich gegeben werden.[3] Aufbauend auf einer Analyse der verschiedenen Literaturmeinungen[4] und aufgrund von Praxis-

---

1) Vgl. Reinhard Hünerberg: Marktinformationen für den Einzelhandel, Datenbereiche und Datenermittlung, in: FfH-Mitteilungen, neue Folge, Juli/August 1979, S. 1

2) Vgl.Jürgen Berthel, Dieter Moews: Information und Planung in industriellen Unternehmen, Berlin 1970, S. 89 ff (im folgenden zitiert als: Jürgen Berthel, Dieter Moews: Information)

3) Vgl. auch Hermann Diller: Produktmanagement und Marketing-Informationssysteme, Berlin 1975, S. 241 ff (im folgenden zitiert als:Hermann Diller: Produktmanagement)

4) Vgl. dazu u.a.: Konrad Roth: Informationsbeschaffung von Organisationen, Analyse des Informationsverhaltens von Organisationen, am Beispiel von Entscheidungsprozessen auf Investitionsgütermärkten, Diss. Mannheim 1976, S. 87 ff; Ralf-Peter Thürbach: Betriebsführung und elektronische Datenverarbeitung im Einzelhandel, Nr. 66 der Schriften zur Mittelstandsforschung, Göttingen, 1974, S. 53 ff (im folgenden zitiert als: Ralf-Peter Thürbach: Betriebsführung); Dieter Günzel: Das betriebswirtschaftliche Größenproblem, S. 62; Ernst Gerth: Voraussetzungen, Möglichkeiten und Grenzen der Marktforschung, 7.Jg., 1963, Heft 4, S. 99 ff (im folgenden zitiert als: Ernst Gerth: Voraussetzungen, Möglichkeiten und Grenzen der Marktforschung); Heinrich Schmelter: Organisatorische Auswirkungen des EDV-Einsatzes im Klein- und Mittelunternehmen, Zürich-Frankfurt/Main-Thun 1977, S. 64 ff; Karl Hax: Wachstum und Organisation,in: Handwörterbuch der Organisation, hrsg. von E. Grochla, Stuttgart 1969, Sp. 1761 ff; Herbert Uebele, Klaus Heinzelbecker: Der situationsgerechte Aufbau betrieblicher Informationssysteme, in: Zeitschrift für Organisation,Heft 7/1980, S. 396 ff; Hans-Joachim Brandenburg: Absatzforschung in mittelständischen Handwerksbetrieben, Diss. Köln 1979, S. 62 ff

einsichten ergibt sich die in Übersicht 7, S. 61 dargestellte Systematik.

Die Betrachtung der Rahmenbedingungen läßt erkennen, daß ihre Auswirkungen auf die Gestaltung eines Informationssystems von unterschiedlicher Stärke und Bedeutung sind. Ferner wird ersichtlich, daß den Einflußfakten nur teilweise Datencharakter im Sinne fehlender Manipulierbarkeit durch den Betrieb selbst zukommt. Im Rahmen anderer, nicht zur Informationsversorgung gehörender Maßnahmen können sie durchaus variiert werden[1] (z.B. Schulung der Führungspersonen).

III. Zum Informationsbedarf mittelständischer Betriebe der Konsumgüterindustrie und seiner Nutzung für die langfristige Absatzführung

A. Zur Bedeutung des Informationsbedarfs

Maßgebend für die erfolgreiche Gestaltung und Nutzung eines Informationssystems ist nicht allein die Lösung organisatorischer und technischer Probleme zur Informationsbeschaffung, -speicherung und -verarbeitung. Zu den wichtigsten und grundlegendsten Voraussetzungen für eine effiziente Informationsversorgung gehört die Bestimmung des Informationsbedarfs.[2]

---

1) Vgl. Wilhelm Hill, Raymond Fehlbaum, Peter Ulrich: Ziele, Instrumente und Bedingungen der Organisation sozialer Systeme; 3. Aufl., Bern 1981, S. 319

2) Harald Rölle: Die Ermittlung des Informationsbedarfs der Manager. Ausgangspunkt oder Ziel des MIS, in: Management - Informationssysteme, hrsg. v. E. Grochla und N. Szyperski, Wiesbaden, 1971, S. 764; Hermann Diller: Produktmanagement, S. 6 f

Übersicht 7

Systematik der Rahmenbedingungen eines Informationssystems für die langfristige Absatzführung in mittelständischen Betrieben der Konsumgüterindustrie

Eine exakte Analyse der für eine konkrete Aufgabenstellung benötigten Informationen trägt dazu bei,

- daß Informationslücken bei den Aufgabenträgern ermittelt werden können,
- daß aus der Informationsflut die relevantesten Informationen selektiert werden können,
- daß eine zielgerichtete Deckung des Informationsbedarfs erfolgen kann
- und sich der Aufgabenträger dadurch intensiver auf die Umsetzung der Informationen in Aktionen konzentrieren kann.

Dem Bereich der Informationsanalyse ist aber trotz seiner zentralen Bedeutung bislang aber nur unzureichende Beachtung geschenkt worden; dazu kommt, daß die Analyse des Informationsbedarfs sich in der Praxis als überaus problematisch darstellt. Wie die empirischen Ergebnisse aus der Tabelle 4 (Kap. II.A. (S. 40 ff) deutlich zeigen, scheint bei mittelständischen Konsumgüterbetrieben hier sogar das Hauptproblem der Informationsversorgung zu liegen. Unter diesen Aspekten soll dem Problemkomplex "Analyse des Informationsbedarfs" der breiteste Rahmen der gesamten Arbeit gewidmet werden.

B. Theoretische Grundlagen und methodologische Vorbemerkungen zur Bestimmung und Nutzung des Informationsbedarfs

Zum besseren Verständnis des Aufbaus dieses Untersuchungsbereichs dienen die nachstehenden Bemerkungen, wobei die generellen Gedankengänge in der Übersicht 8 (S. 63) veranschaulicht sind.[1)]

---

1) Die eingekreisten Zahlen sind als "Wegweiser" zu betrachten und sollen helfen, die Verbindung zwischen Übersicht und Text herzustellen.

Übersicht 8

Schematische Darstellung der Untersuchung des Informationsbedarfs

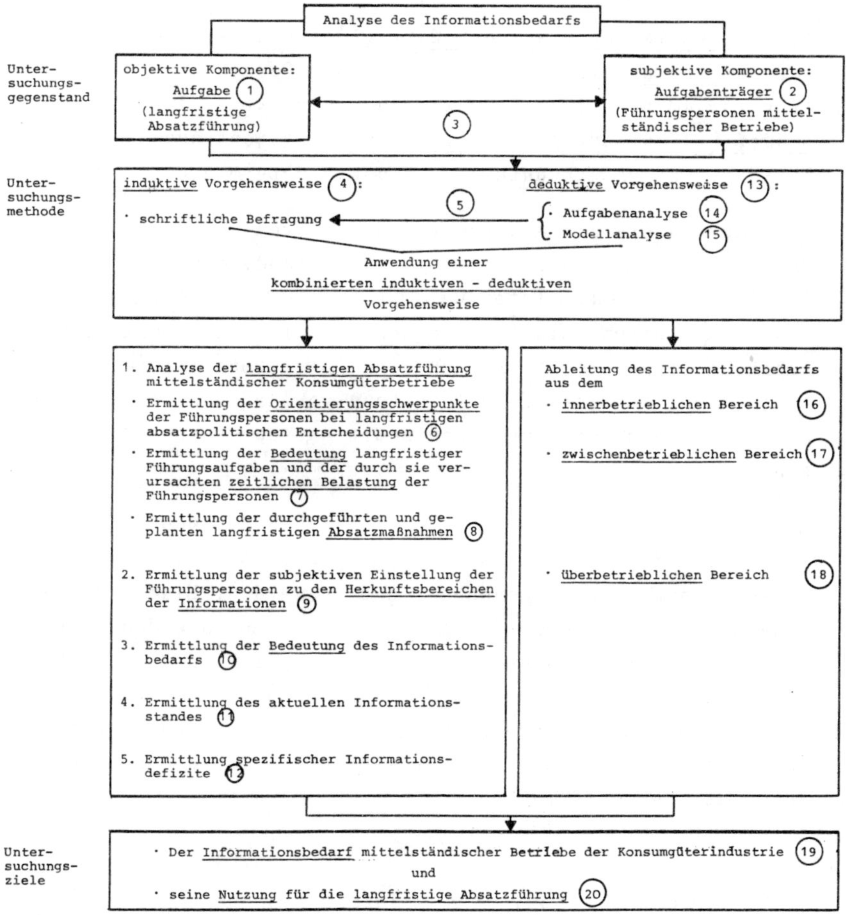

Unter dem Informationsbedarf versteht man die Summe derjenigen Informationen, die ein Entscheidungsträger zur Erfüllung einer bestimmten Aufgabe benötigt.[1] Gemäß dieser Definition verfügt der Informationsbedarf über eine objektive und eine subjektive Komponente, die seine Art, seinen Umfang und seine Qualität bestimmen.[2]

Der objektive Informationsbedarf (1) ergibt sich allein aus der Aufgabe und ist unabhängig von der Person des Aufgabenträgers. Im Gegensatz dazu wird der subjektive Informationsbedarf (2) nur durch die Person des Aufgabenträgers (seine Wünsche, seinen Erkenntnisstand usw.) determiniert.

Geht der Ansatz der Analyse vom objektiven Informationsbedarf aus, so erfordert dies eine vollständige und genaue Umschreibung der gesetzten Aufgaben. Die Aufgaben der langfristigen Absatzführung sind jedoch sehr komplex und überwiegend schlecht-strukturiert, so daß eine Operationalisierung nur bedingt möglich ist. Eine Ableitung von Informationen allein aus der Aufgabenstellung kann somit nur unzureichend erfolgen.

Berücksichtigung finden sollte daher auch der subjektiv geschätzte Informationsbedarf des Aufgabenträgers, um seinen persönlichen Anforderungen gerecht zu werden. Eine Ermittlung des Informationsbedarfs nur aus den Aussagen der Aufgabenträger bringt aber das Problem mit sich, daß die Aufgabenträger einerseits Schwierigkeiten haben, die benötigten Informationen hinreichend genau und umfassend zu artikulieren, oder daß sie andererseits übertriebene Angaben zum Informationsbedarf machen.

---

1) Vgl. u.a. Norbert Szyperski: Informationsbedarf, Sp. 904; Jürgen Berthel: Betriebliche Informationssysteme, Stuttgart 1975, S. 30; Peter Höflinger: Informationsoptimierung in betrieblichen Entscheidungsprozessen, Köln 1975, S. 39

2) Vgl. Helmut Garbe: Informationsbedarf, in: Handwörterbuch der Betriebswirtschaftslehre, hrsg. v. E. Grochla und W. Wittmann, 4. Aufl., Bd. I/2, Stuttgart 1975, Sp. 1875 (im folgenden zitiert als: Helmut Garbe: Informationsbedarf)

Um den Bereich relevanter Informationen abzustecken, empfiehlt es sich daher, sowohl die objektive als auch die subjektive Seite des Informationsbedarfs gemeinsam zum Ausgangspunkt der Analyse zu machen, zumal zwischen den beiden Komponenten enge Interdependenzen bestehen (3) . So beeinflußt nämlich die Aufgabe selbst den Aufgabenträger und damit seinen subjektiven Informationsbedarf; der Aufgabenträger wiederum bewirkt durch sein persönliches Engagement neue Aufgabenstellungen und modifiziert somit den objektiven Informationsbedarf.[1)]

Aufgrund der aufgezeigten Überlegungen zum Untersuchungsgegenstand bietet sich ein mehrstufiger Einsatz von Methoden der Informationsbedarfsermittlung an[2)]. Es handelt sich um eine <u>kombiniert induktive - deduktive Vorgehensweise</u>, deren Ablauf und Zweckmäßigkeit sich wie folgt darstellt bzw. begründen läßt:[3)]
Als <u>induktive</u> Methode (4) wird eine schriftliche Befragung von Führungspersonen mittelständischer Konsumgüterbetriebe vorgenommen. Durch die bei den verschiedenen Fragestellungen vorgegebenen Antworten, die für eine operationale Auswertung der Ergebnisse unbedingt notwendig sind, beinhaltet dieses Verfahren auch Elemente der deduktiven Methode (5) , auf die an späterer Stelle (S. 67) noch isoliert eingegangen wird.

---

1) Vgl. Claus C. Berg: Schwachstellenanalyse. Informationsbereitstellung in der Materialwirtschaft, in: Beschaffung aktuell, Heft 11, 1980, S. 64

2) Zu den Methoden der Informationsbedarfsanalyse vgl. Helmut Garbe: Informationsbedarf, Sp. 1878 ff; Dieter S. Koreimann: Methoden der Informationsbedarfsanalyse, Berlin - New York 1976, S. 60 ff

3) Zur Diskussion über die Verfahren der Informationsbedarfsermittlung vgl. u.a.: Klaus Heinzelbecker: Partielle Marketing-Informationssysteme, S. 34 ff; Arnold R. Bathmann: Informationsbedarfsanalyse für das Beschaffungsmanagement, Gelsenkirchen 1982, insbes. S. 136 ff

Die empirische Untersuchung (zu den Untersuchungsbefunden vgl. Kap. III.C., S. 68 ff) gliedert sich in folgende Teilschritte:

1. Untersuchungsschritt (Abschnitt III.C.1., S. 68 ff):

Der sachliche Bezug der in dieser Studie betrachteten Informationen richtet sich auf die langfristigen Führungsaufgaben im Absatzbereich mittelständischer Konsumgüterproduzenten. Aus diesem Grunde ist es für die weitere Betrachtung notwendig, zunächst eine Untersuchung dieses Bereichs anzustellen. Aus ihr soll hervorgehen, nach welchen Orientierungsschwerpunkten (6) die mittelständischen Konsumgüterhersteller ihr Führungskonzept ausrichten, welche Bedeutung den Führungsfunktionen (7) im Absatzbereich eingeräumt wird, welche Absatzstrategien (8) bereits konkret durchgeführt werden bzw. geplant sind. Die zentrale Fragestellung lautet demnach also: Wofür werden Informationen benötigt?

2. Untersuchungsschritt (Abschnitt III.C.2., S. 79 ff):

Im Anschluß daran sollen erste Anhaltspunkte über die subjektive Einstellung der Führungsperson im Absatzbereich hinsichtlich der verschiedenen Informationsarten gewonnen werden. Die mittelständischen Betriebe wurden daher zuerst einmal um Auskunft darüber gebeten, welche Bedeutung sie den Herkunftsbereichen (9), denen die Informationsarten zuzuordnen sind, beimessen. Die hierzu gestellte Frage lautet demnach: Woher werden Informationen benötigt?

3. Untersuchungsschritt (Abschnitt III.C.3.a., S. 85 ff):

In einem weiteren Untersuchungsschritt soll dann ermittelt werden, welche Bedeutung der Informationsbedarf (10) im Hinblick auf spezielle Informationsarten für die Absatzführung hat. Dazu wurde in Anlehnung an die beiden vorangegangenen Analysen ein Katalog von Informationsarten zusammengestellt und den Betrieben vorgelegt.

4. Untersuchungsschritt (Abschnitt III.C.3.b., S. 87 ff):

Als nächstes soll dann Aufschluß über den aktuellen Informationsstand (11) der Führungspersonen im Absatzbereich gewonnen werden. Dabei wurden die gleichen Informationsarten hinzugezogen.

5. Untersuchungsschritt (Abschnitt III.C.3.c., S. 90 ff):

In einem abschließenden Untersuchungsabschnitt dieses Kapitels sollen schließlich die spezifischen Informationsdefizite (12) in bezug auf absatzpolitische Entscheidungen ermittelt werden. Dies soll auf rechnerischem Wege durch eine Verknüpfung der Ergebnisse des 3. Untersuchungsschrittes (Informationsbedarf) mit denen des 4. Untersuchungsschrittes (Informationsstand) erfolgen.

Die empirische Untersuchung kann nicht in jeder Hinsicht zufriedenstellende Ergebnisse liefern, da die subjektive Komponente überwiegt. Daher wird - aufbauend auf den gewonnenen Erkenntnissen - zusätzlich eine Ableitung des Informationsbedarfs auf deduktivem Wege (13) vorgenommen (Kap. III.D., S. 94). Als deduktive Verfahren werden die Aufgabenanalyse und die Modellanalyse ebenfalls kombinativ herangezogen.[1]

Mit Hilfe der aufgabenbezogenen Analyse (14) können die Informationen von den Aufgaben, die im Rahmen der langfristigen Absatzführung von den Führungspersonen mittelständischer Konsumgüterproduzenten zu tätigen sind, abgeleitet werden. Dadurch kann ein direkter Bezug zwischen Informationsarten und der Möglichkeit der Nutzung hergestellt werden. Nachteile ergeben sich aber insofern, daß willkürlich gewählte Führungsaufgaben im Mittelpunkt der Betrachtung stehen, wozu zum Teil gleichartige Informationen erforderlich sind. Dies führt zwangsläufig zu Wiederholungen bei den Informationsarten.[2] Dieses Problem, das eine Systematisierung des Informationsbedarfs nur unzureichend ermöglicht, scheidet bei einer mo-

1) Vgl. Heinz-Wilhelm Niemeyer: Informationsbedarf, S. 92 f

2) Vgl. Cuno Beat Pümpin: Information, S. 108

dellbezogenen Analyse (15) aus.[1] Ausgangspunkt ist hierbei die Erkenntnis, daß ein Betrieb informationelle Beziehungen zu Elementen des zwischen- und überbetrieblichen Bereichs unterhält. Durch eine Analyse der Unternehmung selbst (16), der Teilnehmer der relevanten Märkte (17) sowie der sonstigen Umwelt (18) läßt sich der Informationsbedarf erkennen. Dieses Vorgehen verbindet den Vorteil, daß Wiederholungen der einzelnen Informationen vermieden werden mit dem Nachteil, daß nicht jeder langfristigen Absatzmaßnahme die einzelnen Informationen zugeordnet werden können.

Auf der Grundlage dieser methodischen Untersuchungsschritte erscheint es möglich, folgende Ziele zu erreichen:

- Bestimmung des Informationsbedarfs für die langfristige Absatzführung in mittelständischen Betrieben der Konsumgüterindustrie (19),
- Systematisierung der notwendigen Informationen (19),
- Darstellung der Nutzungsmöglichkeiten anhand von Beispielen (20).

C. Empirische Befunde zum Informationsbedarf für die langfristige Absatzführung

1. Die langfristige Absatzführung der befragten Konsumgüterproduzenten als Bestimmungsgröße des Informationsbedarfs

- *Orientierungsschwerpunkte der Führungspersonen mittelständischer Industriebetriebe bei langfristigen absatzpolitischen Entscheidungen*

Um grundlegende Kenntnisse über die Absatzführung mittelständischer Konsumgüterunternehmen zu erhalten, wurden die Betriebe danach gefragt, an welchen innerbetrieblichen Gegebenheiten und/oder marktbezogenen Anforderungen sie ihre langfristigen Überlegungen orientieren.[2]

1) Vgl. Cuno Beat Pümpin: Information, S. 108 f

2) Siehe Frage 8 des im Anhang beigefügten Fragebogens, S.217

Da die Ausrichtung der betrieblichen Aktivitäten auf die Markterfordernisse auch für die Klein- und Mittelbetriebe als unbedingt notwendig erachtet wird, zeichnet sich aufgrund der Ergebnisse der Tabelle 13 ein positives Bild ab. Denn 86,2 % aller untersuchten Betriebe messen dem Bedarf und den Wünschen der Kunden außerordentliche bzw. große Bedeutung bei. Auch durch die Höhe des Bedeutungskoeffizienten (BK = 3,1)[1] wird dies deutlich.

Diese Selbstbeurteilung läuft jedoch den Aussagen anderer Untersuchungen entgegen. Durch sie wird nämlich belegt, daß das "Konzept einer absatzorientierten Führung" in mittelständischen Betrieben noch wenig anerkannt und noch weniger realisiert ist.[2] Die Ursache für diesen Widerspruch könnte darin liegen, daß die hier untersuchten Betriebe eine positive Auslese darstellen, die sich vom Durchschnitt der in der Literatur erwähnten Unternehmen abhebt. Ferner ist anzumerken, daß zwischen den subjektiven Angaben der Führungspersonen und den tatsächlichen, objektiven Gegebenheiten in den Betrieben Diskrepanzen bestehen können. Für diese Vermutung sprechen möglicherweise auch die an späterer Stelle dieser Arbeit aufgezeigten Ergebnisse, wonach die zeitliche Belastung durch langfristige Führungsaufgaben im Absatzbereich tendenziell als unbedeutend empfunden wird.[3] Ferner haben die Betriebe bezüglich marktbezogener Tatbestände einen sehr unzureichenden Informationsstand[4], und gerade in diesem Bereich existieren die hauptsächlichen Informationsdefizite.[5] Ein "Führen des Unternehmens vom Markt her" scheint unter diesen Umständen kaum möglich zu sein.

---

1) Die Berechnungsmethode des Bedeutungskoeffizienten BK ist in Fußnote 2) der Tabelle 13 erläutert.

2) Vgl. Fritz Klein-Blenkers: Ein tüchtiger Unternehmer, S. 37; Manager Magazin Verlagsgesellschaft mbH, (Hrsg.): Managementlücken im Mittelstand - Ergebnisse einer empirischen Untersuchung (Manager Magazin Enquête), wissenschaftliche Leitung M. E. Kamp, Hamburg 1977, insb. S. 24 u. S. 33 ff

3) Vgl. dazu die Ausführungen auf S. 74 dieser Untersuchung.

4) Vgl. dazu die Ausführungen auf S. 88 dieser Untersuchung.

5) Vgl. dazu die Ausführungen auf S. 90 dieser Untersuchung.

Tabelle 13: Orientierungsschwerpunkte der Betriebsführung bei langfristigen absatzpolitischen Entscheidungen in den untersuchten Betrieben der Konsumgüterindustrie und ihre jeweilige Bedeutung aus der Sicht der Betriebe, gegliedert nach Beschäftigtengrößenklassen

- Angaben in Prozent -[1]

(n = 152)

	Orientierungs-schwerpunkte	Beschäftigtengrößenklassen										Betriebe insgesamt		
		Bis 19		2o - 49		5o - 199		2oo - 499		5oo und mehr				
		Bedeutungs-einschätzung		Bedeutungs-einschätzung		Bedeutungs-einschätzung		Bedeutungs-einschätzung		Bedeutungs-einschätzung		Bedeutungs-einschätzung		Bedeutungs-koeffizient (BK)[2]
		außerord. und groß	gering und keine	außerord. und groß	gering und keine	außerord. und groß	gering und keine	außerord. und groß	gering und keine	außerord. und groß	gering und keine	außerord. und groß	gering und keine	
Innerbe-triebliche	Produkt bzw. Produktprogramm	5o,o	1o,o	8o,o	-	83,7	3,6	95,o	-	66,7	-	76,3	3,3	2,7
	Finanzielle Situation	76,7	13,3	57,2	25,7	52,7	29,1	75,o	15,o	41,7	25,o	6o,6	23,o	2,2
	Personelle Situation	36,6	36,6	54,3	28,6	72,7	12,7	6o,o	3o,o	33,3	41,7	56,5	25,6	2,1
Außerbetrieb-liche	Bedarf und Wünsche der Kunden	76,7	-	82,8	8,6	85,5	3,6	1oo,o	-	1oo,o	-	86,2	3,3	3,1
	Maßnahmen der Konkurrenz	5o,o	26,6	37,2	42,9	52,7	29,1	4o,o	5o,o	41,7	41,7	46,1	35,6	1,8
	Situation auf den Absatzwegen	36,6	2o,o	45,7	28,6	47,3	3o,9	35,o	5o,o	5o,o	25,o	43,4	3o,3	1,7
	Verhältnisse auf den Beschaffungsmärkten	26,7	3o,o	25,7	48,6	36,4	36,4	3o,o	55,o	33,3	33,3	3o,9	4o,2	1,3
	Sonstige Angaben	-	-	2,9	-	1,8	-	-	-	8,3	-	2,o	-	o,1

1) Mehrfachnennungen möglich

2) Es handelt sich um einen Bedeutungskoeffizienten (BK). Der Koeffizient wurde als gewogenes arithmetisches Mittel gebildet. Beurteilung der Bedeutung entsprechend den Alternativen im Erhebungsbogen: "außerordentliche Bedeutung" = 4; "große Bedeutung" = 3; "geringe Bedeutung" = 1; "keine Bedeutung" = O. Haben z.B. alle in die Analyse einbezogenen Betriebe die Bedeutung eines Orientierungsschwerpunktes mit "außerordentliche Bedeutung" eingestuft, so ergibt sich für den Koeffizienten der Wert BK = 4,o; entsprechend nimmt der Koeffizient den Wert BK = O an, wenn in allen Fällen "keine Bedeutung" vorliegt.

Auch die weiteren Angaben in der Tabelle 13 dämpfen eventuelle Vermutungen, daß deutliche Tendenzen bezüglich der Ausrichtung von Entscheidungen an marktlichen Gegebenheiten bei den befragten Klein- und Mittelbetrieben zu erkennen sind.

Bezüglich innerbetrieblicher Orientierungsschwerpunkte zeigt sich, daß immerhin mehr als drei Viertel aller untersuchten Betriebe (76,3 %) die Bedeutung des Produktes bzw. der Produktprogramme als Ausgangspunkt langfristiger Überlegungen mit "außerordentlich" bzw. "groß" (BK = 2,7) beurteilen.

An dritter und vierter Stelle in der Häufigkeit aller Nennungen stehen weitere innerbetriebliche Orientierungsschwerpunkte. 60,6 % aller Betriebe messen der finanziellen (BK = 2,2) und 56,5 % der personellen (BK = 2,1) Situation außerordentliche oder große Bedeutung bei.

Erst danach rangieren weitere Komponenten des Absatzmarktes; 46,1 % der befragten Betriebe sind der Ansicht, daß der Konkurrenz außerordentliche oder große Bedeutung zukommt (BK = 1,8), während 43,3 % diese Meinung über die Absatzwege haben (BK = 1,7).

Den Verhältnissen auf den Beschaffungsmärkten kommt nach Ansicht der befragten Betriebe eine eher untergeordnete Rolle zu, lediglich 30,9 % ordnen sie den beiden oberen Bereichen der Bedeutungsskala zu (BK = 1,3).

Eine nach Betriebsgrößen differenzierte Betrachtung zeigt in der Bedeutungseinschätzung deutlich erkennbare Abstufungen.

Für den Orientierungsschwerpunkt "Bedarf und Wünsche der Kunden" läßt sich feststellen, daß mit steigender Betriebsgröße die Anzahl der Nennungen zunimmt; das bedeutet, daß mit zunehmender Betriebsgröße eine intensivere Ausrichtung der betrieblichen Tätigkeiten an den Kundenwünschen als notwendig angesehen wird. Während 76,7 % der Kleinbetriebe (Klasse bis 19 Beschäftigte) ihr Urteil mit außerordentlicher oder großer Bedeutung abgeben, so tun dies alle Betriebe (100,0 %) der beiden oberen Größenklassen.

Ebenfalls beim "Produkt bzw. Produktprogramm" steigt der Anteil derjenigen Betriebe, die die Bedeutung dieses Orientierungsschwerpunktes mit "außerordentlich" oder "groß" einschätzen (von 50,0 % in der Klasse "bis 19 Beschäftigte" bis 95,0 % in der Klasse "200 - 499 Beschäftigte"). Bei den Großbetrieben geht der Anteil der Nennungen auf 66,7 % zurück.

Ferner ist interessant, daß die Betriebe in der Klasse bis 19 Beschäftigte die finanzielle Situation und die Kundenwünsche als gleich bedeutsam betrachten (76,7 % der Nennungen).

- *Langfristige Führungsaufgaben im Absatzbereich*

Zum Zweck einer weiteren Problemdurchdringung wurde die Frage nach langfristigen Führungsaufgaben im Absatzbereich mittelständischer Konsumgüterhersteller gestellt.[1)] Von besonderem Interesse erschien diesbezüglich, Angaben über die Bedeutung der Führungstätigkeiten und über die daraus erwachsende zeitliche Belastung aus der Sicht der Führungspersonen zu erhalten.

Durch Beantwortung dieser Frage ist es möglich, die einzelnen Informationsarten für den Absatzbereich, die zur Aufgabenerfüllung erforderlich sind, zu präzisieren. Ferner ist es möglich, Rückschlüsse auf die Dringlichkeit der Aufgaben und somit auf den Bedarf an entsprechenden Absatzinformationen zu ziehen.

Tabelle 14 zeigt hierzu im Gesamt, daß die Innovationsfunktion, in der die eigentlich unternehmerische Tätigkeit zum Ausdruck kommt, von den Betrieben im Verhältnis zu den übrigen Führungstätigkeiten am bedeutendsten eingestuft wird. Im Gesamtdurchschnitt aller aufgeführten Aufgaben beträgt der Bedeutungskoeffizient BK = 3,0.[2)]

---

1) Vgl. dazu Frage 11 des im Anhang beigefügten Fragebogens, S. 218

2) Die Berechnungsmethode des Bedeutungskoeffizienten BK ist in Fußnote 1) der Tabelle 14 erläutert.

Tabelle 14: Zur Einschätzung der Bedeutung langfristiger Führungsaufgaben im Absatzbereich in den untersuchten Betrieben der Konsumgüterindustrie, gegliedert nach Beschäftigtengrößenklassen

- Angaben in Koeffizienten - 1)
(n = 152)

Langfristige Führungsaufgaben im Absatzbereich	Beschäftigtengrößenklassen					Betriebe insgesamt	Rangfolge 2)
	Bis 19	2o - 49	5o - 199	2oo - 499	5oo und mehr		
Innovation	2,o	2,7	3,3	3,6	3,4	3,o	1
Planung							
- von langfristigen Absatzzielen	1,6	1,8	2,o	2,4	2,8	2,o	2
- von langfristigen Absatzmaßnahmen	1,4	1,6	2,3	2,3	2,8	2,o	2
Organisation							
- Aufbau bzw. Änderung der Absatzorganisation	1,1	1,5	1,6	1,9	2,4	1,6	5
- Ablauforganisatorische Maßnahmen mit langfristigen Wirkungen	1,1	1,5	1,8	2,5	1,9	1,7	4
- Gestaltung des Informationswesens	o,7	1,2	1,8	1,9	1,6	1,5	6
Kontrolle							
- der langfristigen Absatzziele	1,4	1,4	1,8	2,2	2,5	1,7	4
- der langfristigen Absatzmaßnahmen	1,1	1,6	1,7	2,2	2,2	1,7	4
Repräsentation	1,5	1,7	2,2	2,2	1,5	1,9	3
Sonstige Aufgaben	-	o,1	o,1	o,2	-	o,1	7

1) Es handelt sich um einen Bedeutungskoeffizienten (BK). Der Koeffizient wurde als gewogenes arithmetisches Mittel gebildet. Beurteilung der Bedeutung entsprechend den Alternativen im Erhebungsbogen: "außerordentliche Bedeutung" = 4; "große Bedeutung" = 3; "geringe Bedeutung" = 1; "keine Bedeutung" = 0. Haben z.B. alle in die Analyse einbezogenen Betriebe die Bedeutung einer langfristigen Führungsaufgabe mit "außerordentliche Bedeutung" eingestuft, so ergibt sich für den Koeffizienten der Wert BK = 4,o; entsprechend nimmt der Koeffizient den Wert BK = 0 an, wenn in allen Fällen "keine Bedeutung" vorliegt.

2) Rangfolge gemessen an der Höhe der Koeffizienten.

Mit deutlichem Abstand folgt der Bereich der Planung. Im Durchschnitt aller befragten Unternehmen beträgt die Bedeutung für das Setzen von langfristigen Absatzzielen und für das Festlegen langfristiger Absatzmaßnahmen jeweils BK = 2,0.

An 3. Stelle in der Bedeutung rangiert die Repräsentationsfunktion (BK = 1,9). Unter diesem Aufgabenkomplex ist hier die akquisitorische Tätigkeit der Führungspersonen zu verstehen. Gerade für die mittelständischen Betriebe ist diese Führungsaufgabe von besonderer Bedeutung, da durch intensive Kundenkontakte Wettbewerbsvorteile erzielt werden können.[1)]

Von geringer Bedeutung sind aus der Sicht der untersuchten Betriebe die Kontrollfunktionen (jeweils BK = 1,7) und die organisatorischen Aufgaben der Absatzführung (BK = 1,6 und 1,7). Den letzten Rang nimmt die Aufgabe zur Gestaltung des Informationswesens ein (BK = 1,5).

Zusätzliche Erkenntnisse über die Bedeutungseinschätzung der Führungsaufgaben können durch eine Betriebsgrößendifferenzierung gewonnen werden. Im Gesamtbild läßt sich feststellen, daß mit steigender Betriebsgröße die Bedeutung nahezu aller Aufgaben in der Einschätzung der Unternehmer steigt.

Aus der Tabelle 15 kommt die zeitliche Belastung der Führungspersonen durch langfristige Führungsaufgaben zum Ausdruck. Insgesamt lassen die Belastungskoeffizienten (BK)[2)] erkennen, daß die zeitliche Belastung im großen und ganzen vergleichsweise gering empfunden wird.

Eine Ausnahme ergibt sich bei der Innovationsfunktion (BK = 2,5). Die verhältnismäßig hohe Belastung durch diese Führungsfunktion deutet offenbar darauf hin, daß in der Praxis die in der Literatur immer wieder vertretene Ansicht umgesetzt

---

1) Vgl. Karl Robl: Unternehmensstrategien mittelständischer Betriebe auf der Basis größenspezifischer Vorteile und Nachteile, in: Mitteilungen des Instituts für Handelsforschung an der Universität zu Köln, 32. Jg., Nr. 2, Februar 1980, S. 29 (im folgenden zitiert als: Karl Robl: Unternehmensstrategien)

2) Die Berechnungsmethode des Belastungskoeffizienten BK ist in Fußnote 1) der Tabelle 15 (S. 75) erläutert.

Tabelle 15: Zur zeitlichen Belastung der Führungspersonen durch langfristige Führungsaufgaben im Absatzbereich in den untersuchten Betrieben der Konsumgüterindustrie, gegliedert nach Beschäftigtengrößenklassen

- Angaben in Koeffizienten -[1]

(n = 152)

Langfristige Führungsaufgaben im Absatzbereich	Beschäftigtengrößenklassen					Betriebe insgesamt	Rangfolge[2]
	Bis 19	2o - 49	5o - 199	2oo - 499	5oo und mehr		
Innovation	2,3	2,5	2,6	2,3	2,3	2,5	1
Planung							
- von langfristigen Absatzzielen	1,3	1,3	1,4	1,6	1,3	1,4	3
- von langfristigen Absatzmaßnahmen	1,3	1,3	1,5	2,o	1,3	1,5	2
Organisation							
- Aufbau bzw. Änderung der Absatzorganisation	1,4	1,1	1,o	1,4	1,6	1,2	4
- Ablauforganisatorische Maßnahmen mit langfristigen Wirkungen	1,3	o,9	1,4	1,3	1,1	1,2	4
- Gestaltung des Informationswesens	o,8	o,8	1,3	1,3	o,8	1,o	6
Kontrolle							
- der langfristigen Absatzziele	1,3	o,9	1,1	1,1	1,3	1,1	5
- der langfristigen Absatzmaßnahmen	1,1	o,9	1,o	1,3	1,o	1,o	6
Repräsentation	1,3	1,o	1,6	1,5	1,5	1,4	3
Sonstige Aufgaben	o,1	-	o,1	o,1	-	o,1	7

1) Es handelt sich um einen Belastungs-Koeffizienten (BK). Der Koeffizient wurde als gewogenes arithmetisches Mittel gebildet. Beurteilung der zeitlichen Belastung entsprechend den Alternativen im Erhebungsbogen: "sehr große Belastung" = 4; "große Belastung" = 3; "unbedeutende Belastung" = 1; "keine Belastung = O. Haben z.B. alle in die Analyse einbezogenen Betriebe die Belastung als "sehr groß" bezeichnet, so ergibt sich für den Koeffizienten der Wert BK = 4,o; entsprechend nimmt der Koeffizient den Wert BK = O an, wenn in allen Fällen "keine Belastung" vorliegt.

2) Rangfolge gemessen an der Höhe der Koeffizienten.

wird, daß sich mittelständische Betriebe durch Flexibilität und Kreativität Wettbewerbsvorteile verschaffen können.

Wie bereits die Ergebnisse anderer Untersuchungen gezeigt haben,[1] so wird auch hier bestätigt, daß in kleinen und mittleren Betrieben den langfristigen Führungsaufgaben nicht die Zeit gewidmet wird, die ihnen wegen ihrer Bedeutung für die Existenz der Unternehmen zukommt.

Aus dem Ergebnis ist ferner erkennbar, daß die Betriebsführung dem Absatzbereich offensichtlich zu wenig Beachtung widmet und dementsprechend auch wohl ungenügend um eine ausreichende Versorgung mit Informationen zur Basierung der eigenen Absatzpolitik bemüht ist.

- *Langfristige Absatzmaßnahmen mittelständischer Konsumgüterbetriebe*

Als Abschluß der Analyse der langfristigen Absatzführung soll noch der Objektbereich untersucht werden, auf den sich die formalen Führungsaufgaben der Tabellen 14 und 15 beziehen.

Aufgrund der Zielsetzung dieser Untersuchung ist daher die Frage nach den langfristigen Absatzmaßnahmen (Absatzstrategien), die von den mittelständischen Unternehmen entwickelt und angewendet werden, von Interesse.[2] Wie in der Begriffserklärung (S. 16) dargestellt wurde, setzen diese Absatzstrategien einen Rahmen, innerhalb dessen sich die Unternehmen bei taktischen Entscheidungen bewegen können.

Tabelle 16 ist zu entnehmen, daß 71,1 % aller befragten Betriebe eigenen Angaben zufolge permanente Produktverbesserungen betreiben bzw. Produktneuerungen auf den Markt bringen. 56,6 % der Betriebe konzentrieren sich auf Spezialprodukte und 51,3 % auf ein höherwertiges Qualitätsniveau.

---

1) Vgl. Joachim Steiner unter Mitwirkung von Winfried Reske (Bearbeiter): Aufgaben und Bedeutung von Führungspersonen in mittelständischen Betrieben - Ergebnisse einer empirischen Analyse -, Heft 36 der Beiträge zur Mittelstandsforschung, Göttingen 1978, S. 39

2) Vgl. dazu Frage 7 des im Anfang beigefügten Fragebogens, S. 217

Tabelle 16: **Langfristige Absatzmaßnahmen** der untersuchten Betriebe der Konsumgüterindustrie, gegliedert nach Beschäftigtengrößenklassen

- Angaben in Prozent -1)
(n = 152)

Langfristige Absatzmaßnahmen	Beschäftigtengrößenklassen										Betriebe insgesamt	
	Bis 19		2o - 49		5o - 199		2oo - 499		5oo und mehr			
	Anwendungsgrad		Anwendungsgrad		Anwendungsgrad		Anwendungsgrad		Anwendungsgrad		Anwendungsgrad	
	werden durchgeführt	sind geplant	werden durchgeführt	sind geplant	werden durchgeführt	sind geplant	werden durchgeführt	sind geplant	werden durchgeführt	sind geplant	werden durchgeführt	sind geplant
Konzentration auf Spezialprodukte	63,3	3,3	6o,o	5,7	56,4	7,3	5o,o	5,o	41,7	-	56,6	5,3
Permanente Produktverbesserungen bzw. -neuerungen	33,3	16,7	77,1	5,7	74,5	12,7	9o,o	5,o	1oo,o	-	71,1	9,9
Konzentration auf besonders höherwertiges Qualitätsniveau	4o,o	3,3	51,4	11,4	54,5	2o,o	6o,o	5,o	5o,o	8,3	51,3	11,8
Markenartikelpolitik	26,7	-	17,1	-	25,5	3,6	3o,o	1o,o	5o,o	-	26,3	2,6
Tendenzielle Hochpreispolitik	16,7	3,3	11,4	8,6	3o,9	-	2o,o	5,o	33,3	-	22.4	3,3
Tendenzielle Niedrigpreispolitik	13,3	3,3	14,3	5,7	1,8	-	1o,o	5,o	-	-	7,9	2,6
Werbe- und Verkaufsförderungsstrategien	2o,o	1o,o	25,7	28,6	29,1	14,5	3o,o	45,o	5o,o	8,3	28,3	2o,4
Spezialisierung auf bestimmte Absatzwege	53,3	6,7	31,4	5,7	29,1	5,5	55,o	1o,o	41,7	-	38,8	5,9
Konzentration auf bestimmte Abnehmergruppen	43,3	3,3	42,9	5,7	47,3	5,5	35,o	15,o	33,3	-	42,8	5,9
Konzentration auf regionale Marktsegmente	13,3	3,3	14,3	2,9	3,6	-	5,o	-	8,3	-	8,6	1,3
Erschließen neuer Märkte	2o,o	3o,o	31,4	2o,o	29,1	18,2	45,o	45,o	25,o	25,o	29,6	25,o
Verstärktes Auslandsengagement	1o,o	3,3	8,6	17,1	21,8	23,6	45,o	3o,o	58,3	8,3	22,4	17,8
Kooperation mit anderen Betrieben	16,7	1o,o	22,9	11,4	14,5	7,3	2o,o	1o,o	16,7	8,3	17,8	9,2
Sonstige Maßnahmen	-	-	8,6	-	-	-	-	-	-	-	2,o	-

1) Mehrfachnennungen möglich

Eine kundenbezogene Strategie verfolgen 42,8 % aller Betriebe. Relativ wenige Betriebe versuchen, in neue Märkte einzudringen (29,6 %). Das gleiche gilt auch für Aktivitäten im Ausland, wo erst 22,4 % der hier befragten Betriebe tätig sind.

Nur 17,8 % der Betriebe gehen absatzwirtschaftliche Kooperationen ein. Kaum verfolgt werden die Niedrigpreispolitik (7,9 %) und die Konzentration auf regionale Marktsegmente (8,6 %).

Wie die Gesamtbetrachtung weiter zeigt, werden sich die untersuchten Betriebe der Konsumgüterindustrie eigenen Angaben zufolge in Zukunft verstärkt verschiedenen langfristigen Absatzmaßnahmen zuwenden, die zur Zeit noch eine verhältnismäßig untergeordnete Rolle in ihrer Absatzpolitik spielen. So geben 25,0 % aller befragten Unternehmen an, daß sie die Erschließung neuer Märkte planen. 20,4 % der Betriebe haben vor, demnächst Werbe- und Verkaufsförderungsstrategien zu verfolgen, und 17,8 % sehen ein verstärktes Auslandsengagement als einen Teil ihrer zukünftigen Absatzplanung an.

Eine betriebsgrößenbezogene Betrachtung zeigt, daß mit zunehmender Betriebsgröße die Nennungen bezüglich der Durchführung der Maßnahmen "Konzentration auf Spezialprodukte" abnehmen. Dies deutet darauf hin, daß Klein- und Mittelbetriebe der Konsumgüterindustrie eigenen Angaben zufolge die Strategie der Leistungsspezialisierung verfolgen, durch die sie bedeutende Wettbewerbsvorteile erzielen können. Das Schaffen von Marktnischen und das Verteidigen von Marktfeldern setzt jedoch eine fundierte Informationsversorgung voraus.

Eine umgekehrte Tendenz findet sich dagegen bei der Werbe- und Verkaufsförderungsstrategie.

Besonders deutlich ist bei den Großbetrieben (Klasse 500 Beschäftigte und mehr) die Anwendung der Markenartikelpolitik (50,0 %) und ein verstärktes Auslandsengagement (58,3 %).

Ferner lassen die Nennungen vermuten, daß bei den verschiedenen Beschäftigtengrößenklassen unterschiedliche Schwerpunkte für das zukünftige absatzpolitische Handeln festgelegt werden. Die Betriebe der Größenklasse 200 - 499 Beschäftigte planen im Verhältnis zu den übrigen Betrieben verstärkt den Einsatz von Werbe- und Verkaufsförderungsstrategien (45,0 %), die Erschließung neuer Märkte (45,0 %) sowie das Engagement auf ausländischen Märkten (30,0 %). Die Kleinbetriebe (Klasse bis 19 Beschäftigte) wollen sich insbesondere neuen Marktbereichen zuwenden.

2. Zur Bedeutung der Herkunftsbereiche von Informationen im generellen

Nach dieser Darstellung über die Absatzführung, die die Grundlage zur Ableitung des Informationsbedarfs bildet, soll im folgenden der Versuch unternommen werden, einen ersten Einblick in die subjektiven Einstellungen der Führungspersonen im Absatzbereich mittelständischer Industriebetriebe zu den verschiedenen Informationsarten zu gewinnen. Da sich die Informationen bestimmten Herkunftsbereichen (Betrieb, Markt, Umwelt) zuordnen lassen, wurden die Betriebe nach der Bedeutung dieser Bereiche und somit nach der Beurteilung der Informationen insgesamt für die langfristige Absatzführung befragt.[1] Von den Fakten der betrieblichen, zwischenbetrieblichen und überbetrieblichen Sphäre gehen nämlich maßgebliche Einflüsse auf den absatzpolitischen Entscheidungsprozeß aus, so daß darüber entsprechende Informationen gewonnen werden müssen.

In der Gesamtbetrachtung der Tabelle 17 kommt zum Ausdruck, daß die Marktinformationen im Vergleich zu den Informationen aus den beiden anderen Bereichen bedeutungsmäßig weitaus höher eingeschätzt werden (BK = 5,3)[2]. Wie die Prozentwerte

---

1) Vgl. dazu die Frage 13 des im Anhang beigefügten Fragebogens, S. 218

2) Die Berechnungsmethode des Bedeutungskoeffizienten (BK) ist aus der Fußnote 1) der Tabelle 17 zu ersehen.

Tabelle 17: Zur Bedeutung der Herkunftsbereiche von Informationen für die langfristige Absatzführung aus der Sicht der untersuchten Betriebe der Konsumgüterindustrie, gegliedert nach Beschäftigtengrößenklassen
- Angaben in Prozent -
(n = 152)

Betriebsinformationen sind ...	Beschäftigtengrößenklassen					Betriebe insgesamt
	Bis 19	2o - 49	5o - 199	2oo - 499	5oo und mehr	
Sehr wichtig	23,1	35,7	39,5	35,3	25,o	33,6
Wichtig	57,7	5o,o	53,5	52,9	75,o	54,9
Unwichtig	19,2	14,3	7,o	11,8	-	11,5
Insgesamt	1oo,o	1oo,o	1oo,o	1oo,o	1oo,o	1oo,o
Bedeutungskoeffizient 1) (BK)	3,4	4,o	4,4	4,1	4,o	4,o
Marktinformationen sind ...						
Sehr wichtig	63,o	7o,o	66,o	64,6	55,6	65,4
Wichtig	25,9	3o,o	26,o	17,7	11,1	24,8
Unwichtig	11,1	-	8,o	17,7	33,3	9,8
Insgesamt	1oo,o	1oo,o	1oo,o	1oo,o	1oo,o	1oo,o
Bedeutungskoeffizient 1) (BK)	5,2	5,8	5,4	5,1	4,2	5,3
Umweltinformationen sind ...						
Sehr wichtig	16,7	11,1	11,4	29,4	37,5	16,7
Wichtig	33,3	29,6	36,4	41,2	37,5	35,o
Unwichtig	5o,o	59,3	52,2	29,4	25,o	48,3
Insgesamt	1oo,o	1oo,o	1oo,o	1oo,o	1oo,o	1oo,o
Bedeutungskoeffizient 1) (BK)	2,2	1,7	1,9	3,3	3,8	2,2

1) Es handelt sich um einen Bedeutungskoeffizienten (BK). Der Koeffizient wurde als gewogenes arithmetisches Mittel gebildet. Beurteilung der Bedeutung entsprechend den Alternativen im Erhebungsbogen: "sehr wichtig" = 7; "wichtig" = 3; "unwichtig" = 0. Haben z.B. alle in die Analyse einbezogenen Betriebe die Bedeutung eines Informationsbereiches mit "sehr wichtig" eingestuft, so ergibt sich für den Koeffizienten der Wert BK = 7,o; entsprechend nimmt der Koeffizient den Wert BK = 0 an, wenn in allen Fällen der Informationsbereich als "unwichtig" angesehen wird.

zeigen, betrachten 65,4 % der Betriebe die Marktinformationen als sehr wichtig, 24,8 % als wichtig und 9,8 % als unwichtig. (Vgl. hierzu auch das Ergebnis von Tabelle 13 (S. 70), daß 86,2 % aller befragten Betriebe sich an den Wünschen ihrer Kunden orientieren).

Im Vergleich der drei Herkunftsbereiche untereinander sind die Betriebsinformationen aus der Sicht der untersuchten Betriebe weniger bedeutend (BK = 4,0). 33,6 % der Nennungen werten sie als sehr wichtig, 54,9 % als wichtig und 11,5 % als unwichtig.

An letzter Stelle der Bedeutungsskala rangieren die Umweltinformationen (Informationen über gesamtwirtschaftliche, technologische, politische, soziale und rechtliche Bedingungen; BK = 2,2). Lediglich 16,7 % der Betriebe bezeichnen diese Informationen als sehr wichtig, 35,0 % als wichtig und sogar 48,3 % als unwichtig.

Diese Ergebnisse verdeutlichen, daß die Umweltfaktoren bei langfristigen Absatzentscheidungen wenig Berücksichtigung finden. Wie die Praxis jedoch zeigt, sind in diesem Bereich häufig Entwicklungen zu erkennen, die besonderen Einfluß auf den Absatzbereich der Betriebe ausüben und die besonders für langfristige Entscheidungen nicht außer acht gelassen werden dürfen.[1)]

Eine nach Betriebsgrößen differenzierte Betrachtung ergibt, daß die Großbetriebe in ihrer Einschätzung der Bedeutung der Marktinformationen deutlich unter dem Durchschnitt liegen (BK = 4,2). Immerhin geben 33,3 % der Großbetriebe die Marktinformationen als unwichtig an. Dieses Ergebnis ist jedoch im Zusammenhang mit der Beurteilung der Umweltinformationen zu sehen. Denn wie der Bedeutungskoeffizient von BK = 3,8 zum Ausdruck bringt, messen die Großbetriebe den Umweltinformationen eine weitaus höhere Bedeutung bei als die Klein- und Mittelbetriebe.

---

1) Vgl. auch Johannes Bidlingmaier: Marketing 1, S. 38; Hans Rühle von Lilienstern: Beschaffung und Auswertung von exogenen Informationen für unternehmerische Entscheidungen, in: RKW-Handbuch Führungstechnik und Organisation, hrsg.v. E. Potthoff, Berlin 1978, S. 5 ff (im folgenden zitiert als: Hans Rühle von Lilienstern: Beschaffung und Auswertung von exogenen Informationen)

Während die Marktinformationen bei den mittelständischen Betrieben verhältnismäßig hoch eingeschätzt werden, werden die Umweltinformationen überwiegend als wenig wichtig erachtet.

3. Die Bedeutung des Informationsbedarfs und die Ermittlung von Lücken in der Informationsbedarfsdeckung

Nach der generellen Betrachtung der Herkunftsbereiche der Informationen wird im folgenden eine artmäßige Spezifizierung vorgenommen.

Für die Gestaltung eines Informationssystems insgesamt und für die jeweiligen Informationsgewinnungsprozesse (Beschaffung, Speicherung und Verarbeitung ist es sehr bedeutsam, Kenntnisse darüber zu besitzen, welche Informationsarten die Betriebe im einzelnen als notwendig erachten und für welche Informationsarten Versorgungsanstrengungen angestellt werden sollen. Durch einen Vergleich zwischen Informationsbedarf und tatsächlichem Informationsstand können Lücken bei der Bedarfsdeckung erkannt und, darauf aufbauend, Lösungsmöglichkeiten entwickelt werden.

Hierfür wurde folgende methodische Vorgehensweise gewählt.[1)] Als erstes war der individuelle Informationsbedarf der Betriebe zu ermitteln. Da eine offene Fragestellung die Gefahr in sich birgt, daß Informationen über wichtige Sachverhalte unerwähnt bleiben, wurde dem Befragtenkreis ein Katalog der zentralen Informationsarten vorgelegt.[2)] Anhand dieser Orientierungshilfe konnten sie durch Ankreuzen jeweils angeben, welche Informationen sie zur Erfüllung langfristiger Führungsaufgaben im Absatzbereich benötigen. Für die Ableitung der Informationsarten bildete die Beschreibung des bereits angesprochenen Aufgabenbereichs die Ausgangslage (vgl. S. 72 ff).

Zur Feststellung des für absatzpolitische Entscheidungen spezifischen Informationsbedarfs genügt es jedoch nicht, daß die Betriebe die für notwendig erachteten Informationen lediglich nennen. Aufgrund der Tatsache, daß die Informationen

---

1) Zur genaueren Darstellung der Methodik und der damit verbundenen Probleme vgl. die Ausführungen bei Jürgen Berthel, Dieter Moews: Informationen, S. 83 ff

2) Vgl. dazu Frage 12 des im Anhang beigefügten Fragebogens, S. 218

einen unterschiedlichen Bedeutungsrang besitzen, wurden die untersuchten Unternehmen darum gebeten, ebenfalls ihr Urteil über die Bedeutung der einzelnen genannten Informationsarten in ihrem jeweiligen Betrieb abzugeben. Das jeweilige Gewicht wird durch den Informationsbedarfs-Koeffizienten (IB) ausgedrückt.[1)]

Der zweite Untersuchungsschritt bestand in der Ermittlung des Informationsstandes der Führungspersonen des Absatzbereichs.[2)] Hierdurch sollte eine Antwort auf die Frage gefunden werden, in welchem Maße die Informationen, die bereits bei der Ermittlung des Informationsbedarfs angesprochen wurden, für die langfristige Absatzführung tatsächlich bekannt sind. Die Ergebnisse finden ihren Ausdruck im Informationsstand-Koeffizienten (IS).[3)]

Einen zusammenfassenden Überblick über die aktuelle informationelle Fundierung, auf der die strategische Absatzführung der mittelständischen Konsumgüterproduzenten aufbaut, wird schließlich in dem dritten Untersuchungsschritt erzielt. Dies geschieht durch eine Verknüpfung der beiden Komponenten Informationsbedarf und Informationsstand. Dabei werden die Koeffizienten (IB und IS) der einzelnen Informationsarten jeweils miteinander multipliziert. Die so ermittelten Werte können als Informationsdefizite interpretiert werden.

Die angewandte Methodik wird anhand der auf Seite 84 aufgeführten Beispielrechnung dargestellt.

---

1) Zur Berechnung des Informationsbedarfs-Koeffizienten (IB) siehe Fußnote 1) der Tabelle 18, S. 86.

2) Vgl. dazu ebenfalls die Frage 12 des im Anhang beigefügten Fragebogens, S. 218

3) Zur Berechnung des Informationsstand-Koeffizienten (IS) siehe Fußnote 1) der Tabelle 19, S. 89.

Beispiel für die Berechnungsweise der Koeffizienten der Übersichten 18 / 19 / 20:

Berechnung des Informationsdefizites für die Informationsart "Bedarf, Wünsche und Kaufverhalten der Konsumenten"

1. Untersuchungsschritt:	Berechnung des INFORMATIONSBEDARFS-KOEFFIZIENTEN (IB)				
Alternativen zur Beurteilung im Fragebogen	Festgelegte Gewichtungsfaktoren		Anzahl der ungewichteten Nennungen		Anzahl der gewichteten Nennungen
außerordentliche Bedeutung	4	x	57	=	228
große Bedeutung	3	x	71	=	213
geringe Bedeutung	1	x	9	=	9
keine Bedeutung	0	x	2	=	0
insgesamt			139		450

$$\frac{\Sigma \text{ der gewichteten Nennungen: } 450}{\Sigma \text{ der ungewichteten Nennungen: } 139} = \text{IB} = 3{,}2$$

2. Untersuchungsschritt:	Berechnung des INFORMATIONSSTAND-KOEFFIZIENTEN (IS)				
Alternativen zur Beurteilung im Fragebogen	Festgelegte Gewichtungsfaktoren		Anzahl der ungewichteten Nennungen		Anzahl der gewichteten Nennungen
nicht zufriedenstellend	4	x	18	=	72
wenig zufriedenstellend	2	x	42	=	84
zufriedenstellend	0	x	65	=	0
insgesamt			125		156

$$\frac{\Sigma \text{ der gewichteten Nennungen: } 156}{\Sigma \text{ der ungewichteten Nennungen: } 125} = \text{IS} = 1{,}2$$

3. Untersuchungsschritt:		Berechnung des INFORMATIONSDEFIZIT-KOEFFIZIENTEN (ID)		
Informationsbedarfskoeffizient (IB)	x	Informationsstandkoeffizient (IS)	=	Informationsdefizitkoeffizient (ID)
3,2	x	1,2	=	3,8

a) Zur Bedeutung des Informationsbedarfs für die langfristige Absatzführung

Tabelle 18 (S. 86) weist aus, welches subjektive Urteil die untersuchten Industriebetriebe der Konsumgüterbranche über die Bedeutung des Bedarfs nach den verschiedenen Informationsarten abgegeben haben.

Wie die Gesamtbetrachtung zeigt, besteht nach Ansicht aller befragten Unternehmen der größte Bedarf nach Informationen über Kosten und Erlöse der hergestellten Produkte bzw. Produktprogramme. Der Koeffizient nimmt hier den höchsten Wert an (IB = 3,5). Also ebenso bedeutsam wird von den in die Erhebung einbezogenen Betrieben der Bedarf an Informationen über die Konsumenten (IB = 3,2) erachtet.[1)]

Auf Rang 3 der Bedeutungsskala rangiert der Bedarf an Informationen über Entwicklungen auf dem Branchenmarkt (IB = 2,8).

Bedeutungsmäßig niedriger eingeschätzt werden benötigte Informationen über betriebsinterne Restriktionen (Kapazitäten, Engpässe in den Bereichen Beschaffung, Produktion, Finanzen, Personal; IB = 2,6).

Im Vergleich zu den bereits erwähnten Informationsarten sind nach Einschätzung der Betriebe Informationen über die Konkurrenz weniger bedeutsam. Während der Bedeutungskoeffizient der Konkurrenzmaßnahmen einen Wert von IB = 2,4 aufweist, wird bei dem Koeffizienten, der über Änderungen in der Konkurrenzstruktur Auskunft gibt, nur ein Wert von IB = 2,2 registriert.

Informationen über folgende Sachverhalte spielen nach Aussage der untersuchten Betriebe - gemessen an der Bedeutungseinschätzung - nur eine sehr untergeordnete Rolle:

1) Vgl. hierzu auch die Ergebnisse in Tabelle 13 (S. 70), wonach von den befragten Betrieben den Kundenwünschen große Bedeutung als Orientierungsschwerpunkt bei absatzpolitischen Entscheidungen beigemessen wird.

besteht definitionsgemäß kein Bedarf). Haben z.B. alle ... die ... Bedeutung des Bedarfs an einer Informationsart mit "außerordentliche Bedeutung" eingestuft, so ergibt sich für den Koeffizienten der Wert IB = 4,0; entsprechend nimmt der Koeffizient den Wert IB = 0 an, wenn in allen Fällen "keine Bedeutung" vorliegt.

2) Rangfolge gemessen an der Höhe der Bedeutungseinschätzung

- allgemeine Mode- und Geschmacksveränderungen (IB = 1,9)
- Entwicklungen auf vorgelagerten Märkten (IB = 1,7)
- Entwicklungen bei den Absatzmittlern (IB = 1,6)
- Entwicklungen auf den Märkten ergänzender Produkte (IB = 1,6)
- Entwicklungen auf internationalen Märkten (IB = 1,2).

Dies ist insofern sehr bemerkenswert, da diese Bereiche zu den wesentlichsten Absatzbedingungen der Konsumgüterindustrie zu zählen sind. Eine langfristige Absatzpolitik kann nur dann erfolgreich sein, wenn Veränderungen dieser Einflußfaktoren mit ins Kalkül gezogen werden.

Die Aussagen der Kleinbetriebe (Klasse bis 19 Beschäftigte), daß sie die Informationen über wirtschafts-, steuer- und finanzpolitische Maßnahmen des Staates für verhältnismäßig sehr bedeutsam halten, beweist auch an dieser Stelle die relativ starke Betroffenheit dieser Unternehmen von wirtschaftspolitischen Maßnahmen.[1)]

b) Zur Beurteilung des Informationsstandes der Führungspersonen im Absatzbereich

In dem nächsten Untersuchungsschritt soll ein Bild darüber vermittelt werden, in welchem Umfang den in die Analyse einbezogenen Betrieben Informationen zur Verfügung stehen, die für die langfristigen Absatzentscheidungen benötigt werden. Daher wurden die Unternehmen danach gefragt, wie sie ihren aktuellen Informationsstand beurteilen.[2)]

Bevor auf die einzelnen Ergebnisse eingegangen wird, sei noch darauf hingewiesen, daß eine präzise Zustandsbeschreibung der

1) Vgl. dazu auch Karl Robl: Zur Problemsituation, S. 15

2) Vgl. hierzu ebenfalls Frage 12 des im Anhang beigefügten Fragebogens, S. 218

Informationssituation bei den Personen der Absatzführung nicht vorliegen kann, sondern daß an nicht zu bestimmenden Stellen mehr oder weniger informatorische Wunschvorstellungen vorhanden sein können. Dieser Zusammenhang liegt im übrigen in der Art einer schriftlichen Befragung und insbesondere in der Fragestellung in Form einer Vorlage ausgewählter Informationsarten begründet.

Betrachtet man in Tabelle 19 die ermittelten Kennzahlen, so ergibt sich bezüglich des Informationsstandes aller untersuchten Betriebe folgendes Bild:

Nach Meinung der befragten Unternehmer erreicht ihr Wissensstand über verschiedene Sachverhalte der betrieblichen Umwelt ein verhältnismäßig "zufriedenstellendes" Niveau. Der Koeffizient nimmt bei den Währungsschwankungen und bei den Entwicklungen auf dem Kapitalmarkt jeweils den Wert von (IS = 0,5, bei den konjunkturellen Entwicklungen den von IS = 0,7 an.

Annähernd "wenig zufriedenstellend" wird von den erfaßten Führungspersonen die Informiertheit über außerbetriebliche Förderungshilfen beurteilt (IS = 1,7).[1)]

Über innerbetriebliche Fakten glauben die Befragten vergleichsweise "zufriedenstellend" informiert zu sein, wie beispielsweise über Reklamationen (IS = 0,7), Kapazitäten, Engpässe (IS = 0,8) sowie über ihre Produkte (IS = 0,8).

Bei einem Vergleich der Kennziffern untereinander wird offenkundig, daß die Informationen über marktbezogene Tatbestände überwiegend die untersten Ränge einnehmen. Laut dem Urteil der Betriebe haben sie im Vergleich zu anderen Informationsarten bei Änderungen in der Konkurrenzstruktur (IS = 1,4), bei Entwicklungen auf vorgelagerten Märkten (IS = 1,5), bei Konkurrenzmaßnahmen (IS = 1,6) sowie bezüglich der Umsatzentwicklung auf den Märkten ergänzender Produkte (IS = 1,7) einen unzureichenden Informationsstand.

---

1) Dies zeigt sich auch bei: Fritz Klein-Blenkers u.a.: Zur Verbesserung des Informationsstandes, S. 106 ff

Tabelle 19: Die Beurteilung des Informationsstandes für die langfristige Absatzführung aus der Sicht der untersuchten Betriebe der Konsumgüterindustrie, gegliedert nach Beschäftigtengrößenklassen

- Angaben in Koeffizienten -[1]
(n = 152)

Herkunftsbereiche	Informationsarten	Beschäftigtengrößenklassen					Betriebe insgesamt
		Bis 19	2o - 49	5o - 199	2oo - 499	5oo u.m.	
Betrieb	Kosten und Erlöse des eigenen Produktes bzw. Produktprogramms	1,o	o,9	o,7	1,3	o,2	o,8
	Kosten für den Einsatz absatzpolitischer Maßnahmen	1,4	1,o	o,9	o,2	o,4	o,8
	Reklamationen	o,9	o,2	1,o	o,5	o,5	o,7
	Kapazitäten, Engpässe in den Bereichen Beschaffung, Produktion, Finanzen, Personal	1,2	o,5	o,8	o,6	o,4	o,8
Markt	Bedarf, Wünsche und Kaufverhalten der Konsumenten	o,9	1,6	1,1	1,4	1,5	1,2
	Änderung in der Konkurrenzstruktur	1,7	1,7	1,3	1,1	1,o	1,4
	Konkurrenzmaßnahmen	2,o	1,9	1,4	1,5	o,6	1,6
	Entwicklungen auf dem Branchenmarkt	1,5	1,5	1,o	1,1	o,6	1,2
	Umsatzentwicklungen auf den Märkten ergänzender Produkte	1,7	1,8	1,7	1,8	1,6	1,7
	Entwicklungen auf vorgelagerten Märkten	1,9	1,6	1,4	1,4	o,9	1,5
	Entwicklungen bei den Absatzmittlern	1,9	1,7	1,4	1,3	1,o	1,5
	Entwicklungen auf den Beschaffungsmärkten	1,2	1,o	o,8	o,3	o,2	o,8
Betriebliche Umwelt	Konjunkturelle Entwicklungen	o,9	o,9	o,8	o,2	o,2	o,7
	Währungsschwankungen	1,2	o,7	o,5	o,1	o,2	o,5
	Entwicklungen auf internationalen Märkten	1,8	1,3	1,2	1,o	1,3	1,3
	Neuerungen von Produkten und Prozessen	o,9	1,3	1,2	1,1	1,1	1,1
	Entwicklungen auf dem Kapitalmarkt	1,o	o,8	o,4	o,1	o,4	o,5
	Entwicklungen auf dem Arbeitsmarkt	o,9	1,1	o,8	o,4	o,4	o,8
	Wirtschafts-, steuer- und finanzpol. Maßnahmen des Staates	1,7	o,8	o,8	o,6	o,4	o,9
	Gesetzliche Regelungen und Auflagen	1,6	1,1	o,8	o,9	o,8	1,o
	Allgemeine Mode- und Geschmacksveränderungen	o,9	1,6	1,1	o,7	o,2	1,o
	Bevölkerungsentwicklungen	1,3	1,4	1,o	o,2	o,2	o,9
	Förderungshilfen für mittelständische Betriebe	2,4	2,4	1,5	o,9	o,6	1,7

1) Es handelt sich um einen Informationsstand-Koeffizienten (IS). Der Koeffizient wurde als gewogenes arithmetisches Mittel gebildet. Beurteilung des Informationsstandes entsprechend den Alternativen im Erhebungsbogen: "nicht zufriedenstellend" = 4; "wenig zufriedenstellend" = 2; "zufriedenstellend" = O (d.h. wenn der Bedarf nach einer Informationsart durch den aktuellen Informationsstand gänzlich abgedeckt ist, besteht definitionsgemäß kein Bedarf mehr). Haben z.B. alle in die Analyse einbezogenen Betriebe ihren derzeitigen Informationsstand mit "nicht zufriedenstellend" eingestuft, so ergibt sich für den Koeffizienten der Wert IS = 4,o; entsprechend nimmt der Koeffizient den Wert IS = O an, wenn in allen Fällen der Informationsstand "zufriedenstellend" ist.

Bei der nach Größenklassen differenzierten Betrachtung sind weitere interessante Einzelergebnisse festzustellen.

Über fast alle Fakten sind die kleineren Betriebe (Beschäftigtengrößenklassen bis 19 und 20 - 49 Beschäftigte) deutlich weniger gut informiert als der Durchschnitt aller Betriebe. Eine erwähnenswerte Ausnahme ist bei der Größenklasse bis 19 Beschäftigte hinsichtlich des Informationsstandes bezüglich Bedarf, Wünsche und Kaufverhalten der Konsumenten zu erkennen (IS = 0,9). Die Befragten scheinen der Ansicht zu sein, aufgrund ihres engen Marktkontaktes und des begrenzten Kundenkreises ausreichende Informationen zu besitzen.

Tendenziell zeigt sich weiterhin, daß mit wachsender Betriebsgröße der Wissensstand zunimmt: so zum Beispiel bei Strukturänderungen der Konkurrenz, bei Entwicklungen auf vorgelagerten Märkten, bei Entwicklungen der Absatzmittler, bei Entwicklungen auf Beschaffungsmärkten, bei den Förderungshilfen (von IS = 2,4 bei den Betrieben bis 49 Beschäftigte bis IS = 0,6 bei den Betrieben mit 500 und mehr Beschäftigten).

c) Die Informationsdefizite für den Bereich der langfristigen Absatzführung

Im folgenden soll nun eine Verknüpfung der ermittelten Werte über den Informationsbedarf und über den Informationsstand erfolgen. Die Ergebnisse lassen sich als Informationsdefizite interpretieren und sind Tabelle 20 zu entnehmen.

Insgesamt gesehen wird deutlich, daß die untersuchten Klein- und Mittelbetriebe der Konsumgüterindustrie hauptsächlich Informationslücken über Sachverhalte im Marktbereich haben. Vergleichsweise am geringsten informiert sind die Unternehmen über Bedarf, Wünsche und Kaufverhalten ihrer Kunden (ID = 3,8). Diese Erkenntnis steht somit im Widerspruch zu den Ergebnissen von Tabelle 13 (S. 70) und Tabelle 17 (S. 80). 86,2 % aller

Tabelle 20: Die Informationsdefizite für den Bereich der langfristigen Absatzführung in den untersuchten Betrieben der Konsumgüterindustrie, gegliedert nach Beschäftigtengrößenklassen

- Angaben in Koeffizienten -[1]

(n = 152)

untersuchten Betriebe hatten nämlich ausgesagt, daß sie ihre langfristige Absatzpolitik am Bedarf und an den Wünschen ihrer Kunden ausrichten. Ferner wurde von dem Befragtenkreis die Bedeutung der Marktinformationen insgesamt für die langfristigen absatzpolitischen Entscheidungen sehr hoch eingeschätzt (BK = 5,3). Diese Divergenz läßt daher den Schluß zu, daß die mittelständischen Konsumgüterhersteller zwar die Notwendigkeit einer kundenorientierten Absatzpolitik und die Relevanz der dafür erforderlichen Informationen erkannt haben. Die Gewinnung dieser Informationen wird jedoch noch vernachlässigt bzw. bereitet den Betrieben noch große Schwierigkeiten.

Ebenso scheint bei langfristigen absatzpolitischen Entscheidungen eine relativ schwache informationelle Fundierung über Einflüsse und Entwicklungstendenzen der Konkurrenz (Konkurrenzmaßnahmen: ID = 3,8; Änderung in der Konkurrenzstruktur: ID = 3,1) vorhanden zu sein.[1] Ein beachtliches informationelles Defizit existiert auch hinsichtlich der Entwicklungen der gesamten Branche (ID = 3,4).

Angesichts dieser Ergebnisse dürfte es für viele der mittelständischen Konsumgüterhersteller nur sehr schwer möglich sein, ihre Absatzpolitik auf Dauer so zu entwickeln, daß dadurch nachhaltige Wettbewerbsvorteile erzielt werden können. Denn die Marktstrategien, die sich für Klein- und Mittelbetriebe aufgrund ihres begrenzten Unternehmenspotentials anbieten, zielen darauf ab, bestimmte Marktsegmente auszuwählen und die Aktivitäten insgesamt darauf zu konzentrieren. Unbedingte Voraussetzung dafür ist jedoch, daß die Absatzführung detaillierte Kenntnisse über die Marktfaktoren besitzt.

Ferner läßt sich feststellen, daß den mittelständischen Betrieben nur begrenzt die Förderungshilfen bekannt sind, die ihnen von überbetrieblichen Institutionen zur Unterstützung

---

1) Ähnliche Ergebnisse finden sich in der Studie von Berthel und Moews. Vgl. Jürgen Berthel, Dieter Moews: Information, S. 141 f

angeboten werden (ID = 3,2).[1)]

An 5. Stelle in der Rangfolge der Informationsdefizite stehen Informationsarten aus den Herkunftsbereichen Betrieb und Umwelt, die bei langfristigen Absatzentscheidungen ebenfalls von hoher Bedeutung sind, nämlich die Informationen über Kosten und Erlöse der eigenen Produkte (ID = 2,8) sowie Informationen über Produktneuerungen (ID = 2,8).

Vergleichsweise gut informiert sind die Betriebe nach den Umfrageergebnissen über Währungsschwankungen (ID = 0,6), Entwicklungen auf dem Kapitalmarkt (ID = 0,9) und Bevölkerungsentwicklungen (ID = 1,2).

Die Differenzierung der Informationsdefizite nach Beschäftigtengrößenklassen zeigt die grundsätzliche Erkenntnis, daß in den größeren der untersuchten Betriebe (500 und mehr Beschäftigte) der Informationsbedarf bei den meisten Informationsarten weitaus besser gedeckt ist als bei den kleineren und mittleren Betrieben. Die Koeffizienten liegen - von wenigen Ausnahmen abgesehen - deutlich unter den Durchschnittswerten.

Bemerkenswert erscheint ebenfalls, daß die Betriebe der Größenklasse 200 - 499 Beschäftigte bei verschiedenen Informationsarten vergleichsweise größere Informationslücken haben als die Betriebe der darunterliegenden Größenklassen. Dies deutet darauf hin, daß sich die Informationsversorgung in Betrieben dieser Größenordnung in einem "kritischen" Zustand befindet. Die Strukturen der Märkte, auf denen diese Unternehmen tätig sind, sind bereits von einer solchen Komplexität, daß der Informationsbedarf der Betriebsführung im Vergleich zu dem der Führungspersonen der kleineren Betriebe überproportional steigt. Die finanziellen, personellen und organisa-

---

1) Zu dem gleichen Ergebnis kommt auch die Untersuchung von Hans-Jürgen Mortsiefer, Winfried Reske, Joachim Steiner (Bearbeiter): Betriebsgrößenbedingte Wettbewerbsvorteile und Wettbewerbsnachteile mittelständischer Betriebe, Heft 64 der Beiträge zur Mittelstandsforschung, Göttingen 1980, S. 74 ff

torischen Möglichkeiten sind jedoch im Vergleich zu denen der Großbetriebe stärker begrenzt, so daß die Deckung des Informationsbedarfs große Probleme aufwirft.

Sehr starke Abweichungen von den Durchschnittswerten sind bei den Kleinbetrieben (Klasse bis 19 Beschäftigte) insbesondere bei den Informationsdefiziten bezüglich wirtschafts-, steuer- und finanzpolitischer Maßnahmen des Staates (ID = 4,6) sowie bezüglich der Förderungshilfen (ID = 6,0) festzustellen.

D. Informationen und ihre Verwendungszwecke für die langfristige Absatzführung in mittelständischen Betrieben der Konsumgüterindustrie

Im Mittelpunkt dieses Kapitels steht die systematische Darstellung der von mittelständischen Konsumgüterherstellern für die langfristige Absatzführung benötigten Informationen sowie das Aufzeigen ihrer Bedeutung und ihrer Nutzungsmöglichkeiten für diesen Aufgabenkomplex. Bezugsbasis bilden zum einen die im vorangegangenen Kapitel interpretierten empirischen Befunde und zum anderen die in der absatzwirtschaftlichen und allgemein betriebswirtschaftlichen Literatur erarbeiteten Erkenntnisse.

Wie in den methodischen Vorbemerkungen (Kap. III.B.,S. 62 ff) bereits ausgeführt wurde, erweist es sich als vorteilhaft, das Informationsspektrum auf der Grundlage der <u>informationellen Beziehungen</u>[1] eines mittelständischen Produzenten zu struktu-

---

1) Vgl. dazu u.a. Karl Alewell: Die Koppelung des Systems Unternehmung mit dem Umsystem, dargestellt am Beispiel des Absatzsystems, in: Zeitschrift für Organisation, 41. Jg. 1972, Heft 4, S. 178 ff; Jörg Bottler: Strukturierung eines branchenorientierten Systems, S. 342 ff; Erwin Grochla, Helmut Weber, Hans Gürth: Kleincomputer in Verbundsystemen - Organisatorische Gestaltung und Anwendung -, Opladen 1976, S. 5 ff; Heribert Meffert: Computergestützte Marketing-Informationssysteme, Wiesbaden 1975, S. 40 ff

rieren. Dadurch können die Informationen den verschiedenen Elementen, zwischen denen informationelle Beziehungen bestehen, zugeordnet werden, und es können direkte Zusammenhänge zum Informationsnutzen hergestellt werden.

Ein solches informationelles Beziehungsgefüge stellt die Übersicht 9 (S. 96) dar; gleichzeitig ist damit auch der Aufbau dieses Kapitels ausgewiesen.

Die Informationen lassen sich folgenden Bereichen zuordnen:

(1) Informationen über den Betrieb selbst (innerbetriebliche Informationen)
(2) Informationen über die Märkte und deren Teilnehmer (zwischenbetriebliche Informationen)
(3) Informationen über die betriebliche Umwelt (überbetriebliche Informationen)

Dieses System kann darüber hinaus auch auf den Bereich der Deckung des Informationsbedarfs übertragen werden; in Kapitel IV. (S. 137 ff) findet es entsprechende Anwendung.

Auf den jeweiligen Informationsbedarf eines mittelständischen Konsumgüterherstellers nehmen betriebsindividuelle, branchenspezifische und sonstige situationsbedingte Umstände Einfluß. Daher ist es unumgänglich, im folgenden eine Durchschnittsbetrachtung vorzunehmen, in der von den angedeuteten Einflußfakten abstrahiert wird. Diese Form der Betrachtung bietet aber durchaus die Möglichkeit, für den konkreten Einzelfall ein Informationsbedarfsprofil abzuleiten. Dabei können gegebenenfalls noch weitere wichtige Informationen ermittelt werden, die, da sie für die Mehrzahl der Betriebe von nur geringer Relevanz sind, in dieser Arbeit nicht aufgeführt werden.

Aufgrund des sehr umfangreichen Aufgabengebietes und der Vielfalt möglicher Problemstellungen im Rahmen der langfristigen Absatzführung erscheint es ferner sinnvoll, den Verwendungszweck der Informationen exemplarisch aufzuzeigen. Die Beispiele werden dabei den Informationen zugeordnet, die für die jeweilige Tätigkeit von besonderer Bedeutung sind. Dies-

Übersicht 9

Informationsbeziehungen im Distributionssystem von Konsumgüterherstellern[1)]

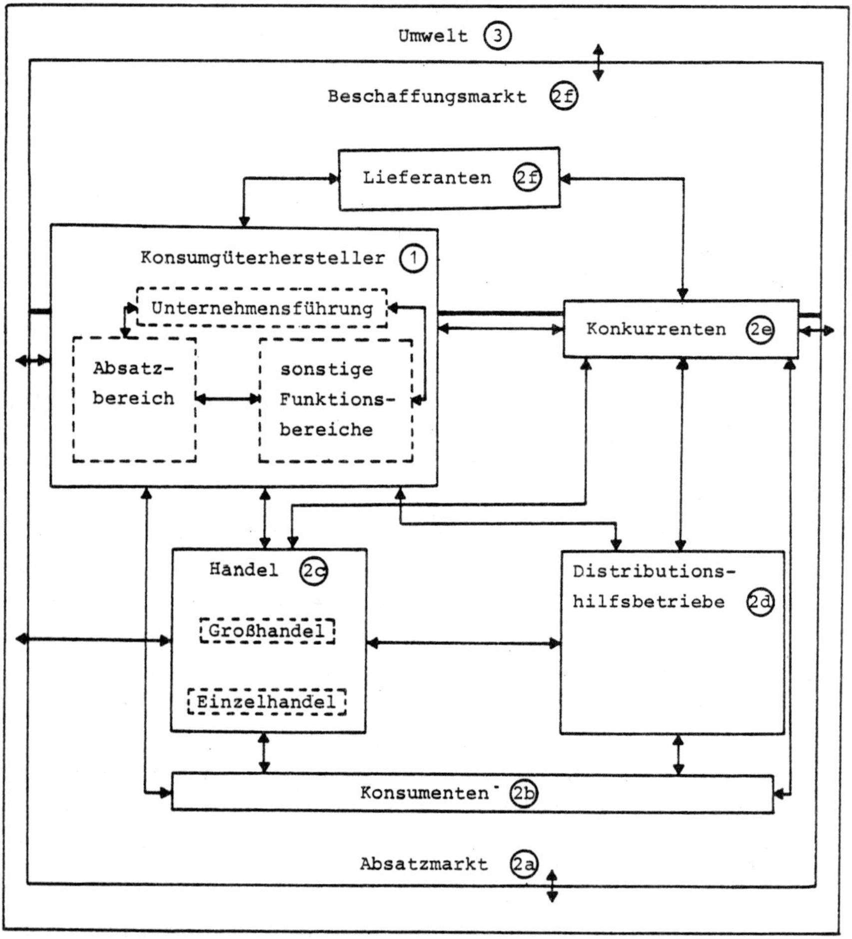

1) Die alpha-numerischen Angaben in der Übersicht kennzeichnen die Abschnitte dieses Kapitels.

bezüglich sei jedoch ausdrücklich betont, daß für die einzelne Aufgabenerfüllung bzw. Entscheidungsfindung noch eine Reihe anderer Informationen zusätzlich herangezogen werden muß.

Das Anliegen der nachstehenden Ausführungen soll es nun sein, den Informationsbedarf mittelständischer Konsumgüterhersteller insgesamt zu erfassen und zu strukturieren, sowie den positiven Beitrag bei der Verfolgung einer langfristigen Absatzkonzeption herauszustellen.

1. Informationen über den mittelständischen Konsumgüterhersteller (innerbetriebliche Informationen)

Langfristige absatzpolitische Entscheidungen werden u.a. auch von den innerbetrieblichen Gegebenheiten determiniert. Die Konzeption von Absatzstrategien sowie ihre erfolgreiche Praktizierung machen daher eine Analyse des eigenen Betriebes erforderlich, wobei eine qualitative und quantitative Durchdringung des betrieblichen Geschehens vorzunehmen ist.[1)] Die folgende Betrachtung richtet sich somit auf die innerbetrieblichen Informationen, die der mittelständische Konsumgüterhersteller für seine langfristige Absatzführung benötigt.

Das Wesen dieser Betriebsanalyse besteht darin, die gegenwärtige Situation in den verschiedenen Unternehmensbereichen zu erfassen, um frühzeitig Entwicklungen zu erkennen und ihre Auswirkungen abzuschätzen.[2)] Als Ergebnisse dieser Untersuchung können

- die individuellen Stärken des Betriebes herausgestellt werden, die es zu erhalten bzw. zu verbessern gilt, sowie
- Ansatzstellen für zukünftige Chancen erkannt werden, die es zu nutzen gilt;

---

1) Vgl. Cuno Beat Pümpin: Langfristige Marketingplanung, S. 49

2) Vgl. Hans H. Hinterhuber: Strategische Unternehmensführung, 2. durchgesehene und erweiterte Auflage, Berlin, New York 1980, S. 46 ff

- die individuellen Schwächen des Betriebes festgestellt werden, die es zu verbessern bzw. vollständig abzubauen gilt, sowie
- Ausgangspunkte für krisenhafte Entwicklungen aufgedeckt werden, die es abzuwehren gilt.[1)]

Diesbezüglich erstreckt sich der Informationsbedarf auf folgende Bereiche:

(1) Obwohl bzw. gerade weil die Unternehmer selbst die Aufgaben der langfristigen Absatzführung in mittelständischen Betrieben wahrnehmen, sollte die Ermittlung des innerbetrieblichen Informationsbedarfs bei der Qualität des Unternehmers beginnen. Die setzt sich aus den beiden Komponenten Unternehmerperson und Unternehmertätigkeit zusammen.[2)] Es könnte zwar die Meinung vertreten werden, daß die Unternehmer ihre persönliche Sphäre kennen, jedoch hat es sich nach allgemeiner Erfahrung gezeigt, daß ihnen nur selten das Qualitätsniveau des eigenen Leistungspotentials bewußt ist.[3)] Die Ermittlung des Informationsbedarfs des Unternehmers über seine eigene Qualifikation ist daher recht problematisch, da sie eine selbstkritische Einstellung verlangt. Der Qualifikation des mittelständischen Unternehmers kommt eine sehr bedeutende Rolle zu, denn "von seiner Fähigkeit, Vorteils- und Nachteilsbereiche zu erkennen und als wichtige Ansatzstelle seiner Unternehmenspolitik zu begreifen, wird es mithin abhängen, ob der Betrieb spezifischen Nachteilen begegnet bzw. potentielle und vorhandene Vorteile mittelständischen Wirtschaftens nutzt".[4)]

---

1) Die individuellen (subjektiven) Stärken und Schwächen des mittelständischen Betriebes sind zu trennen von den objektiven Vor- und Nachteilen, die sich aufgrund betriebsgrößenbedingter Einflüsse ergeben (s. Kap. II.C., S. 58 ff). Zwischen subjektiven und objektiven Vor- und Nachteilen bestehen jedoch Interdependenzen. Vgl. dazu Karl Robl: Ansätze eines theoretischen Systems, S. 7 ff

2) Vgl. Fritz Klein-Blenkers: Förderung der Betriebsführung, S. 399

3) Vgl. Fritz Klein-Blenkers: Ansatzstellen, S. 60

4) Karl Robl: Unternehmensstrategien, S. 30

Der Informationsbedarf über die Unternehmerqualität erstreckt sich gemäß der o.a. Komponenten zum einen auf die Unternehmerperson (personell-institutionelle Komponente). Für die Wahrnehmung der Aufgaben im Rahmen der langfristigen Absatzführung sollte dem Unternehmer folglich bekannt sein, wie es um seine natürlichen Eigenschaften und erworbenen Fähigkeiten[1] - insbesondere im Hinblick auf eine marktorientierte Unternehmensführung - steht; im einzelnen beispielsweise um:

- seine konzeptionellen und kreativen Fähigkeiten,
- Bereitschaft, sich den eigentlichen Führungsaufgaben zu widmen,
- sein Streben nach betrieblichen Zielen (z.B. Unternehmenssicherung, Umsatz, Gewinn),
- seine Fähigkeit zum Erkennen und Beurteilen von Gefahren und Chancen im Markt,
- Bereitschaft und Fähigkeit zur Repräsentation des Betriebes zum Zweck der Akquisition von Handelsbetrieben und Konsumenten,
- Bereitschaft und Fähigkeit zur Kooperation.

Desweiteren sind Informationen notwendig über die Unternehmertätigkeit (funktionelle Komponente). In diesem Zusammenhang muß sich der Unternehmer ein Bild machen über sein Informationsverhalten. Dazu zählen:

- Bemühungen, seinen Informationsbedarf und seinen Informationsstand hinsichtlich innerbetrieblicher und außerbetrieblicher Sachverhalte[2] zu erkennen, sowie
- Informationen über Kenntnis und Nutzung von Möglichkeiten zur Informationsgewinnung.[3]

Ferner benötigt er Informationen über das Ergebnis seiner dispositiven Tätigkeit.

---

1) Zu dieser Einteilung vgl. Fritz Klein-Blenkers: Ansatzstellen, S. 64

2) Anhaltspunkte bieten beispielsweise die Ausführungen in dieser Untersuchung.

3) Anhaltspunkte bieten beispielsweise die Ausführungen über die Deckung des Informationsbedarfs in dieser Untersuchung, Kap. IV., S.137 ff; diese Informationen zählen zu den sog. "Verfahrensinformationen"; vgl. Fritz Klein-Blenkers: Ansatzstellen, S. 55

(2) Innerbetriebliche Informationen sollen ferner zuverlässige Erkenntnisse über die im Betrieb vorhandenen Kapazitäten vermitteln.[1] Hierunter sind die personellen und sachlichen Betriebsfaktoren[2] sowie die finanziellen Mittel des mittelständischen Industriebetriebes zu verstehen. Informationen über die betrieblichen Kapazitäten zeigen, ob und in welchem Umfang konzipierte und geplante Absatzmaßnahmen überhaupt realisiert werden können.

Beispielsweise müssen genaue Kenntnisse über die quantitativen und qualitativen Kapazitäten im Betrieb vorliegen, wenn eine Erweiterung des Produktionsprogramms in Ausssicht genommen wird. Eine weitere Nutzung der Informationen ist darin zu sehen, daß sie Auskünfte darüber geben, ob bereits vollzogene Absatzmaßnahmen durch Kapazitätsengpässe in ihrer Wirksamkeit behindert sind. So könnte beispielsweise der Fall eintreten, daß Betriebe, die sich bisher im Markt durch die Qualität ihrer Produkte profiliert haben, erfahren müssen, daß das Know-How ihres Personals (über Design und Konstruktion) oder die produktionstechnischen Anlagen nicht mehr den Anforderungen entsprechen. Die Häufung der Reklamationen durch Handel und Konsumenten kann hierfür ein Indikator sein. Ebenso kann es möglich sein, daß aufgrund der eingeschlagenen Strategie einer Spezialisierung auf bestimmte Produkte die Nachfrage derart ansteigt, daß Liefertermine nicht mehr eingehalten werden können oder verhältnismäßig lange Lieferfristen verlangt werden müssen. Eine Verärgerung oder schließlich ein Abwandern der Kunden zu Konkurrenten könnten die Folge sein.

Probleme im finanziellen Bereich können sich ergeben, wenn wichtige Handelsbetriebe des mittelständischen Produzenten plötzlich Zahlungsziele verlangen, die aufgrund der finanziellen Kapazität nicht mehr zu vertreten sind.

---

1) Ralf-Peter Thürbach: Betriebsführung, S. 48; Cuno Beat Pümpin: Langfristige Marketingplanung, S. 49

2) Erich Gutenberg: Grundlagen der Betriebswirtschaftslehre, Erster Band: Die Produktion, 23., unveränderte Aufl., Berlin - Heidelberg-New York 1979, S. 1 ff

Neben den restriktiven Wirkungen können die Ressourcen auch Ausgangstatbestände sein für Anregungen und Gestaltung absatzpolitischer Strategien. Nicht selten liefern unausgelastete Kapazitäten den entscheidenden Impuls für die Entwicklung neuer Produkte. Zu den Eigentümlichkeiten im Produktionsbereich mittelständischer Betriebe kann beispielsweise auch eine universelle Maschinenausstattung sowie als Fertigungsverfahren die Einzel- und Sortenfertigung gehören.[1] Diese produktions- und verfahrenstechnischen Gegebenheiten sind mit einer höheren Anpassungsfähigkeit verbunden. Der mittelständische Betrieb besitzt dadurch die Möglichkeit, auf Marktveränderungen rascher zu reagieren, und kann auf individuelle Kundenwünsche eingehen. Es empfiehlt sich daher, Produkte und Marktsegmente unter dem Aspekt einer hohen Anforderung an die Flexibilität auszuwählen.[2] Als praktische Beispiele können die Fertigung individueller Wohn- und Büromöbel oder besonders modeabhängiger Artikel angeführt werden.

Der Anstoß zur Entwicklung einer Absatzstrategie braucht nicht nur von <u>einer</u> Art der betrieblichen Ressourcen auszugehen. Es ist ebenso möglich, daß das Einsatzverhältnis der verschiedenen Arten zueinander eine Ansatzstelle bietet. Betrachtet man beispielsweise die beiden Betriebsfaktoren Personal und Sachmittel, so ergibt sich für die Akquisition mittelständischer Betriebe die Überlegung einer Faktorsubstitution. So könnte unter Umständen die langfristige Überlegung angestellt werden, auf Mediawerbung völlig zu verzichten und lediglich durch Außendienstpersonal die Kundengewinnung und -betreuung wahrzunehmen.[3]

---

1) Vgl. Klaus-Jürgen Gantzel: Wesen und Begriff, S. 245 ff

2) Vgl. Karl Robl: Unternehmensstrategien, S. 28

3) Zu den Aspekten der Faktorkombination vgl. Fritz Klein-Blenkers: Die Kombination der Betriebsfaktoren und ihr Einfluß auf die Handelsleistung in: Mitteilungen des Instituts für Handelsforschung, 34. Jg., Nr. 10,1982, S. 120

Im folgenden ist der Informationsbedarf über die betrieblichen Kapazitäten zusammengefaßt dargestellt:

Übersicht 10

Informationen über die betrieblichen Kapazitäten

Informationsobjekte	Informationsarten
Personalbereich	· Über- und Unterkapazitäten · Leistungsfähigkeit der Mitarbeiter (z.B. physische u. psychische Belastbarkeit; Qualifikation) · Leistungsbereitschaft · Maßnahmen zur Bewältigung der fachlichen u./o. zeitlichen Überlastung der Aufgabenträger · Maßnahmen zur Personalentwicklung
Sachmittelbereich	· Kapazitätsauslastung · Engpaßbereiche · Möglichkeiten zur Verbesserung u./o. Erweiterung
Kapitalbereich	· Kapitalvolumen, Kapitalstruktur · Höhe und zeitliche Verteilung des Kapitalbedarfs für geplante absatzpolitische Strategien · Alternativen der internen und externen Kapitalbeschaffung

(3) Desweiteren soll sich der Bedarf an innerbetrieblichen Informationen auf die betriebliche Absatztätigkeit erstrecken. Für die Formulierung langfristiger Ziele und die Konzipierung der zur Zielerfüllung dienenden Strategien ist in diesem Zusammenhang besonderes Augenmerk auf die Anwendung der absatzpolitischen Instrumente zu richten. "Absatzpolitische Instrumente sind alle Mittel, die zur Verwirklichung der Absatzpolitik eingesetzt werden".[1] Sie dienen dem Industriebetrieb zur Beeinflussung seiner Partner im Absatzmarkt und sollen somit Präferenzen für das oder die Produkt(e) schaffen.[2]

1) Katalog E, S. 13

2) Vgl. Erich Gutenberg: Der Absatz, S. 47 ff

Absatzpolitische Instrumente können untergliedert werden in solche der

- Güterpolitik (Güterkonzeption, Gütersortierung, Güterfolgeleistungen)
- Umsatzverfahren (Akquisition: Werbung, persönliche Akquisition; physische Distribution)
- Preisgestaltung (Preishöhe, Preisstellung).[1]

Hierüber werden im einzelnen folgende Informationen benötigt:

Übersicht 11

Informationen über die absatzpolitischen Instrumente

Informationsobjekte	Informationsarten
Güterpolitik	· Grundfunktionen, die die Produkte erfüllen · zusätzliche Funktionen, die die Produkte erfüllen können · Veränderungen der Produkteigenschaften in den letzten Jahren · signifikante Produktstärken und -schwächen in der Vergangenheit · Produktveränderungen/-verbesserungen, die die Abnehmer am meisten schätzten · Phasen des Lebenszyklus, in denen sich die Produkte befinden · Saison- und Konjunkturschwankungen, denen die Produkte ausgesetzt waren · Ursachen für Retouren; Retourenhäufigkeiten · Substitutionsmöglichkeiten bezüglich der materiellen Zusammensetzung · Garantieleistungen
Umsatzverfahren	· durchgeführte Werbemaßnahmen (Zielgruppen; Werbeträger; Werbekosten; Zeitpunkte) · produktbezogenes Werbebudget · Qualität und Struktur des Außendienstes · Zuverlässigkeit bei der Belieferung
Preisgestaltung	· kalkulierte Verkaufspreise · Kriterien der Preisfestlegung · realisierte Verkaufspreise · Vergleichspreise der Konkurrenzprodukte · Preisnachlässe · Rabattgestaltung

1) Vgl. Fritz Klein-Blenkers: Grundlagen der Distributionswirtschaft, Veranstaltungen zur Distributionswirtschaft an der Universität zu Köln, 1981, Umdruck 9 (Absatzpolitische Instrumente)

Diese Informationen können einmal benutzt werden für die Kontrolle der Effizienz einzelner durchgeführter Absatzmaßnahmen und - aufgrund der wechselseitigen Abhängigkeit der Instrumente - zur Überprüfung der gesamten, bisher verfolgten Absatzkonzeption; zum anderen für die Planung zukünftiger Absatzaktivitäten. Diesbezüglich aufgestellte Überlegungen lassen sich etwa nach folgender Art formulieren:

- Ist die Ausgestaltung der Instrumente noch auf die bisher ausgewählte Zielgruppe des mittelständischen Betriebes ausgerichtet? Eine eingehende Betrachtung der Produktgestaltung beispielsweise könnte zeigen, daß diese nicht mehr den Anforderungen der Kunden entspricht. Ebenso wäre es denkbar, daß die Produkte deshalb nicht mehr so gut ihre Abnehmer erreichen, weil infolge veränderter Einkaufsgewohnheiten andere Betriebsformen im Handel häufiger frequentiert werden.
- Ist es durch die Art des Instrumenteneinsatzes noch möglich, sich von den Konkurrenten abzuheben? Der mittelständische Industriebetrieb kann sich Wettbewerbsvorteile verschaffen, wenn es ihm gelingt, sein Angebot von dem der Konkurrenz, insbesondere vom Angebot konkurrierender Großbetriebe, abzuheben. Es gilt daher zu überprüfen, ob seine Produkte besondere Leistungen aufweisen, die die Akzeptanz beim Verbraucher erhöhen. Ferner ist es möglich, durch die Erbringung von Serviceleistungen (Garantieleistungen, Kundendienst) eine Angebotsdifferenzierung herbeizuführen. "Je bestrittener die Stellung des Anbieters auf dem Absatzmarkt ist, in desto größerem Umfang wird er den Kundendienst zur Festigung und eventuellen Erhöhung seines Marktanteils anwenden".[1)]
- Ist bei der derzeitigen Betriebs- und Marktsituation der Instrumenteneinsatz untereinander noch so abgestimmt, daß eine optimale Wirksamkeit erfolgen kann?
  Kombination und Koordination der Instrumente im Zeitablauf sind zu kontrollieren, da veränderte Datenkonstellationen die Wirksamkeit beeinflussen und eine Veränderung notwendig

1) Peter Günther Lange: Der Kundendienst im Rahmen des Vertriebs von Konsumgütern, Diss. Berlin 1963, S. 10

machen können.[1] Dieser Sachverhalt läßt sich an folgendem Beispiel verdeutlichen:
Ein mittelständischer Produzent bietet seine Produkte in einem bislang wenig bestrittenen Marktfeld an und hat seine Preispolitik entsprechend ausgerichtet. Konkurrierende Großbetriebe können mittlerweile die sich bietenden Ertragschancen erkannt haben und aufgrund betriebsgrößenbedingter Vorteile eine aggressive preispolitische Strategie verfolgen. In der Regel sollte für den mittelständischen Betrieb die Folge daraus sein, " ... dem Preiswettbewerb auszuweichen und andere absatzpolitische Instrumente zu bevorzugen ..."[2] Aufgrund der begrenzten Mittel erscheint es ratsam, sich auf wenige ausgewählte Maßnahmen zu konzentrieren.

(4) Um die Richtigkeit einer realisierten Absatzkonzeption beurteilen zu können und um eventuell erfolgreiche Modifikationen vornehmen zu können, ist es schließlich außerordentlich wichtig, die Absatztätigkeit einer <u>quantitativen</u> Analyse zu unterziehen. Der mittelständische Produzent benötigt folglich Informationen über:

- die geldwertmäßigen und mengenmäßigen Ergebnisse, die durch den Einsatz seiner betrieblichen Ressourcen und der bisher verfolgten absatzpolitischen Maßnahmen erreicht wurden,
- die Kosten, die dadurch verursacht wurden, sowie
- die Erfolge, die erzielt wurden.

---

1) Vgl. dazu auch: Edgar Topritzhofer: Marketing-Mix, in: Handwörterbuch der Absatzwirtschaft, hrsg. v. B. Tietz, Stuttgart 1979, Sp. 1247 ff

2) Robert Nieschlag, Erwin Dichtl, Hans Hörschgen: Marketing, S. 231

Im einzelnen sind dies:

Übersicht 12

Informationen über Umsätze, Kosten, Erfolge

Informationsobjekte	Informationsarten
Umsatz	• Umsätze (wertmäßig, mengenmäßig) und deren Entwicklung für: - einzelne Produkte, Produktgruppen - Packungsgrößen - Preisklassen - Absatzregionen - Außendienstbezirken - Kundengruppen - einzelne Großkunden - Handelsbetriebe - Handelsbetriebsformen
Kosten	• Höhe und Entwicklung (absolut und prozentual) einzelner Absatzkostenarten (z.B. Gehälter u. Löhne im Absatzbereich beschäftigter Personen, Transportkosten, Werbekosten) • Kostenverursachung durch einzelne Produkte, Kundengruppen, Handelsbetriebe, Absatzregionen usw.
Erfolg	• Deckungsbeiträge und deren Entwicklung nach: - Produkten, Produktgruppen - Handelsbetrieben - Kundengruppen - Absatzgebieten

Diese Informationsbasis kann im Rahmen der langfristigen Absatzführung folgenden Zwecken dienen:

- Ermittlung von Ansatzstellen für Kostensenkungsmaßnahmen,
- Überprüfung der Wirtschaftlichkeit einzelner Absatzbereiche,
- Planung des Produktprogramms (z.B. Programmergänzungen, -bereinigungen, -verlagerungen),
- Planung zukünftiger Absatzmaßnahmen (Konzentration, Verlagerung, Differenzierung),
- Planung in anderen Unternehmensbereichen (Beschaffung, Produktion, Personal, Finanzierung).

2. Informationen über die Märkte des mittelständischen Konsumgüterherstellers (zwischenbetriebliche Informationen)

a) Informationen über die allgemeinen Verhältnisse des Absatzmarktes

Für eine zukunftsorientierte Unternehmenspolitik ist es unverzichtbar, Kenntnisse über die derzeitige Situation und über die Entwicklungen des gesamten Absatzmarktes sowie der verschiedenen Teilmärkte zu besitzen. Diese - im folgenden näher spezifizierten - Globalgrößen dokumentieren das Verhalten der am Marktgeschehen beteiligten Gruppen insgesamt und zeigen Tendenzen auf, an denen sich der einzelne Betrieb orientieren muß. Die wichtigsten sind in Übersicht 13 aufgeführt.[1]

Übersicht 13

Informationen über die allgemeinen Verhältnisse des Absatzmarktes

Informationsobjekt	Informationsarten
Absatzmarkt	· mengenmäßiges und wertmäßiges Volumen des jeweiligen Absatzmarktes · Veränderungsraten des Marktvolumens · mengen- und wertmäßige Anteile von Produkten/Produktgruppen am Gesamtvolumen (einschl. Entwicklungen dieser "Teilmärkte") · Umsatzentwicklung von Substitutions- und Komplementärprodukten · Preisentwicklungen · Exportquote an der Inlandsproduktion der jeweiligen Branche · Importquote am Inlandsangebot für den jeweiligen Markt

Eine derartige Marktbetrachtung bietet dem mittelständischen Betrieb wertvolle Hinweise für die langfristige Grundausrichtung seiner Absatzpolitik. So können beispielsweise Sättigungs-

1) Vgl. Hermann Diller: Produkt-Management, S. 116 f; Johannes Bidlingmaier: Marketing 1, S. 41 ff

tendenzen signalisiert sowie Bedarfsverschiebungen angezeigt werden, die bei der zukünftigen Planung berücksichtigt werden müssen. Ferner dienen die Informationen als Orientierungsdaten für die Beurteilung von Teilmärkten zum Zweck eines geplanten Markteinstiegs. Weiterhin können die Informationen Verwendung finden als Vergleichsbasis für die Überprüfung der eigenen Marktposition.

Die nachstehenden Ausführungen zum zwischenbetrieblichen Informationsbedarf erfolgen überwiegend vor dem gedanklichen Hintergrund, daß die mittelständischen Konsumgüterbetriebe ihr Betätigungsfeld ausschließlich regional oder national begrenzen. Diese Sichtweise bei der Betrachtung der verschiedenen Marktteilnehmer ist zu vertreten, da bei einer Einbeziehung der ausländischen Gegebenheiten und der damit verbundenen Besonderheiten die Gefahr bestehen würde, daß der Überblick verloren geht.

Jedoch darf gerade bei langfristigen Überlegungen zur Absatzführung die Betätigung auf Auslandsmärkten nicht außer acht gelassen werden. Denn im Zeichen zunehmender Verflechtung und Internationalisierung der Märkte sind Exporttätigkeiten auch für mittelständische Industriebetriebe als eine Möglichkeit zur Sicherung und Verbesserung der Wettbewerbsposition im Inland anzusehen.[1)]

Auslandsaktivitäten bieten den Betrieben zwar vielfach zusätzliche Umsatz- und Gewinnchancen, sind aber auch mit erhöhten Risiken verbunden.[2)] Aus diesem Grunde sind spezielle Kenntnisse erforderlich. Ihr Fehlen aber ist die Hauptursache, daß mittelständische Hersteller im Verhältnis zu den Großbetrieben

---

1) Vgl. auch die Ausführungen auf S. 78. Demnach planen 17,8 % der befragten mittelständischen Konsumgüterbetriebe, ihr Marktgebiet auf das Ausland auszudehnen.

2) Vgl. Michael Weihermüller, Frank Wimmer: Auslandsmarktforschung in Mittelbetrieben - Analyse von Schwachstellen und Ansätze zur Verbesserung, in: Zeitschrift für betriebswirtschaftliche Forschung, 34. Jg., Nr. 10, 1982, S. 919 ff

bei der Exporttätigkeit unterrepräsentiert sind.[1)]

Da eine detaillierte Analyse des Informationsbedarfs für das Auslandsgeschäft die Grenzen der vorgegebenen Zielsetzung dieser Arbeit überschreiten würde, sollen an dieser Stelle die benötigten Informationen lediglich in sehr konzentrierter Form dargestellt werden. Um den aufgezeigten Analysegegenstand "auf einen Blick" erfassen zu können, wird hier von der Gesamtsystematik dieses Kapitels abgewichen. Sowohl zwischenbetriebliche als auch überbetriebliche[2)] Informationen werden zusammengefaßt in der Übersicht 14 (S. 110) veranschaulicht.

Die Auslandsinformationen bieten die Grundlage für:

- das Erkennen von Absatzchancen auf ausländischen Märkten,
- die Auswahl der Märkte,
- die Aufnahme von Exportbeziehungen,
- die gezielte Bearbeitung von Auslandsmärkten im Rahmen der vorhandenen Möglichkeiten,
- die Vermeidung risikoreicher Auslandsgeschäfte.

Exportierende und exportwillige mittelständische Konsumgüterhersteller benötigen folgende Informationen:[3)]

---

1) Vgl. Ralf-Peter Thürbach, Josef Geiser (Bearbeiter): Exportprobleme mittelständischer Betriebe. Eine empirische Analyse in ausgewählten Industriebereichen, Heft 23 der Beiträge zur Mittelstandsforschung, Göttingen 1977, insbesondere S. 53 ff

2) Der Informationsbedarf des - auf das Inland bezogenen - überbetrieblichen Bereichs wird gesondert in Abschnitt 3 (S. 134 ff) behandelt.

3) Vgl. Uwe Schwarting, Christa Thoben, Matthias Wittstock: Nachfrageverhalten kleinerer und mittlerer Unternehmen nach Außenhandelsinformationen und -beratung, Heft 83 der Beiträge zur Mittelstandsforschung, Göttingen 1982, insbesondere S.45 ff; Gunter Stahr: Auslandsmarketing, Band I: Marktanalyse, Berlin - Köln - Mainz 1979, S. 36 ff

Übersicht 14

Informationen über Auslandsmärkte

Informationsobjekte	Informationsarten
länderspezifische Besonderheiten	· allgemeine Marktstrukturen und deren Veränderungen · Produktangebote · Verbrauchergewohnheiten · Vertriebswege · Konkurrenzstruktur · politische, soziale und gesamtwirtschaftliche Verhältnisse · Importverordnungen · produktbezogene und sonstige rechtliche Vorschriften
Abwicklung des Exports	· vertragliche, finanzielle und technische Abwicklungsmöglichkeiten · Exportkooperationen
Exportförderungsmaßnahmen	· finanzielle Unterstützungen · Informations- und Beratungsdienste

b) Informationen über die Konsumenten

In den Konsumgüterbranchen, einem überwiegend sehr wettbewerbsintensivem Wirtschaftsbereich, stellen die Konsumenten den zentralen Orientierungspunkt für die Absatzpolitik der Produzenten dar. Die bedeutungsvolle Rolle des Verbrauchers ergibt sich letzten Endes daraus, daß er "... für den Erlös der aufgewandten Herstellungs- und Verkaufsbemühungen Sorge tragen soll".[1)]

1) Otto R. Schnutenhaus: Entscheidungsanalyse der Unternehmensführung für das systematische Gewinnmachen im Markt und die Typologie der Unternehmung, Herne/Berlin 1969, S. 122

Mittelständische Betriebe müssen aufgrund ihrer schwächeren Position gegenüber den großbetrieblichen Mitanbietern dieser Tatsache in besonderem Maße gerecht werden. Um langfristig bestehen zu können, ist es daher unbedingt erforderlich, sich über Merkmale, Bedürfnisse und Verhalten der aktuellen und potentiellen Kunden zu informieren, diesbezügliche Entwicklungen zu verfolgen und die Absatzpolitik daran auszurichten. Bei der Verwirklichung der Forderung nach einer sehr intensiven Kundenanalyse kommt den Klein- und Mittelbetrieben der Umstand zugute, daß sie meistens einen direkten Marktkontakt besitzen. Folgende Informationen erscheinen besonders relevant:

<u>Übersicht 15</u>

Informationen über die Konsumenten

Informationsobjekte	Informationsarten
biologische, sozio-demographische und geographische Merkmale	· Alter · Geschlecht · Familienstand, Haushaltsgröße · Beruf · soziale Schicht · Gruppenzugehörigkeit · Einkommensverhältnisse · Wohnort
Merkmale des Kaufverhaltens	· vorhandene Produktpräferenzen · Produkttreue · Kaufhäufigkeit · Verbrauchsintensität · Wahl der Einkaufsstätten · Informationsverhalten vor dem Kauf · Reaktionen auf absatzpolitische Maßnahmen des Produzenten (z.B. Qualitätsänderungen, Preisaktionen)
Einstellungen	· Motivationen und Einstellungen der Verbraucher zum Produktbereich generell · Einstellungen zum eigenen Produkt · Einstellungen zu Zusatzleistungen des eigenen Produktes · Image des Betriebes aus der Sicht der Verbraucher

Um aufzuzeigen, für welche Zwecke der mittelständische Konsumgüterproduzent die aus einer systematischen und detaillierten Kundenanalyse gewonnenen Ergebnisse nutzen kann, seien folgende Aspekte angeführt:

Anhand der dargestellten Informationen ist es dem mittelständischen Betrieb möglich, sich ein genaues Bild über die Käufer bzw. Verwender seiner Produkte zu machen. Er ist somit in der Lage, seinen Markt abzugrenzen. Ferner kann er erkennen, ob es ihm gelungen ist, die festgelegte Zielgruppe zu erreichen und einen Kundenstamm zu sichern.

Sich abzeichnende Veränderungen in der Kundenstruktur (beispielsweise beim Alter, bei der Wahl der Einkaufsstätten) können zum Ausgangspunkt genommen werden für Änderungen zukünftiger absatzpolitischer Maßnahmen. Diesbezüglich sollten insbesondere produktspezifische Wunschvorstellungen der Konsumenten aufgedeckt und in ihrer Entwicklung verfolgt werden. Durch ein möglichst rasches Eingehen auf Kundenwünsche sind Wettbewerbsvorsprünge zu erzielen.

Kundeninformationen können auch dazu dienen, Marktnischen zu erkennen. Diese können sich beispielsweise daraus ergeben, daß das Produktangebot spezielle Kundenwünsche nicht deckt oder daß potentielle Kunden nicht erreicht werden. Eine entsprechende Ausrichtung des Angebots kann es dem mittelständischen Betrieb möglich machen, eine direkte Konfrontation mit Konkurrenten zu vermeiden.

Im Gegensatz dazu können auch stark umkämpfte Marktbereiche aufgedeckt werden. Ein Verharren und Agieren um jeden Preis kann - insbesondere wenn großbetriebliche Konkurrenten dort tätig sind - langfristig zu einer Existenzgefährdung führen. Als Lösungsweg zur Verminderung des Risikos empfiehlt es sich daher - und dazu sind ebenfalls profunde Kenntnisse über die Kunden erforderlich - Gruppen von Konsumenten als Marktsegmente abzugrenzen und eine bewußte Konzentration aller verfügbaren Kräfte auf bestimmte Teile des angestammten Betätigungsfeldes anzustreben. Mit dieser selektiven Absatzpolitik sollte nicht unbedingt das Aufgeben des restlichen Teilmarktes verbunden sein, da ein Betrieb sonst Gefahr läuft, möglicherweise von einem verhältnismäßig kleinen Kundensegment abhängig zu werden.

Schließlich können die Informationen dazu genutzt werden, das zukünftige Bedarfsvolumen zu planen. Für die langfristige Perspektive ist es nämlich von Bedeutung, potentielle Verbraucherschichten zu bestimmen und zu untersuchen, die gegenwärtig noch nicht zu den Käufern der eigenen Produkte gehören. Bei nicht ausgelasteten betrieblichen Kapazitäten oder bei strukturellen marktlichen Veränderungen besteht dann die Möglichkeit, sich diesem Bereich verstärkt zuzuwenden.

c) Informationen über den Handel

Die von den mittelständischen Industriebetrieben hergestellten Konsumgüter gelangen zu den Konsumenten nur selten durch unmittelbare Belieferung durch den Hersteller. Überwiegend werden in den Absatzweg Handelsbetriebe eingeschaltet. Unter einem Handelsbetrieb wird ein Betrieb der gewerblichen Wirtschaft verstanden, "der Waren im eigenen Namen und auf eigene Rechnung beschafft und unverändert absetzt".[1)]

Insbesondere nach dem Unterscheidungsmerkmal "Abnehmergruppe" werden die Handelsbetriebe in Großhandelsbetriebe (Umsatz von Handelswaren und sonstigen Leistungen an Wiederverkäufer, gewerbliche Verwender oder Großverbraucher) und Einzelhandelsbetriebe (Umsatz von Handelswaren und sonstigen Leistungen an Letztverbraucher) unterteilt.[2)] Beide Handelsbetriebsarten - vor allen Dingen die Einzelhandelsbetriebe - zeichnen sich in der Praxis durch eine Vielzahl äußerst heterogener Erscheinungsformen aus.[3)] Beispiele für Betriebsformen des Großhandels sind Sortimentsgroßhandel, Fachgroßhandel, Cash and Carry-Großhandel, Rack Jobber, Einkaufsvereinigungen, Freiwillige

---

1) Fritz Klein-Blenkers: Handelsbetriebslehre, Teil I, in: WiSt, 6. Jg., Heft 11 1977, S. 506 (im folgenden zitiert als: Fritz Klein-Blenkers: Handelsbetriebslehre)

2) Vgl. Katalog E, S. 20 und 24

3) Vgl. Karl Christian Behrens: Kurze Einführung in die Handelsbetriebslehre, 2. Aufl., Stuttgart 1972, S. 33

Ketten. Beispiele für Betriebsformen des Einzelhandels sind Facheinzelhandelsgeschäfte, Warenhäuser, Versandhandel, Filialbetriebe.[1]

In den meisten Konsumgüterbranchen ist der institutionelle Handel durch einen dreistufigen Aufbau gekennzeichnet (Zentralgroßhandel, regionaler Großhandel, Einzelhandel).[2] Die Vielfalt der Betriebsformen sowie die verschiedenen Handelsstufen lassen erkennen, daß es "den Handel" oder "den Handelsbetrieb" nicht gibt. Jeweils liegen spezifische Besonderheiten vor, die noch durch die unterschiedlichen Branchensituationen im Konsumgüterbereich eine weitere Dimensionierung erfahren. Um den Rahmen dieser Arbeit aber nicht zu sprengen und um der Analyse eine größere Anschaulichkeit zu sichern, erscheint es gerechtfertigt, im folgenden den Handelsbereich zusammengefaßt in das Erklärungskonzept vom Informationsbedarf einzufügen.

In den vergangenen Jahren haben sich im Handel umfassende Umstrukturierungsprozesse vollzogen, von denen die wesentlichen im folgenden kurz skizziert werden sollen:

- Zum einen ist der Wandel gekennzeichnet durch die <u>dynamische Entwicklung der Betriebsformen</u>.[3]

- Ferner zeigen sich intensive Bestrebungen der <u>Konzentration</u> und <u>Kooperation</u>[4] mit der Folge, daß die Zahl der Handelsbetriebe ständig abnimmt und die Bedeutung der verbleibenden Handelsunternehmen und -gruppen steigt.

---

1) Zu den Betriebsformen im Handel vgl. Fritz Klein-Blenkers: Handelsbetriebslehre, S. 510; Robert Nieschlag, Gustav Kuhn: Binnenhandel und Binnenhandelspolitik, 3., neubearbeitete Aufl., Berlin 1980, S. 105 ff(im folgenden zitiert als: Robert Nieschlag, Gustav Kuhn: Binnenhandel)

2) Vgl. dazu u.a. Gerhard Thies: Vertikales Marketing, Berlin-New York 1976, S. 23

3) Vgl. Robert Nieschlag, Gustav Kuhn: Binnenhandel, S. 74 ff

4) Vgl. u.a. Günter Petermann: Aktuelle Probleme des Marketing im Handel, in: Modernes Marketing - Moderner Handel, hrsg. v. J. Bidlingmaier, Wiesbaden 1972, S. 488 ff; Erich Batzer, Erich Greipl, Walter Meyerhöfer, Eugen Singer: Der Ausleseprozeß im Groß- und Einzelhandel, Nr. 82 der Schriftenreihe des IFO-Instituts für Wirtschaftsforschung, Berlin, München 1974, S. 25; Otto Angehrn: Bedeutung der Handelskonzentration für die Markenartikelindustrie, in: Markenartikel, 33. Jg., Heft 2, Februar 1971, S. 49 ff

- Die strukturellen Veränderungen des Handelsbereichs und der ihn repräsentierenden Betriebe haben zur Stärkung ihrer Wettbewerbsstellung und zu einem wachsenden Selbstbewußtsein gegenüber den Produzenten geführt.[1] Insbesondere die großen Filialbetriebe und Verbundgruppen (z.B. Einkaufsgenossenschaften, Einkaufsverbände, Freiwillige Ketten) verfolgen eigenständige Marketingkonzeptionen zur Beschaffungs- und Absatzseite, um sich zu profilieren.[2] Dazu kommt, daß sich innerhalb der kooperativen Gruppen die beschaffungs-, absatzwirtschaftlichen und sonstigen betrieblichen Funktionen der selbständigen Mitglieder immer mehr zur Zentrale hin verlagern, "die dadurch mit verstärkten Dispositionskompetenzen gegenüber den Herstellern auftreten kann".[3]

Diese Entwicklungen haben sich stark auf die Beziehungen zwischen den Konsumgüterherstellern - und hier insbesondere zwischen den mittelständischen - und den Handelsbetrieben ausgewirkt.

Positive Auswirkungen ergeben sich beispielsweise dadurch, daß aufgrund der Vielfalt der Betriebsformen im Handel den Herstellern eine Fülle von Absatzmöglichkeiten an die Letztverwender geboten wird. Durch ihre Flexibilität können mittelständische Produzenten schneller ihren traditionellen Absatzweg verlassen und - oder ergänzend zu den bereits eingeschlagenen Wegen - die neuen Betriebsformen mit ihren Produkten beliefern. Ferner besteht für die mittelständischen Produzenten die Möglichkeit, für die Profilierungskonzeptionen der einzelnen Handelsunternehmen - vor allem für die der Großbetriebe - einen Beitrag zu leisten, beispielsweise dergestalt, daß Exklusivbelieferungsverträge abgeschlossen werden, daß Handelsmarken produziert werden, daß Serviceleistungen erweitert bzw. intensiviert werden.

---

1) Vgl. Klaus Dingeldey: Herstellermarketing im Wettbewerb um den Handel, Berlin 1975, S. 14

2) Vgl. Hans Otto Schenk: Plädoyer für ein eigenständiges Handelsmarketing, in : FfH-Mitteilungen, XV. Jg. N.F., Heft 7, 1974, S. 1 f

3) Peter Hansen: Die handelsgerichtete Absatzpolitik der Hersteller im Wettbewerb um den Regalplatz, Berlin 1972, S. 122

Diesen Vorteilen stehen aber eine Reihe von negativen Erfahrungen gegenüber, die infolge der Konzentration und Kooperation im Handel an Bedeutung zugenommen haben. So sind die Ansprüche der Handelsbetriebe an ihre industriellen Lieferanten gestiegen, so daß es großer Anstrengungen bedarf, den Kundenstamm unter den Handelsbetrieben zu halten bzw. neue Kunden zu gewinnen.[1)] In zunehmendem Maße hat sich die Gefahr erhöht, daß die Handelsbetriebe ihre Nachfragemacht mißbräuchlich gegenüber den mittelständischen Industriebetrieben ausüben, die im Vergleich zu ihren großbetrieblichen Konkurrenten ohnehin eine schwächere Wettbewerbsstellung einnehmen.[2)] Beispiele für Diskriminierungen zeigen sich besonders im Zwang zu ungerechtfertigten Preiszugeständnissen, in der Aufforderung zu Sonderleistungen (Regalmieten, Werbekostenzuschüsse, Regalpflege etc.), in der starken Einflußnahme auf die Produkt- und Sortimentsgestaltung sowie im Zwang zur Ausschließlichkeitsbelieferung.[3)]

Weitere Nachteile für mittelständische Industriebetriebe erwachsen aus der Tatsache, daß in den kooperativen Handelsgruppen die Tendenz dahin geht, der Zusammenarbeit eine straffere Führung zugrunde zu legen. Vor allen Dingen wird versucht, die Warenbeschaffung des angeschlossenen regionalen Großhandels und des angeschlossenen Einzelhandels auf die Zentrale zu konzentrieren.[4)] Damit verbunden ist sehr oft eine organisatorische Verlagerung der Entscheidungsbefugnisse auf Stellen, zu denen seitens der Hersteller bislang keine Beziehungen bestanden haben. Traditionell gewachsene Verbindungen verlieren dann möglicher-

---

1) Vgl. dazu auch Robert Nieschlag, Gustav Kuhn: Binnenhandel, S. 79 f

2) Vgl. Walter Marzen: Gegengewichtsprinzip und Nachfragekonzentration im Handel, in: Betriebswirtschaft und Marktpolitik, Festschrift für Rudolf Seyffert zum 75. Geburtstag, hrsg. v. E. Kosiol und E. Sundhoff, Köln und Opladen 1968, S. 350

3) Zu den diskriminierenden Benachteiligungen und ihrer Bedeutung vgl. Claudia Mischon unter Mitwirkung von Karl Robl: Zum Problem der Diskriminierung mittelständischer Betriebe - Eine empirische Untersuchung -, Heft 63 der Beiträge zur Mittelstandsforschung, Göttingen 1980, S. 39 und insbesondere S. 73 ff

4) Vgl. Robert Nieschlag, Gustav Kuhn: Binnenhandel, S. 48 f

weise ihre Bedeutung. Für den jeweiligen Hersteller wird es immer schwieriger, einzelne Mitglieder einer Kooperation zu veranlassen, vom generellen Verhalten der Zentrale abzuweichen. Dazu kommt, daß die Auftragsvolumen der Großbetriebe vielfach einen Umfang erreichen, der die Lieferfähigkeit eines mittelständischen Produzenten weit übersteigt..

Dieser Nachteil wiederum zeigt aber auch eine Ansatzstelle für den mittelständischen Hersteller auf, sich selbst und den auf regionaler Ebene agierenden Handelsbetrieben Wettbewerbsvorteile zu verschaffen. Er kann nämlich Produkte anbieten, die das - meistens von der Zentrale georderte - Kernsortiment erweitern und dem Einzelhändler auf unterster Ebene eine Profilierung ermöglicht. Das gleiche gilt auch für Produkte, die einer raschen Belieferung (Frischwaren) bedürfen.

Die aufgezeigten Entwicklungen und die damit verbundene Problematik machen für die mittelständischen Konsumgüterhersteller mehr denn je die Notwendigkeit deutlich, ihre Absatzpolitik auch verstärkt auf den Handel auszurichten. Entscheidungen über die Wahl der Absatzwege und somit über die Auswahl der Handelsbetriebe gehören zu den langfristigen Entscheidungen im Rahmen der Absatzpolitik. Sie sind von elementarer Bedeutung für die Rentabilität und für die Sicherung des Betriebes. Diese Zielsetzung der handelsgerichteten Absatzpolitik ist heute in weiten Bereichen noch nicht verwirklicht, was die zahlreichen Konflikte zwischen Industrie und Handel beweisen.[1)]

Voraussetzung für eine handelsgerichtete Absatzpolitik ist auch hier wiederum eine systematische und konsequente Gewinnung von Informationen über den Handel. In Großbetrieben wird eine stärkere Berücksichtigung dieser Informationen erkannt. Dies dokumentiert besonders deutlich die Einführung des Kunden (gruppen)-Managements[2)], zu dessen wesentlichen Aufgaben die Informations-

---

1) Diese wurden für den Lebensmittelbereich empirisch nachgewiesen; Vgl. Heribert Meffert, Hartwig Steffenhagen: Konflikte zwischen Industrie und Handel, Wiesbaden 1975, insbesondere S. 15 ff

2) Vgl. Erich Ehrlinger: Kundengruppen-Management, Erfahrungen mit einer neuen Organisationsform im Vertrieb, in: Die Betriebswirtschaft, 39. Jg., Heft 2, 1979, S. 261 ff

gewinnung über den Handel gehört. Demgegenüber scheinen mittelständische Konsumgüterhersteller den Fakten des Handels noch verhältnismäßig wenig Bedeutung beizumessen, wie die empirischen Befunde gezeigt haben (S. 87).[1]

In der folgenden Übersicht 16 (S. 119) sind die Informationen, die der mittelständische Konsumgüterproduzent über den Handel für seine langfristige Absatzpolitik benötigt, zusammengefaßt aufgeführt. Aufgrund der vielfältigen Betriebsformen im Handel sowie der unterschiedlichen situativen Gegebenheiten bei den Herstellern der verschiedenen Konsumgüterbranchen können nur generelle Empfehlungen bezüglich des Informationsbedarfs gegeben werden.

Zusätzliche Nutzungsmöglichkeiten ergeben sich wie folgt:

- Beurteilung allgemeiner Entwicklungen im Handel ("Stimmungsbarometer"),
- Erkennen der spezifischen Stärken und Schwächen der Handelsbetriebe,
- Ermittlung von Ansatzstellen für den konzentrierten Einsatz absatzpolitischer Maßnahmen gegenüber den Handelsbetrieben (z.B.: Berücksichtigung der Wünsche und Erwartungen der Handelsbetriebe bei Produktinnovationen und -variationen, handelsorientierte Gestaltung der Service- und Garantieleistungen),
- Erkennen der Möglichkeiten zur Mithilfe bei der Profilierung von Handelsbetrieben (z.B. durch Alleinverkaufsrechte von Artikeln; Herstellung von Handelsmarken),
- Intensivierung des persönlichen Kontaktes zu den verschiedenen Ebenen der Handelsbetriebe (wenn vorhanden: zentraler GH - regionaler GH - EH),
- Aufbau eines sicheren Potentials von Handelsbetrieben durch Selektion von Betriebsformen sowie durch Selektion von einzelnen Betrieben,

---

1) Zum gleichen Ergebnis kommt auch das Rationalisierungs-Kuratorium der Deutschen Wirtschaft bei seiner Untersuchung von kleinen und mittleren Betrieben der Wohnmöbel-Industrie. Danach beschränkt sich der Informationsbedarf lediglich auf den bestehenden Kundenkreis im Handel und diesbezüglich auch nur auf taktische Sachverhalte (Auftragsabwicklung, Auslieferung etc.). Vgl. RKW: Marketing, S. 83 ff

Übersicht 16

Informationen über den Handel

Informationsobjekte	Informationsarten
Allgemeine Situation und Entwicklungen im Handel	· Marktanteile und Marktanteilsentwicklung der Betriebsformen, die in der jeweiligen Konsumgüterbranche tätig sind · Verschiebungen in der Umsatzbedeutung von Produkten bzw. Produktgruppen bei den Betriebsformen · Profile neuartiger Betriebsformen in der Branche (z.B. Fachmärkte) · Entwicklung der Distribution durch branchenfremde Handelsbetriebe · Entwicklungen der Handelsspannen, Kosten, Ergebnisse bei den verschiedenen Betriebsformen
Einzelne Handelsbetriebe	
Betriebsstruktur	· Veränderungen im Standortumfeld; geplante Standortverlegung, Neugründung bzw. Schließen von Betriebsstätten · Mitgliedschaft in Handelskooperationen, Aufgabengebiete und Intensität der Zusammenarbeit · Veränderungen in der Verkaufsmethode
Betriebsführung	· unternehmens-, beschaffungs- und absatzpolitische Ziele, Konzeptionen (z.B. Trading up)
Kunden	· Kundenstruktur, Strukturveränderungen · Marktreichweite des Handelsbetriebes · Bekanntheitsgrad und Image aus der Sicht der Kunden
Funktionen/ absatzpolitische Maßnahmen	· Art, Umfang und Qualität der ausgeübten Handelsfunktionen (z.B. Kundenberatung) · Prinzipien zur Sortimentsgestaltung, Sortimentsausweitung, -beschränkung; Einflußnahme auf die Produktgestaltung des Herstellers über die Sortimentsgestaltung; Verschiebungen in der Umsatzbedeutung von Produkten innerhalb des Sortiments; Aufnahme und Umsatzbedeutung von Handelsmarken und No-name Produkten · allgemeines Preisniveau, Art und Umfang preispolitischer Aktionen (z.B. Sonderangebote); Einhaltung von Preisempfehlungen der Hersteller; Entwicklung der Verkaufspreise · Umfang, Art, Inhalt werblicher Maßnahmen
Beschaffung	· Lieferantenstruktur, Bedeutung einzelner Lieferanten · Umsatzanteil des mittelständischen Herstellers am Sortiment des Handelsbetriebes; Anteil des Handelsbetriebes am Gesamtumsatz des mittelständischen Herstellers · Einkaufsverhalten (Entwicklung der Bestellmengen, Bestellhäufigkeiten; Lieferantentreue) · Kreditwürdigkeit, Zahlungsgewohnheiten · Inanspruchnahme von Rabatten; Forderung nach Sonderleistungen · Lagerkapazitäten, durchschnittliche Lagermengen, Tendenz zur Ausgliederung der Lagerhaltung an Hersteller
allgemeine Sachverhalte	· Eigentumsverhältnisse · Kosten- und Gewinnsituation · Investitionsvorhaben · Personalqualifikation

- Sicherung leistungsfähiger Handelsbetriebe als Absatzpartner durch langfristige vertragliche Vereinbarungen,
- Suche nach Möglichkeiten für den Ausbau bestehender Kooperationen,
- Entwicklung bzw. Verbesserung des eigenen positiven Images bei den Handelsbetrieben (z.B. hinsichtlich Zuverlässigkeit, Wettbewerbsfähigkeit, Modernität),
- Ausrichtung der Lieferbereitschaft auf die Bedürfnisse der Handelsbetriebe,
- organisatorische und qualitative Anpassung der eigenen Absatzorganisation an die Veränderungen im Handel,
- Erkennen von risikohaften Entwicklungen bei den Handelsbetrieben (z.B. Zahlungsschwierigkeiten, Änderungen der Kundenstruktur, Sortimentsverschiebungen, nicht zu vertretende Konditionenforderungen),
- Erkennen der Gefahr der Abhängigkeit von einem Handelsbetrieb oder von nur wenigen Handelsbetrieben,
- Beurteilung potentieller Handelsbetriebsformen und Handelsbetriebe für den Zweck der Konstitution neuer Absatzwege.

d) Informationen über Distributionshilfsbetriebe

In die Absatzwege der industriell gefertigten Konsumgüter kann außer den bereits erwähnten Handelsbetrieben noch eine weitere Gruppe von Betrieben eingeschaltet werden, nämlich die Distributionshilfsbetriebe. "Die Distributionshilfsbetriebe (...) wirken am Eigenumsatz der Produktions- und Handelsbetriebe durch Übernahme einzelner Distributionsfunktionen mit" und sind "spezialisiert auf eine oder wenige Distributionsfunktionen als Hauptaufgabe ..."[1)]

Aus dem breiten Angebot der in der Praxis tätigen Distributionshilfsbetriebe seien exemplarisch folgende Arten genannt:

---

1) Fritz Klein-Blenkers: Distribution, in: Handwörterbuch der Absatzwirtschaft, hrsg. v. B. Tietz, Stuttgart 1974, Sp. 475 f; Distributionshilfsbetriebe werden in der Literatur auch als "Absatzhelfer" bezeichnet, vgl. z.B. Erich Schäfer: Absatzwirtschaft, 3., wesentlich erw. Aufl., Stuttgart 1981, S. 45 ff

Marktforschungsinstitute, Designer, Handelsvertreter, Mustermessen, Werbeagenturen, Transportbetriebe.[1)]

Beziehungen zu den Distributionshilfsbetrieben bedingen für den Industriebetrieb folgende grundsätzlichen Entscheidungen:

- Entscheidung, ob Distributionsaufgabe(n) an Distributionshilfsbetriebe ausgegliedert werden soll(en);
- Entscheidung, ob eine bisherige Ausgliederung beibehalten, reduziert oder erweitert werden soll;
- Entscheidung, ob ausgegliederte Aufgabe(n) wieder vom Betrieb selbst bewirkt (eingegliedert) werden soll(en).

Besonders für die mittelständischen Industriebetriebe sind die Distributionshilfsbetriebe von großer Bedeutung.[2)] Denn durch die Nutzung ihres vielfältigen und umfangreichen Leistungsangebotes ist es den Klein- und Mittelbetrieben möglich, eine unwirtschaftliche Eigenbewirkung ihrer Absatzaufgaben zu umgehen.[3)]

Die Gründe für eine Ausgliederung von absatzwirtschaftlichen Tätigkeiten liegen zum einen in den Engpaß- bzw. Defizitsituationen der mittelständischen Betriebe (1), zum anderen in der Wahrnehmung der positiven Wirkungen, die sich aus einer Erschließung des in den Distributionshilfsbetrieben vorhandenen Potentials (2) ergeben können.

zu (1) Betriebsstrukturinduzierte Ursachen können liegen im fehlenden Know-how des mittelständischen Unternehmers selbst sowie bei seinem Betriebspersonal; ferner im Man-

---

1) Vgl. Fritz Klein-Blenkers: Distribution, in: Handwörterbuch der Absatzwirtschaft, hrsg. v. B. Tietz, Stuttgart 1974, Sp. 475

2) In der dieser Arbeit zugrundeliegenden empirischen Untersuchung sind im Rahmen der Ermittlung des Informationsbedarfs die Distributionshilfsbetriebe nicht explizit aufgeführt, da Ergebnisse einer zeitlich etwas früher durchgeführten Untersuchung über diese Betriebe vorlagen. Vgl.Burkhard Börstler und Joachim Steiner (Bearbeiter): Zur Ausgliederung von Betriebsprozessen aus mittelständischen Betrieben des Produzierenden Gewerbes - Ergebnisse einer empirischen Untersusuch -, Heft 71 der Beiträge zur Mittelstandsforschung, Göttingen 1980 (im folgenden zitiert als: Burkhard Börstler, Joachim Steiner: Ausgliederung)

3) Vgl. Karl Robl: Unternehmensstrategien, S. 27

gel an personeller, sachlicher und finanzieller Kapazitäten.

zu (2) Angebotsinduzierte Ursachen sind die Nutzung des Know-hows von Spezialisten (z.B. im Bereich der Marktforschung); die raschere und qualitativ bessere Erledigung der Tätigkeiten (z.B. im Bereich der Werbung); die Erlangung von Kostenvorteilen aufgrund des Einsatzes fremder Kapazitäten (z.B. Transporteinrichtungen) sowie die verstärkte Konzentration auf die im Betrieb verbleibenden Aufgaben (z.B. Konzeption von Absatzstrategien).[1]

Die Übertragung von Aufgaben auf externe Institutionen können für den ausgliedernden Betrieb auch negative Wirkungen mit sich bringen, da Tätigkeiten aus dem eigentlichen betrieblichen Wirkungskreis gelöst und in fremde Hände gegeben werden.[2] Als Probleme wären beispielsweise zu nennen: Schematisierung in der Aufgabenerledigung; organisatorische Probleme; Risiko der Abhängigkeit von betriebsfremden Organen.[3]

Die Entscheidungen, die von Klein- und Mittelbetrieben hinsichtlich der Aufnahme von Beziehungen, bei der Kontrolle bestehender Beziehungen sowie hinsichtlich der Beendigung von Beziehungen zu Distributionshilfsbetrieben getroffen werden, bedürfen folglich einer fundierten Informationsbasis. Dadurch können sich bietende Möglichkeiten erkannt werden; die Gefahr von Fehlausgliederungen kann vermieden werden.

Ein Urteil über Zweckmäßigkeiten der Inanspruchnahme externer Aufgabenträger kann nur durch ein Abwägen zusammenhängender Fakten abgegeben werden. Diese liegen zum einen im Industriebetrieb selbst, zum anderen in den aktuellen und potentiellen

---

1) Vgl. u.a.: Fritz Klein-Blenkers: Ansatzstellen, S. 91; Klaus Winterling: Externe Dienstleistungen im Absatzbereich, Leitlinien für ihre wirksame Nutzung durch mittlere und kleine Unternehmen, hrsg. v. Rationalisierungs-Kuratorium der Deutschen Wirtschaft (RKW) e.V., Eschborn 1981, S. 38 ff

2) Vgl. Peter Bohrer: Die Vollzieher der betrieblichen Werbung, Diss. Köln 1962, S. 200

3) Vgl. Fritz Klein-Blenkers: Ökonomisierung, S. 338

Distributionshilfsbetrieben.[1]

In Übersicht 17 sind die Informationen aufgeführt, die der mittelständische Industriebetrieb über die Distributionshilfsbetriebe benötigt. Aufgrund der sehr verschiedenen Arten der Distributionshilfsbetriebe, deren Leistungen z.T. keine Gemeinsamkeiten aufweisen(z.B. Werbeagentur - Spediteur), kann an dieser Stelle lediglich eine generelle Betrachtung des Informationsbedarfs erfolgen.[2]

<u>Übersicht 17</u>

Informationen über Distributionshilfsbetriebe

Informationsobjekte	Informationsarten
Allgemeine Fakten	· Standort · Auftragsvolumen · Kunden (Struktur, Betreuung von Konkurrenzaufträgen, Kundentreue) · Kapazität (Personalquantität, -qualität, Umfang und Qualität techn. Betriebseinrichtungen, Kapazitätsauslastung) · Image
Leistungsseite	· Leistungsumfang, Leistungsqualität · Leistungsschwerpunkte (Spezialisierung auf bestimmte Tätigkeiten, Produktbereiche usw.) · Art der Aufgabenerfüllung (kundenindividuell/konfektioniert) · Restriktionen hinsichtlich Auftragsübernahme (z.B. Höhe des Werbeetats)
Leistungsentgelt	· Preise für Grundleistungen · Preise für Sonderleistungen
Organisation	· Regelung der Organisations- und Informationsbeziehungen

---

1) Vgl. dazu auch die Ausführungen bei Hans-Karl Zarchert: Die überbetriebliche Delegierung von Aufgaben in mittelständischen Produktionsbetrieben, in: Betriebswirtschaftliche Forschung und Praxis, 16. Jg., Heft 2, 1964, S. 86 ff

2) Informationen über bestimmte Arten von DHB können beispielsweise entnommen werden: Claus E. Blach: Wie findet man die richtige Werbeagentur? in: ZV + ZV, Heft 19, 1982, S. 645 u. 646; Infratest (Hrsg.): Kriterien für die Beurteilung von Marktforschungsinstituten, o.O., 1970

e) Informationen über die Konkurrenten

Der mittelständische Konsumgüterhersteller befindet sich in einem oft sehr hart ausgetragenen Wettbewerb mit anderen Unternehmen. Der Erfolgsgrad seiner betrieblichen Absatzpolitik und somit die Entwicklung seines Betriebes insgesamt werden daher weitgehend auch von den Aktivitäten und dem Ansehen der Konkurrenten mitbestimmt.[1] Aufgrund dieser Tatsachen erfordert "...die Sicherung des dauerhaften und erfolgreichen Bestandes eines Unternehmens die Beantwortung der Frage, welche Maßnahmen es angesichts der Konkurrenz ergreifen könnte und sollte".[2]

Voraussetzung dafür sind möglichst umfassende Kenntnisse über die Mitbewerber. Vielfältige Einzelinformationen beispielsweise über die spezifischen Besonderheiten der Konkurrenten im Hinblick auf Unternehmenspotential, Absatzziele und -strategien stellen somit einen wesentlichen Bestandteil des gesamten absatzwirtschaftlich-orientierten Informationsbedarfs dar.

Die Wichtigkeit, über die Konkurrenten gut informiert zu sein, wird auch durch Ergebnisse belegt, die im Rahmen einer empirischen Untersuchung zur "Insolvenzprophylaxe" in mittelständischen Betrieben ermittelt wurden. Es zeigte sich nämlich, daß die Beobachtung der Konkurrenzaktivitäten nach Meinung der befragten Industriebetriebe mit die höchste Bedeutung als mögliche Maßnahme zur Abwehr von Krisen im Absatzbereich einnimmt.[3]

Die Informationen lassen sich ableiten aus einer quantitativen und qualitativen Betrachtung der Mitbewerber des jeweiligen

---

1) Vgl. Erich Gutenberg: Der Absatz, S. 56; Erich Schäfer, Hans Knoblich: Grundlagen der Marktforschung, 5., neubearbeitete Aufl., Stuttgart 1978, S. 21 (im folgenden zitiert als: Erich Schäfer, Hans Knoblich: Marktforschung); Cuno Beat Pümpin: Langfristige Marketingplanung, S. 34 f

2) Carl W. Meyer: Möglichkeiten der Konkurrenzpolitik, in: Betriebswirtschaftliche Forschung und Praxis, 13. Jg., 1961, S. 496

3) Vgl. Claudia Mischon, Hans-Jürgen Mortsiefer (Bearbeiter): Zum Stand der Insolvenzprophylaxe in mittelständischen Betrieben - Eine empirische Analyse -, Nr. 83 der Schriften zur Mittelstandsforschung, Göttingen 1981, S. 153 f (im folgenden zitiert als: Claudia Mischon, Hans-Jürgen Mortsiefer: Insolvenzprophylaxe)

Marktes.[1] Diesbezüglich müssen Antworten auf folgende Fragenkomplexe gefunden werden:

(1) Wer sind - gegenwärtig und zukünftig - die wichtigsten Konkurrenten?

(2) Auf welchen Gebieten liegen ihre Stärken und Schwächen und durch welche Besonderheiten sind sie bedingt?

(3) Welche zukünftigen Entwicklungen sind zu erwarten?[2]

Die Konkurrenzanalyse und -prognose sollte beginnen mit der Bestimmung der konkurrierenden Unternehmen durch geeignete Kriterien. Grundlage dafür bietet die Definition des Marktes. Dieser umfaßt auf der Nachfrageseite alle Konsumenten und Handelsbetriebe, mit denen der Betrieb Umsatzbeziehungen hat oder haben möchte.[3] Die Marktteilnehmer sind es nämlich, die die eigenen Produkte und die damit verbundenen Leistungen mit denen der Konkurrenten vergleichen und die Angebote als zweckgeeignet ansehen.[4] Die häufig mangelhafte Informiertheit vieler Betriebe über die Konkurrenten ist überwiegend auf eine unpräzise Marktabgrenzung und die damit verbundene schlechte Identifizierung der Konkurrenz zurückzuführen.[5]

Um den Markt einzugrenzen und um die dort agierenden Betriebe als Konkurrenten interpretieren zu können, bieten sich räumlich-geographische und sachliche Kriterien an.[6] Die räumlichen Marktgrenzen umfassen diejenigen Konsumgüterbetriebe, die innerhalb des Geltungsgebiets der betrachteten Unternehmung ebenfalls ihre Produkte absetzen. Für mittelständische Betriebe, die als Absatzstrategie eine regionale Schwerpunktbildung gewählt haben, ist die Abgrenzung unter dem räumlichen Aspekt relativ problemlos. Denn es bestehen meistens genaue Vorstellungen über die Markierungen des Absatzgebietes sowie eine er-

---

1) Vgl. Johannes Bidlingmaier: Marketing 1, S. 52 ff

2) Vgl. Hans. H. Hinterhuber: Wettbewerbsstrategie, Berlin - New York 1982, S. 103 ff

3) Vgl. die Ausführungen über die Konsumenten (Kap. III.D.2.b), S. 110 ff) und Handelsbetriebe (Kap. III.D.2.c), S.113 ff).

4) Vgl. Johannes Bidlingmaier: Marketing 1, S. 53

5) Vgl. Jürgen Berthel, Dieter Moews: Information, S. 141

6) Vgl. hierzu Klaus Hoffmann: Die Konkurrenzuntersuchung als Determinante der langfristigen Absatzplanung, Göttingen 1979, S. 59 ff (im folgenden zitiert als: Klaus Hoffmann: Konkurrenzuntersuchung)

höhte Transparenz innerhalb dieses Marktabschnittes.

Weitaus problematischer stellt sich die sachliche Abgrenzung des Marktes dar. Hierbei wird festgelegt, welche Produkte und welche sie erzeugenden Herstellerbetriebe die Konkurrenzanalyse zum Gegenstand haben sollte. Die Auswahl erfolgt unter dem Aspekt der Austauschbarkeit von Produkten aus der Sicht der Konsumenten. Demnach ergeben sich Konkurrenzbeziehungen von unterschiedlicher Intensität. Zwischen Gütern derselben Produktgruppe (z.B. Margarine der Marke X und Margarine der Marke Y) besteht "horizontale" Konkurrenz. Der Wettbewerb zwischen den Produzenten von Produkten, die ungleicher Art sind, jedoch dem gleichen Verwendungszweck der Verbraucher dienen, wird als "vertikale" oder "Substitutionskonkurrenz" beschrieben (z.B. Margarine, Butter, Schokoladenbrotaufstrich).[1]

Insbesondere bei langfristigen absatzpolitischen Überlegungen darf sich die Konkurrenzanalyse keineswegs auf aktuelle Wettbewerber beschränken. Vielmehr ist das Augenmerk auch auf jene Betriebe zu richten, die aufgrund ihrer faktoriellen Ausstattung (Personal mit entsprechendem Know how, Produktionsanlagen usw.) in der Lage sein könnten, relativ schnell in den betrachteten Markt einzudringen. Bei den Absatzmärkten der Konsumgüterproduzenten handelt es sich nämlich in der Regel um sog. "offene Märkte".[2] Dies bedeutet, daß der Marktzugang für potentielle Konkurrenten nahezu ausschließlich von ökonomischen Bedingungen abhängt.

Daher besteht auch für diejenigen mittelständischen Betriebe, die beispielsweise durch Leistungsspezialisierung oder Marktsegmentierung den direkten Wettbewerb mit Großbetrieben - sowohl aus dem Inland als auch aus dem Ausland - zu meiden versuchen[3], die Gefahr, daß großbetriebliche Hersteller in jene

---

1) Vgl. Erich Schäfer, Hans Knoblich: Marktforschung, S.181 f. Sie sprechen in diesem Zusammenhang auch von "unmittelbarer" und "mittelbarer" Konkurrenz.

2) "Offene Märkte" liegen vor, wenn keine administrativen oder rechtlichen Zugangsbeschränkungen bestehen. Vgl. Walter Eucken: Grundsätze der Wirtschaftpolitik, hrsg. v. E. Eucken-Erdsiek und K.P. Hensel, Hamburg 1959, S. 163 ff; Johannes Bidlingmaier: Marketing 2, Reinbek 1973, S. 286 f (im folgenden zitiert als: Johannes Bidlingmaier: Marketing 2)

3) Vgl. Karl Robl: Unternehmensstrategien, S. 27 ff

Marktsegmente eintreten, die von ihnen bisher überhaupt nicht oder in nur geringem Maße bearbeitet wurden. Ursache dafür können einmal die günstigen Absatz- und Gewinnerwartungen im betrachteten Marktsegment sein; ferner die aufgrund von Sättigungstendenzen im Konsumgüterbereich verstärkt zu beobachteten Bestrebungen zu diversifizieren und zu spezialisieren.

Zusammenfassend läßt sich also sagen, daß jedes Unternehmen, das in irgendeiner Weise auf die vom eigenen Betrieb befriedigten Bedürfnisse Einfluß nimmt und zukünftig Einfluß nehmen kann, als Konkurrent zu bezeichnen ist.[1)] Welche Informationen über diese Betriebe nun von Bedeutung sind, wird in der folgenden Übersicht 18 (S. 128) gezeigt.

Aufgrund der dargestellten Einzelinformationen ist der mittelständische Betrieb in der Lage, sich ein Bild von den Stärken und Schwächen seiner verschiedenen Konkurrenten zu machen. Aufbauend auf diesen Erkenntnissen und unter Berücksichtigung seiner individuellen Möglichkeiten kann er dann im Rahmen seiner langfristigen Absatzpolitik konkurrenzbezogene Maßnahmen ergreifen. Die Konkurrenzinformationen stellen jedoch nicht nur die Basis für die Entwicklung von Konzeptionen dar, sondern dienen auch als Leistungsmaßstab, um das eigene Leistungsangebot an dem der Wettbewerber ständig zu kontrollieren.[2)]

Als erfolgversprechende Absatzstrategie mittelständischer Betriebe der Konsumgüterindustrie bietet sich einmal die Bildung geeigneter Schwerpunkte an. Ansatzstellen ergeben sich aus der Betrachtung des Leistungsangebotes der Konkurrenten, nämlich dort, wo Lücken existieren bzw. wo die Marktbearbeitung nur schwach betrieben wird. Durch Schaffung neuer Produkte oder durch Produktvariationen besteht die Möglichkeit, sich zu spezialisieren. Ferner kann eine Profilierung erfolgen

- durch die Konzentration auf eine bestimmte Zielgruppe, die weniger Berücksichtigung durch die Wettbewerber erfährt,
- durch die Ausrichtung aller Aktivitäten auf ein geographisch abgegrenztes Gebiet, in dem sich aufgrund der Nähe

---

1) Vgl. auch Cuno Beat Pümpin: Information, S. 156

2) Vgl. Fritz Klein-Blenkers: Ökonomisierung, S. 298

Übersicht 18

Informationen über die Konkurrenten

Informationsobjekte	Informationsarten
Betriebsstruktur	· Standort (einschl. ausgelagerter Betriebsstätten) · Betriebsgröße (z.B. Beschäftigtenzahl) · Alter/Traditionen · Verflechtungen; Kooperationen · Struktur und Schwerpunkte des Leistungsangebotes (bezogen auf Produkte, Abnehmer, Absatzgebiete)
Kapazitäten	· Personal (unternehmerisches Verhalten der Führungskräfte; Leistungsniveau der Mitarbeiter; Fortbildungsmöglichkeiten) · Finanzmittel (Kapitalzusammensetzung; Beteiligung von finanzkräftigen Unternehmen) · Produktionsanlagen (Ausstattung; Alter; Auslastung; geplante Investitionen)
absatzpolitisches Verhalten	· Produktpolitik - Anwendungsmöglichkeiten einzelner Produkte - Qualität, Aufmachung, Verpackung von Produkten - besondere Stärken von Produkten - erfolgreiche Produktverbesserungen und Neuerungen - Sortimentszusammensetzung - Diversifizierungsbestrebungen - Patente, Gebrauchs- und Geschmacksmuster, Lizenzen · Distributionspolitik - Distributionswege (z.B. Betriebsformen des Groß- und Einzelhandels) - Distributionsorgane (eigene, fremde) · Entgeltpolitik - Abgabepreise für den Handel - Empfehlungen für Endverkaufspreise - Preisentwicklungen der Produkte - Preisdifferenzierungen - Rabattarten für den Handel - Zahlungsbedingungen - Lieferantenkredite · Informationspolitik - Einsatz von Werbekündern - Werbeinhalte - persönliche Beratungen - Verkaufsförderungsmaßnahmen
Ergebnisse	· Gesamtumsätze und deren Entwicklung · Umsatzentwicklung verschiedener Produkte bzw. Sortimentsteile · Kostenstruktur, Entwicklungen einzelner Kostenarten · Marktanteilsentwicklung · Produkt- und Firmenimage bei Handel und Konsumenten

zu den Abnehmern besonders gut Präferenzen schaffen lassen,
- sowie durch die besondere Ausgestaltung von Zusatzleistungen, wodurch ein Abheben vom konkurrierenden Angebot möglich gemacht wird.[1)]

Der mittelständische Betrieb sollte versuchen, wenigstens in einem absatzpolitisch wichtigen Bereich die Konkurrenten - auch die großbetrieblichen - zu übertreffen, um so für die Konsumenten Kaufanreize zu schaffen.

Ferner kann nach Interpretation der Konkurrenzinformationen die Entwicklung deutlich werden, daß Wettbewerber - insbesondere großbetriebliche - in den angestammten Marktbereich des mittelständischen Betriebes eindringen bzw. ihre Aktivitäten dort immer stärker einsetzen. Ursachen für Eindringen und Ausweitung können beispielsweise hohe Gewinnerwartungen sein, die auch Großbetriebe in einem verhältnismäßig kleinen Marktgebiet anziehen; ferner in der Vergangenheit liegende Fehler in der Produktpolitik; neue Produktionsverfahren, deren Einführung für den mittelständischen Betrieb aufgrund fehlenden Kapitals nicht möglich ist. Der mittelständische Betrieb muß entscheiden, ob es ökonomisch sinnvoll ist, sich langfristig gegen die Stärken der Konkurrenz zu wehren. Eine im Hinblick auf die Sicherung des Unternehmens rationale Entscheidung kann aber auch sein, vorhandene Positionen aufzugeben, die Schwerpunkte auf andere Bereiche zu verlagern oder auf Märkte mit besseren Marktchancen auszuweichen.

Der Informationsbedarf bezüglich der Konkurrenz ist für mittelständische Betriebe nicht allein unter dem Aspekt von Bedeutung, daß auf dieser Grundlage Maßnahmen geplant und kontrolliert werden können, die die Schwächen der Wettbewerber ausnutzen und den Stärken ausweichen. Einen sehr wesentlichen Beitrag leistet die Konkurrenzuntersuchung auch für die Erkundung von Möglichkeiten für eine zwischenbetriebliche Zusammenarbeit sowie bei der Auswahl geeigneter Kooperationspartner.

---

1) Vgl. Klaus Hoffmann: Konkurrenzuntersuchung, S. 238 ff

Durch die Beteiligung an einer Kooperation[1] - beispielsweise im Rahmen des Absatzes - eröffnen sich dem mittelständischen Konsumgüterproduzenten vielfältige Wege, seine Absatzprozesse zu rationalisieren und seine Wettbewerbsfähigkeit zu stärken. Als Beispiele für ein kooperatives Ausüben von Absatzteilfunktionen sei verwiesen auf: Formen werblicher Zusammenarbeit[2], gemeinsame Messebeteiligungen, Kooperationen im Bereich der Informationsgewinnung[3].

Bezüglich des Zustandekommens solcher oder ähnlicher zwischenbetrieblicher Verbindungen konzentriert sich der Informationsbedarf sowohl auf

- objektive Fakten der eventuell infrage kommenden Partnerunternehmen (wie Unternehmensgröße, Art und Umfang der Erfüllung der Absatzaufgaben, Produktprogramm, Leistungsniveau, Image, Kundenkreis, Standort usw.) als auch auf
- subjektive Fakten, wie menschliche Qualifikation und Führungsqualität der Unternehmensleitung.[4]

Verglichen mit den Informationen, die der mittelständische Betrieb über andere Bereiche (über seinen eigenen Betrieb, über den Handel und über die Konsumenten etc.) für seine langfristige Absatzpolitik benötigt, weist der Informationsbedarf über die konkurrierenden Betriebe eine Reihe von Besonderheiten und Probleme auf.

So stellt der oben aufgestellte Katalog an Konkurrenzinformationen selbstverständlich eine Art "Wunschliste" dar, aus der einzelne Informationen nur sehr schwer oder teilweise gar

---

1) Unter einer Kooperation versteht Thies "... die freiwillig vereinbarte Zusammenarbeit zweier oder mehrerer wirtschaftlich selbständig bleibender Unternehmen in einzelnen oder einer Reihe von Bereichen ihres Tätigkeitsfeldes mit dem Ziel, ...Aufgaben besser als bei individuellem Vorgehen verfolgen zu können". Gerhard Thies: Vertikales Marketing, Berlin, New York 1976, S. 50

2) Vgl. Peter Hedinger: Die Nutzung kooperativer Werbung zur Steigerung der Leistungsfähigkeit mittelständischer Betriebe, Nr. 77 der Schriften zur Mittelstandsforschung,Göttingen 1978

3) Siehe hierzu Kap. V.C., S. 187 ff

4) Vgl. Ulf Starke: Absatzwirtschaftliche Kooperationen zwischen Unternehmungen der Konsumgüterindustrie, Diss. Erlangen-Nürnberg 1970, S. 225 ff (im folgenden zitiert als: Ulf Starke: Kooperation)

nicht beschafft werden können. Denn im Gegensatz zu Lieferanten oder Absatzmittlern,die überwiegend auf eine Zusammenarbeit Wert legen und daher an einem Gedankenaustausch über absatzwirtschaftliche und sonstige betriebliche Fragen interessiert sind, sind die Wettbewerber naturgemäß darauf bedacht, selbst so wenig wie nur möglich preiszugeben. Sachverhalte, die in Zusammenhang mit der zukünftigen Planung stehen, unterliegen gar höchster Geheimhaltung.[1)]

Dennoch sind genügend Quellen vorhanden, die zur besseren Kenntnis und zur Beurteilung eines Konkurrenten geeignet sind.[2)] So sind indirekte Informationen bei den anderen Marktteilnehmern wie Lieferanten, Handelsbetriebe und Konsumenten zu erhalten. Beispielsweise ist bei den Handelsbetrieben und den Endabnehmern zu ermitteln, in welchen Bereichen Wettbewerber Präferenzen haben oder aber hinter den Erwartungen zurückbleiben.

Besondere Bedeutung erhält in diesem Zusammenhang die Marktnähe mittelständischer Konsumgüterhersteller. Aufgrund des intensiveren Kontaktes, beispielsweise zu den Handelsbetrieben, läßt sich ein enges Vertrauensverhältnis aufbauen, wodurch möglicherweise wertvolle Hinweise über die Konkurrenz zu erhalten sind. In diese informalen Kommunikationsbeziehungen sind auch die Kontakte zu Mitarbeitern (insbesondere zu denen im Außendienst) miteinzubeziehen. Schließlich sind noch Wirtschaftspresse und Messen zu nennen, denen auch bei der Deckung des Informationsbedarfs über die Konkurrenz große Bedeutung zukommt.[3)]

---

1) Vgl. Jürgen Berthel, Dieter Moews: Information, S. 143

2) Vgl. Wolfgang Träger: Konkurrenzanalyse - Waffe im Wettbewerb, in: Markenartikel, 35. Jg., 12/1973, S. 552

3) Siehe Kap. IV.A.1.b), S. 146 ff

Dadurch daß Konkurrenzinformationen teilweise nicht zu erhalten sind und die Zuverlässigkeit erhaltener Informationen sehr oft schwierig zu überprüfen ist, bleibt vieles nur Spekulation. Dennoch ist es möglich, durch systematisches und ständiges Ausschöpfen der gegebenen Möglichkeiten sowie durch Kombination der verschiedenen Einzelinformationen, sich ein Bild von den Wettbewerbern zu machen.

f) Informationen über die Lieferanten

Obwohl sich die Betrachtung in dieser Untersuchung auf den Informationsbedarf für die Absatzpolitik konzentriert, sollte sich die Analyse nicht nur auf den Absatzmarkt und seine Teilnehmer (Konsumenten, Handelsbetriebe, Konkurrenten usw.) beschränken.

Um das System der zwischenbetrieblichen Einflußfaktoren in seiner gesamten Breite zu umfassen, müssen auch der Beschaffungsmarkt im allgemeinen und die Lieferanten des mittelständischen Konsumgüterproduzenten miteinbezogen werden.[1] Denn zwischen den Beschaffungs- und Absatzprozessen liegen enge Verflechtungen vor, deren Auswirkungen es zu berücksichtigen gilt.[2]

Diesbezüglich sollen jedoch nur einige Aspekte über Chancen und Bedrohungen für die strategische Position des Absatzbereiches, die im Beschaffungsbereich ihren Ursprung haben, an-

1) Objekte des Beschaffungsmarktes sind bei dieser Betrachtung Roh-, Hilfs- und Betriebsstoffe sowie Halb- und Fertigfabrikate (insgesamt: Material). Die anderen Arten von Inputgütern (Personal, Kapital, Informationen, Dienstleistungen, Rechte) und die Besonderheiten dieser Märkte, von denen sie beschaffen sind, werden an anderer Stelle behandelt. Vgl. dazu Erwin Grochla, Herbert Kubicek: Zur Zweckmäßigkeit und Möglichkeit einer umfassenden betriebswirtschaftlichen Beschaffungslehre, in: Zeitschrift für betriebswirtschaftliche Forschung, 28. Jg., Nr. 5, 1976, S. 257 ff

2) Vgl. Udo Koppelmann: Zur Verzahnung von Beschaffungs- und Absatzprozessen in Unternehmen, in: Zeitschrift für betriebswirtschaftliche Forschung, 32. Jg., Nr. 2, 1980, S. 121 ff

geschnitten werden. Beschaffungspolitische Konsequenzen werden ausgeklammert.[1] Somit sind Informationen über folgende Fakten notwendig:

Übersicht 19

Informationen über die Lieferanten

Informationsobjekte	Informationsarten
Beschaffungsmarkt allgemein	• Strukturveränderungen auf den Beschaffungsmärkten • Produktentwicklungen • Beschaffungsmöglichkeiten im In- und Ausland
Lieferanten	• Leistungsbereitschaft der Lieferanten • preispolitische Veränderungen • Veränderungen bei den Lieferbedingungen • Lieferverzögerungen • Qualitätsabweichungen bei den gelieferten Waren

Die Nutzung der oben angeführten Informationen und gleichzeitig ihre große Bedeutung für die langfristige Absatzführung lassen sich anhand der nachstehenden Beispiele darstellen.

So können Bedingungen auf den Beschaffungsmärkten der Realisierung des Gestaltungskonzeptes von Produktneuerungen restriktiv gegenüberstehen. Beispielsweise können die Beschaffungsmöglichkeiten für benötigte Materialien zu teuer oder zu langwierig sein.

Ein weiteres Problem kann durch erhebliche Preissteigerungen bei bisher verwendeten Rohstoffen ausgelöst werden. Während Großbetriebe in der Lage sein können, die Preiserhöhungen durch die Erschließung kostengünstiger Beschaffungsquellen zu umgehen, bleibt für mittelständische Betriebe unter Umständen langfristig nur der Verzicht auf diese Vorprodukte und somit der Zwang zur Produktänderung oder Produktelimination.

---

1) Vgl. Friedhelm Schönenborn: Zur Beschaffungssituation mittelständischer Industriebetriebe - Eine empirische Analyse-, Heft 62 der Beiträge zur Mittelstandsforschung, Göttingen 1980, insbesondere S. 59 ff

Großbetriebliche Konkurrenten haben ferner eher die Möglichkeit, aufgrund ihres großen Bedarfskontingents bessere Konditionen bei ihren Lieferanten zu erzielen, und erreichen dadurch einen größeren Spielraum für die Gestaltung ihrer Verkaufspreispolitik.

Negative Entwicklungen für den Absatz können auch hervorgerufen werden durch nachlassende Qualität bei den gelieferten Sachgütern oder durch Lieferverzögerungen der Lieferanten. Mittelständische Konsumgüterhersteller, die sich vor den Verbrauchern und den Handelsbetrieben insbesondere durch die Qualität ihrer produzierten Güter und durch eine prompte Belieferung erfolgreich profilieren, müssen möglicherweise infolge von Retouren hohe Kostenbelastungen hinnehmen; weiterhin können sie Image- und Vertrauensschäden sowie Kundenverluste erfahren.

Die Beobachtung des Beschaffungsmarktes kann aber auch dazu dienen, Anregungen für Innovationen zu erhalten. So kann eine schnelle Beschaffung und Verarbeitung neu entwickelter Materialien bzw. Produktteile zu einer qualitativen Verbesserung der Produkte, zu Produktvariationen und somit zu Wettbewerbsvorsprüngen führen.

3. Informationen über die Umwelt des mittelständischen Konsumgüterherstellers (überbetriebliche Informationen)

Der mittelständische Konsumgüterhersteller ist in eine Umwelt eingebettet, von der Einflüsse auf den Betrieb selbst und auf die mit ihm in Beziehung stehenden Marktteilnehmer ausgehen. Diese Rahmenbedingungen bilden einerseits die Grundlagen des betrieblichen Handelns, können andererseits aber auch den Handlungsspielraum mehr oder weniger stark begrenzen. Gleichzeitig können die Indikatoren aber auch auslösendes Moment für strategische Überlegungen sein. Insbesondere für absatzpolitische Entscheidungen mit langfristiger Wirkung ist es daher erforderlich, sich mit der gegenwärtigen Umweltkonstellation auseinanderzusetzen sowie mögliche Entwicklungen zu berücksichtigen. Folgende Informationen sind daher notwendig:[1])

Übersicht 20

Informationen über die Umwelt

Informationsobjekte	Informationsarten
ökonomische Komponente	• Entwicklung des verfügbaren Einkommens der Privathaushalte • Einkommenselastizität der Nachfrage für betrachtetes Produkt • Entwicklung des privaten Verbrauchs • Entwicklung des allgemeinen Preisniveaus • Entwicklung des Kapitalzinses • Entwicklungen auf dem Arbeitsmarkt • Entwicklung der Löhne und Gehälter • Entwicklungen im Außenhandel (Zölle, Wechselkurse etc.)
technologische Komponente	• Produktinnovationen • Technologien für Konstruktion und Design der Produkte • Technologien für den Bereich Werbung und Verkaufsförderung • Technologien im Bereich des Handels
rechtliche und politische Komponente	• neue Rechtsnormen (z.B. im Wettbewerbsrecht) • allgemeine wirtschafts- und finanzpolitische Maßnahmen • staatliche Förderungsmaßnahmen für mittelständische Betriebe
sozio-kulturelle Komponente	• Entwicklung der Bevölkerungszahl/-struktur • Veränderungen moralischer Werte, Modeströmungen • geschmacklich-stilistische Veränderungen • Veränderungen der Lebensgewohnheiten
physische Komponente	• Veränderungen der Infrastruktur

1) Vgl. dazu Herbert Kubicek, Norbert Thom: Umsystem, betriebliches, in: Handwörterbuch der Betriebswirtschaft, hrsg. v. E. Grochla und W. Wittmann, 4., völlig neu gestaltete Aufl., Bd. I/3, Stuttgart 1976, Sp. 3988 ff; Cuno Beat Pümpin: Information, S. 157 ff

Änderungen der individuellen Lebensgewohnheiten der Verwender (z.B. gesundheitsbewußte Ernährung, Freizeitgestaltung), Einkommensminderung (z.B. durch konjunkturell oder strukturell bedingte Abnahme der Beschäftigung, Verschiebungen der Ausgaben für die Lebenshaltung), Erlaß von Benutzungsverboten können beispielsweise Ursachen für Umsatzrückgänge sein.[1]

Kostensteigerungen, beispielsweise hervorgerufen durch erhöhte Einkommensforderungen der Arbeitnehmer, Zinsforderungen der Kapitalgeber, verschärfte Umweltschutzauflagen, können zu krisenhaften Entwicklungen führen, wenn der mittelständische Produzent über keinen preispolitischen Spielraum mehr verfügt und im Gegensatz zur großbetrieblichen Konkurrenz lediglich durch Preiserhöhungen reagieren kann. Insbesondere spielen Steigerungen bei den Löhnen und Sozialabgaben eine große Rolle, da mittelständische Produzenten tendenziell personenintensiver arbeiten als Großbetriebe.

Neue technologische Entwicklungen auf dem Gebiete der Werkstoffe und Anlagentechnik können sich auf eine Verbesserung der Produktqualität auswirken. Ebenso können diese Entwicklungen dazu führen, daß bestehende Produkte und Produktionsprozesse rasch altern und der mittelständische Betrieb möglicherweise gezwungen wird, sich neuen Märkten zuzuwenden.

Neuerungen auf dem Gebiet der Kommunikationstechnologie (z.B. Einführung des Bildschirmtextes) können Veränderungen im Kommunikationsverhalten bei Handelsbetrieben und Konsumenten hervorrufen, worauf der herstellende Betrieb ebenfalls reagieren muß.

Modeerscheinungen können als Anregung für die Produktgestaltung aufgegriffen werden, bergen aber auch die Gefahr in sich, daß bei zu kurzfristigem Verlauf Absatzprobleme entstehen.

Bestehende Rechtsnormen müssen bei geplanten Absatzmaßnahmen berücksichtigt werden; Änderungen rechtlicher Daten können

---

1) Vgl. dazu auch Dietger Hahn: Führungsaufgaben bei schrumpfendem Absatz, in: Zeitschrift für betriebswirtschaftliche Forschung, 33. Jg., Heft 12, 1981, S. 1080 f

einen Verzicht auf bereits praktizierte Maßnahmen zur Folge haben. Ferner kann die Wettbewerbsposition durch die rechtliche Absicherung (Schutzrechte, Vertragssysteme) verteidigt werden.[1]

Informationen über leistungssteigernde Maßnahmen des Bundes und der Länder zeigen den mittelständischen Betrieben, welche Angebote ihnen offenstehen und welche Anwendungsmöglichkeiten vorliegen, um die betriebliche Situation zu verbessern.[2]

Die gesamtwirtschaftliche Entwicklung kann unter Umständen für den einzelnen Betrieb unmittelbare Folgen haben, wenn beispielsweise die Stagnation des gesamtwirtschaftlichen Wachstums Nachfrageausfälle und somit Umsatzrückgänge mit sich führen. Zudem kann sich die gesamtwirtschaftliche Situation hemmend auf die Risikobereitschaft des mittelständischen Unternehmers auswirken. Dies kann sich darin äußern, daß Produktinnovationen in nicht mehr ausreichendem Maße getätigt werden oder daß Kosteneinsparungen bei Maßnahmen vorgenommen werden (z.B. bei der Werbung), deren Einsatz gerade bei stagnierenden oder rezessiven Konjunkturverläufen von großer Wichtigkeit ist. Langfristig gesehen kann die Wettbewerbsfähigkeit dadurch großen Schaden nehmen.

IV. Zur Deckung des Informationsbedarfs für die langfristige Absatzführung mittelständischer Betriebe der Konsumgüterindustrie

Nachdem im vorangegangenen Kapitel der für die langfristige Absatzführung mittelständischer Betriebe der Konsumgüterindustrie notwendige Informationsbedarf (informationsnachfragender Teil eines Marketing-Informationssystems) untersucht wor-

1) Vgl. Dieter Ahlert: Grundprobleme des Marketing-Rechts-Management, in: Jahrbuch des Marketing, hrsg. v. K.M. Schöttle. Ausgabe 1982/83, Essen 1982, S. 90 ff; Johannes Bidlingmaier: Marketing 1, S. 56 f

2) Vgl. Fritz Klein-Blenkers, u.a.: Zur Verbesserung des Informationsstandes; Hans-Jürgen Mortsiefer: Der kombinierte Einsatz von Förderungsmaßnahmen zur Verbesserung der Betriebsführung mittelständischer Industriebetriebe, Nr. 84 der Schriften zur Mittelstandsforschung, Göttingen 1981

den ist, dienen die folgenden Ausführungen der Konkretisierung der Möglichkeiten, die zur Deckung des Informationsbedarfs beitragen können.

Für diesen angebotsorientierten Teil der Informationsversorgung (Bereich der Informationsgewinnung im Marketing-Informationssystem) wird die Phasenbetrachtung der Informationsprozesse zugrunde gelegt, die bereits in der Darstellung der Struktur zum Ausdruck kommt.[1] Mit Hilfe dieser Vorgehensweise ist es möglich, auch die Informationsproblematik in den Klein- und Mittelbetrieben herauszustellen.[2] Der Prozeß der Informationsgewinnung kann in die Phasen Informationsbeschaffung, Informationsspeicherung und Informationsverarbeitung[3] eingeteilt werden, womit gleichzeitig auch der jeweilige Aufgabenbereich umschrieben ist. Die Stufenabfolge ist für die Gewinnung entscheidungsrelevanter Informationen nicht grundsätzlich erforderlich. Informationen können bereits nach ihrer Beschaffung von den Führungspersonen als relevant anerkannt und genutzt werden. Ein Teil der Informationen kann auf Speichermedien über einen gewissen Zeitraum bereit gehalten werden und bei anfallendem Bedarf für Entscheidungen herangezogen werden. Andere Informationen sind jedoch erst dann zu nutzen, wenn Sie durch Anwendung von Verarbeitungsverfahren umgewandelt werden.

A. Zur Informationsbeschaffung mittelständischer Betriebe der Konsumgüterindustrie

Am Anfang der Bemühungen, entscheidungsrelevante Informationen zu erhalten, steht die Informationsbeschaffung; ihr kommt "Initiativfunktion" zu.[4] Diese Informationsgewinnungsaufgabe kann in zwei verschiedenen Formen erfolgen:

- Zum einen kann bereits vorhandenes Material erfaßt und nach den gewünschten Gesichtspunkten ausgewertet werden (Sekun-

---

1) Vgl. dazu die Übersicht 2 auf S.13

2) Vgl. Erich Kosiol: Die Unternehmung, S. 176

3) Vgl. Jürgen Berthel: Betriebliche Informationssysteme, Stuttgart, 1975, S. 58

4) Vgl. ebenda, S. 59

därforschung)[1]. Gemäß der Herkunft bzw. Entstehung dieses Sekundärmaterials erstreckt sich die Sekundärforschung auf innerbetriebliche und außerbetriebliche Sekundärquellen.[2]

- Zum anderen können mit Hilfe verschiedener Methoden unmittelbar zu aktuellen Problemen Informationserhebungen durchgeführt werden (Primärforschung)[3]. Auch die Primärforschung kann sowohl innerbetrieblich als auch außerbetrieblich angewendet werden.[4]

1. Informationsbeschaffung im Rahmen der Sekundärforschung

Der Informationsbeschaffung aus sekundärstatistischen Quellen kommt in mittelständischen Betrieben erfahrungsgemäß große Bedeutung zu.[5] Denn durch strukturelle Bedingungen finanzieller, personeller und organisatorischer Art (vgl. Kap. II.C., S. 58 ff) sind Betrieben dieser Größenordnung u.a. auch bei der Beschaffung von Primärinformationen engere Grenzen gesetzt als Großbetrieben.

Es ist daher zweckmäßig, das Informationspotential, das in jeder Unternehmung vorhanden ist (z.B. betriebsinterne Statistiken, Unterlagen des Rechnungswesens usw.), sowie das Informationsmaterial, das außerhalb des Betriebsbereiches bereits erstellt ist, heranzuziehen. Denn die Beschaffung von Sekundärinformationen ist in der Regel nur mit geringen Kosten verbunden; die Beschaffungsdauer ist überwiegend kürzer; bestimmte Informationen (z.B. gesamtwirtschaftliche Informationen, Konkurrenzinformationen) sind nur auf diesem Wege zu beschaffen; Sekundärinformationen zeigen, ob für langfristige Überlegungen die Beschaffung von Primärinformationen noch zusätzlich erforderlich ist, und dienen somit als Basismaterial.

---

1) Vgl. Ludwig Berekoven, Werner Eckert, Peter Ellenrieder: Marktforschung, S. 43

2) Vgl. Ralf-Peter Thürbach: Betriebsführung, S. 50 f

3) Vgl. Ludwig Berekoven, Werner Eckert, Peter Ellenrieder: Marktforschung, S. 50

4) Vgl. Ralf-Peter Thürbach: Betriebsführung, S. 49 f

5) Vgl. Erich Schäfer, Hans Knoblich: Marktforschung, S. 328

a) Empirische Befunde zur Erschließung von Sekundärquellen durch mittelständische Betriebe der Konsumgüterindustrie

Bevor auf die für mittelständische Industriebetriebe bestehenden Möglichkeiten einer zweckgerichteten Sekundärforschung näher eingegangen werden kann, ist es zunächst erforderlich, die Situation in der Praxis zu analysieren. Auf der Grundlage der gewonnenen Erkenntnisse können Ansatzstellen zur Verbesserung ermittelt und grundsätzliche Überlegungen zur Weiterentwicklung angestellt werden. Im folgenden sollen daher Antworten auf die Fragen

(1) - nach der Intensität der Nutzung und
(2) - nach der Beurteilung der Nutzung innerbetrieblicher und außerbetrieblicher Sekundärquellen gewonnen werden.

(1) Die Intensität der Nutzung innerbetrieblicher und außerbetrieblicher Sekundärquellen

Aus Tabelle 21 (S. 141) wird ersichtlich, in welchem Ausmaß die verschiedenen Quellen nach Angaben der untersuchten Betriebe genutzt werden. Bei der Beurteilung der in dieser Tabelle ausgewiesenen Informationsquellen ist zu berücksichtigen, daß einige der aufgeführten Informationsquellen in den Betrieben zwangsläufig vorhanden sind und sich zur Nutzung anbieten (z.B. Rechnungswesen), andere hingegen mit einem relativ hohen "Einführungsaufwand" erst erschlossen werden müssen (z.B. Sekundärmaterial von Marktforschungsinstituten).

Insgesamt gesehen erfahren außerbetriebliche Informationsquellen im Durchschnitt die intensivste Nutzung: Fachzeitschriften (NK = 5,3)[1], Mitteilungen von Fachverbänden (NK = 5,1) sowie Tages- und Wirtschaftspresse (NK = 5,0)[2].

---

1) Die Berechnungsmethode des Nutzungskoeffizienten (NK) wird in der Fußnote 1) der Tabelle 21 (S. 141) erläutert.

2) Zu vergleichbaren Ergebnissen kommen auch: Achim Brandenburg: Möglichkeiten und Grenzen der Marktforschung, S.34 f; Hans-Jürgen Mortsiefer: Zur Notwendigkeit eines kombinierten Einsatzes von Förderungsmaßnahmen in mittelständischen Industriebetrieben - Ergebnisse einer Analyse von Angebot, Inanspruchnahme und Wirksamkeit von Förderungsmaßnahmen -, Heft 58 der Beiträge zur Mittelstandsforschung, Göttingen 1980, S. 65

Tabelle 21: Die Intensität der Nutzung innerbetrieblicher und außerbetrieblicher Informationsquellen in den untersuchten Betrieben der Konsumgüterindustrie, gegliedert nach Beschäftigtengrößenklassen

- Angaben in Koeffizienten -[1]
(n = 152)

	Informationsquellen	Beschäftigtengrößenklassen					Betriebe insgesamt
		Bis 19	2o - 49	5o - 199	2oo - 499	5oo und mehr	
Innerbetriebliche	Außendienstberichte	3,o	3,3	4,4	5,2	4,8	4,o
	Rechnungswesen	3,6	3,7	5,1	4,9	4,3	4,4
	Betriebsinterne Statistiken	2,8	4,4	5,3	5,4	5,8	4,7
	Betriebliches Vorschlagswesen	1,4	1,6	1,5	1,5	2,3	1,6
	Innerbetriebliche Konferenzen	1,5	2,3	3,6	3,1	4,3	2,9
	Kommunikationsunterlagen von Marktpartnern	1,4	2,4	2,2	2,1	2,1	2,1
Außerbetriebliche	Erfahrungsaustausch mit anderen Betrieben	2,1	1,5	2,2	1,8	1,4	1,9
	Sekundärmaterial von Marktforschungsinstituten	1,o	1,1	1,4	2,2	3,3	1,5
	Informationsdienste	1,2	1,8	3,5	4,5	3,6	2,8
	Kreditinstitute	2,o	2,3	3,1	3,2	3,7	2,8
	Private Berater/ Agenturen	o,8	1,4	1,8	2,3	1,6	1,5
	Patentanwälte	o,8	o,9	1,8	1,6	3,o	1,5
	Betriebsvergleiche	1,7	2,1	3,o	2,7	1,9	2,4
	Messen und Ausstellungen	3,9	4,1	4,8	5,8	4,2	4,5
	Mitteilungen von Kammern	4,5	3,3	4,4	3,8	2,8	3,9
	Mitteilungen von Fachverbänden	5,2	4,4	5,6	5,5	4,2	5,1
	Amtliche Statistiken	1,7	2,5	3,5	3,1	3,7	2,9
	Informationsschriften staatlicher Organe	1,2	1,o	1,9	2,6	2,1	1,7
	Veröffentlichungen wissenschaftlicher Institute	o,9	1,2	1,5	2,o	3,3	1,5
	Mitteilungen von Förderungsinstitutionen	1,1	1,2	1,3	1,9	1,8	1,3
	Fachzeitschriften	5,1	4,7	5,7	5,7	5,3	5,3
	Tages- und Wirtschaftspresse	4,7	4,7	5,2	5,6	5,o	5,o

1) Es handelt sich um einen Nutzungskoeffizienten (NK). Der Koeffizient wurde als gewogenes arithmetisches Mittel gebildet. Beurteilung der Intensität der Nutzung entsprechend den Alternativen im Erhebungsbogen: "regelmäßige Nutzung" = 6; "Nutzung bei Problemanfall" = 3; "seltene Nutzung" = 1; "keine Nutzung" = O. Sind z.B. alle in die Analyse einbezogenen Informationsquellen "regelmäßig" genutzt worden, so ergibt sich für den Koeffizienten der Wert NK = 6,o; entsprechend nimmt der Koeffizient den Wert NK = O an, wenn alle Informationsquellen "gar nicht" in Anspruch genommen wurden.

Ein etwas geringerer Nutzungsgrad ist festzustellen bei betriebsinternen Statistiken (NK = 4,7), beim Kontakt auf Messen und Ausstellungen (NK = 4,5) sowie bei den Ergebnissen aus dem Rechnungswesen (NK = 4,4). Hierbei ist besonders erstaunlich, daß die Betriebe die Nutzung des Rechnungswesens nicht viel höher ansetzen.

Kaum genutzt werden u.a. Mitteilungen von Förderungsinstitutionen (NK = 1,3), Unternehmensberatern (NK = 1,5) und das Sekundärmaterial von Marktforschungsinstituten (NK = 1,5). Ferner wird deutlich, daß das innerbetriebliche Vorschlagswesen noch kaum zur Beschaffung absatzbezogener Informationen genutzt wird (NK = 1,6).

Ein Vergleich nach Beschäftigtengrößenklassen läßt zusätzliche Aufschlüsse erkennen. Im Gesamtbild der Nutzungskoeffizienten zeigt sich tendenziell, daß mit steigender Beschäftigtenzahl in den untersuchten Betrieben eine zunehmende Nutzung der Sekundärquellen erfolgt. Diese Tendenz fällt besonders bei den betriebsinternen Statistiken, beim Sekundärmaterial von Marktforschungsinstituten, beim Informationsmaterial von Kreditinstituten sowie bei den Veröffentlichungen wissenschaftlicher Institute auf.

Ferner nimmt der Nutzungskoeffizient bei den Betrieben der Klasse bis 19 Beschäftigte einen überdurchschnittlichen Wert beim Erfahrungsaustausch (NK = 2,1), bei den Mitteilungen von Kammern (NK = 4,5) und Verbänden (NK = 5,2) an, während die entsprechenden Koeffizienten bei den Großbetrieben weitaus unter dem Durchschnitt liegen.

(2) Beurteilung der Nutzung: Gründe für die mangelnde Nutzung von innerbetrieblichen und außerbetrieblichen Sekundärquellen

Die mittelständischen Konsumgüterbetriebe waren ferner um die Begründung gebeten worden, warum verschiedene innerbetriebliche und außerbetriebliche Sekundärquellen nur selten oder gar nicht bei Ihrer Informationsbeschaffung Berücksichtigung finden.[1] In Tabelle 22 (S. 144) werden für jede einzelne Informationsquelle die Unzulänglichkeiten herausgestellt, die nach Meinung der befragten Konsumgüterbetriebe für eine mangelnde Inanspruchnahme verantwortlich sind.

Wie die Angaben zu den innerbetrieblichen Informationsquellen zeigen, spielt nach Meinung der befragten Betriebe der Kostenaspekt eine nur unbedeutende Rolle. Dies liegt vermutlich daran, daß das Informationsmaterial bereits im Betrieb vorhanden ist und die Beschaffung keine zusätzlichen Kosten verursacht. Weitaus häufiger werden andere Gründe für die mangelnde Nutzung genannt.

38,5 % der Betriebe, die für absatzpolitische Entscheidungen keine Außendienstberichte auswerten, begründen dies mit der mangelnden Eignung der Unterlagen. Nahezu jedes dritte Unternehmen (30,8 %) gibt an, daß es über die Möglichkeit, durch Außendienstmitarbeiter absatzorientierte Informationen zu beschaffen, keine Kenntnis besitzt.

Von den mittelständischen Industriebetrieben, die zur Lösung absatzwirtschaftlicher Probleme keine Informationen aus dem Rechnungswesen heranziehen, gibt jeder zweite an (50,0 %), daß seines Erachtens der Zeitaufwand bei der Auswertung zu groß ist und daß ferner diese Informationsquelle seiner Meinung nach ungeeignet ist. Einer anderen Untersuchung ist jedoch zu entnehmen, daß das Rechnungswesen in mittelständischen Industriebetrieben derjenige Bereich ist, der am besten organisiert ist[2]. Daraus ist zu schließen, daß der Entwicklungsstand überwiegend an finanzwirtschaftlichen und produktionswirtschaftlichen Erfordernissen gemessen wird und daß eine Ausgestaltung des Rechnungswesens als aussagefähige Informationsquelle für die Absatzführung bisher weniger erfolgt ist.

---

1) Vgl. dazu Frage 14 des im Anhang beigefügten Fragebogens, S. 219

2) Vgl. Ralf-Peter Thürbach: Zum Stand der Organisation, S. 71 ff

Tabelle 22: Gründe für die mangelnde Nutzung innerbetrieblicher und außerbetrieblicher Sekundärquellen in den untersuchten Betrieben der Konsumgüterindustrie

- Angaben in Prozent -[1]

Informationsquellen		Gründe für die mangelnde Nutzung[2]			
		Zu hohe Kosten	Zu großer Zeitaufwand bei der Auswertung	Mangelnde Eignung	Fehlende Kenntnisse über Quellen
Innerbetriebliche	Außendienstberichte	7,7	7,7	38,5	3o,8
	Rechnungswesen	-	5o,o	5o,o	16,7
	Betriebsinterne Statistiken	11,1	55,6	27,8	22,2
	Betriebliches Vorschlagswesen	3,8	16,5	43,o	2o,3
	Innerbetriebliche Konferenzen	12,2	31,7	26,8	12,2
	Kommunikationsunterlagen von Marktpartnern	4,3	14,3	2o,o	48,6
Außerbetriebliche	Erfahrungsaustausch mit anderen Betrieben	2,4	7,1	35,7	31,o
	Sekundärmaterial von Marktforschungsinstituten	28,1	11,5	15,6	3o,2
	Informationsdienste	16,7	16,7	16,7	35,2
	Kreditinstitute	3,9	25,5	35,3	15,7
	Private Berater /Agenturen	4o,3	7,8	15,6	14,3
	Patentanwälte	22,5	5,6	29,6	21,1
	Betriebsvergleiche	4,3	14,5	18,8	36,2
	Messen und Ausstellungen	26,9	23,1	26,9	-
	Mitteilungen von Kammern	5,7	17,1	48,6	8,6
	Mitteilungen von Fachverbänden	13,3	26,7	33,3	33,3
	Amtliche Statistiken	3,4	22,o	3o,5	2o,3
	Informationsschriften staatlicher Organe	-	14,9	27,6	41,4
	Veröffentlichungen wissenschaftlicher Institute	3,3	17,4	23,9	39,1
	Mitteilungen von Förderungsinstitutionen	2,2	13,3	16,7	47,8
	Fachzeitschriften	28,6	57,1	28,6	28,6
	Tages- und Wirtschaftspresse	18,2	54,5	54,5	-

1) Prozentuierungsbasis ist die Anzahl der Betriebe, die bei der Frage nach der Nutzung der Informationsquellen (vgl. dazu Frage 14 des im Anhang beigefügten Fragebogens) "selten" oder "gar nicht" angegeben haben.

2) Mehrfachnennungen möglich

Auch betriebsinterne Statistiken werden wenig für absatzorientierte Zwecke erstellt. 55,6 % der Betriebe, die von einer Nutzung absehen, geben ebenfalls den großen Zeitaufwand als Hauptgrund für die mangelnde Nutzung an.

Von den Betrieben, die über ein innerbetriebliches Vorschlagswesen nicht verfügen oder es für die Absatzführung nicht nutzen, wird als häufigste Ursache die mangelnde Eignung dieser Quelle genannt (43,0 %).

Von den Betrieben, die auf eine Aufbereitung der verschiedenen Kommunikationsunterlagen (z.B. eingegangene Anfragen, Abnehmerreklamationen) verzichten, geben 48,6 % an, daß ihnen die Kenntnis fehlt, diese Quelle für Absatzzwecke zu nutzen.

Betrachtet man die Ergebnisse bei den außerbetrieblichen Informationsquellen, so scheint es, daß viele Quellen bei den mittelständischen Betrieben noch unbekannt sind. Die Ursache "fehlende Kenntnis über Quellen" weist bei verschiedenen Quellen den jeweils höchsten Häufigkeitswert aus: Sekundärmaterial von Marktforschungsinstituten (30,2 %), Informationsdienste (35,2 %), Betriebsvergleiche (36,2 %), Mitteilungen von Fachverbänden (33,3 %), Informationsschriften staatlicher Organe (41,4 %), Veröffentlichungen wissenschaftlicher Institute (39,1 %), Mitteilungen von Förderungsinstitutionen (47,8 %).

Die Hauptursache, diese Informationsquellen nicht zu nutzen, sehen die Betriebe sehr häufig auch in der mangelnden Eignung für die Absatzführung: so zum Beispiel beim Erfahrungsaustausch (35,7 %), bei den Kreditinstituten (35,3 %), bei den Mitteilungen der Kammern (48,6 %), bei den amtlichen Statistiken (30,5 %) sowie bei der Tages- und Wirtschaftspresse (54,5 %).

Mehr als die Hälfte (57,1 %) der Betriebe, die keine Fachzeitschriften auswerten, hält die Informationsbeschaffung aus dieser Informationsquelle für zu zeitaufwendig.

Der Kostenfaktor im Zusammenhang mit der sekundärstatistischen Informationsbeschaffung wird von den Betrieben bei der Inanspruchnahme von privaten Beratern (40,3 %) sowie bei den Messen und Ausstellungen (26,9 %) als sehr bedeutend empfunden.

b) Sekundärquellen und die Möglichkeiten ihrer Nutzung für die langfristige Absatzführung mittelständischer Betriebe der Konsumgüterindustrie

Wie die Ergebnisse insgesamt zeigen, wird deutlich, daß es in den mittelständischen Betrieben vielfach an Kenntnissen über das Vorhandensein verschiedener Sekundärquellen fehlt. Es ist daher notwendig, diese Betriebe verstärkt über das Angebot an bereits vorhandenem Informationsmaterial zu informieren. Ferner besteht bei den befragten Klein- und Mittelbetrieben ein Informationsdefizit hinsichtlich der Aufbereitungs- und Nutzungsmöglichkeiten von innerbetrieblichen und außerbetrieblichen Quellen für absatzwirtschaftliche Probleme, so daß auch Verbesserungen bezüglich dieses Aspektes vorgenommen werden sollten.

Wegen der Vielzahl der Sekundärquellen ist es im Rahmen der vorliegenden Arbeit nicht möglich, sie vollständig zu erfassen und sie einzeln einer vertiefenden Betrachtung zu unterziehen. Der Zielsetzung entsprechend erscheint es vielmehr als sinnvoll, die Quellen im System aufzuzeigen sowie einen Überblick über die dort vorhandenen und für die langfristige Absatzführung nutzbaren Informationsarten zu geben (siehe Übersicht 21, S. 147)[1].

ba) Innerbetriebliche Sekundärquellen

- *Das Rechnungswesen als innerbetriebliche Sekundärquelle*

Dem Rechnungswesen muß als Informationsquelle in der Rangfolge der Instrumente erfolgreicher Betriebsführung ein oberster

1) Aus darstellungstechnischen Gründen können die Informationsarten nur in aggregierter Form aufgeführt werden. Einzelinformationen finden sich bei den Ausführungen zum Informationsbedarf (Kap. III.D., S. 94 ff).

Ausgewählte

mittelständ

	Inform
inner-betriebliche	
außerbetriebliche	Statis Bundes Landes
	Staatl Stelle
	Kammer Verbän
	wissensc gemeinnü Institut
	Marktfors Verlage/A
	Press
	Markt Konku
	Sonstige tionshil

Platz zugeteilt werden.[1] Diese Stellung läßt sich u.a. durch die vielfältigen Informationsaufgaben begründen, die das Rechnungswesen erfüllen kann.[2] "Das Rechnungswesen dient dem Nachweis des Erreichten (...), der Kontrolle der Betriebsgebarung (...) und der Erstellung von Unterlagen für zukünftige Dispositionen (...)"[3]. Welchen Beitrag nun das Rechnungswesen in mittelständischen Konsumgüterbetrieben zur Deckung des Informationsbedarfs für langfristige Absatzentscheidungen leisten kann, soll im folgenden kurz umrissen werden.

Einen Teil des Rechnungswesens stellt die Finanzbuchhaltung dar. Sie wird definiert "als eine primär extern orientierte, nachher ermittelnde Periodenrechnung und findet ihren Abschluß in der Gewinn- und Verlustrechnung und Bilanz..."[4] Sie erfaßt insbesondere die Geschäftsvorfälle zwischen der Unternehmung und der Außenwelt.

Aufgrund der Zwecksetzung (beispielsweise Rechenschaftslegung gegenüber Kapitalgebern, Feststellung der Besteuerungsgrundlagen) lassen sich aus diesem Teil des Rechnungswesens nur sehr begrenzt Informationen für die langfristige Absatzführung ableiten. Im wesentlichen gibt die Finanzbuchhaltung einen Überblick über die wirtschaftliche Geschäftsführung der vergangenen Periode und liefert erste Aussagen über den Umsatz, den Wareneingang, Lagerbestand sowie den Bruttogewinn des Betriebes insgesamt. Von den einzelnen Werten können aber bereits Anstöße für langfristige Überlegungen ausgehen. So können der Umfang der Außenstände oder die Zahlungsgepflogenheit der Kunden Anlaß geben, die Frage der Abnehmerselektion zu diskutieren; ferner kann durch konditionspolitische Maßnahmen eine Vorverlagerung von Zahlungsmittelzuflüssen versucht werden.[5]

---

1) Vgl. Willi H. Noack: Rechenhafte Betriebsführung im Einzelhandel. Ergebnisse einer empirischen Untersuchung, Nr. 41 der Schriften zur Handelsforschung, Köln und Opladen 1969, S. 18

2) Vgl. Knut Bleicher: Organisation des Rechnungswesens, in: Handwörterbuch des Rechnungswesens, hrsg.v. E. Kosiol, Stuttgart 1970, Sp. 1293 (im folgenden zitiert als: Knut Bleicher: Organisation des Rechnungswesens)

3) Fritz Klein-Blenkers: Ansatzstellen, S. 53

4) Knut Bleicher: Organisation des Rechnungswesens, Sp. 1301

5) Vgl. Richard Köhler: Nutzen Sie Ihr Rechnungswesen, Teil I:

Besonderen Wert besitzt die Finanzbuchhaltung dahingehend, daß ihre laufenden Aufzeichnungen (z.B. im Kassenbuch, in der Debitorenbuchhaltung, bei den Lohn- und Gehaltskonten, bei den Sachkonten) die Voraussetzung bilden für die Gestaltung und Nutzbarkeit der anderen Zweige des Rechnungswesens (Kosten- und Leistungsrechnung, Statistiken). Beispielsweise ist es notwendig, die Umsätze nach Produkten (Produktgruppen), Kunden (Kundengruppen), Regionen oder Außendienstbezirken getrennt aufzuführen oder auch die vorhin angesprochenen Zahlungseingänge nach Kunden und Außendienstbezirken zu gliedern.

Für die Versorgung einer erfolgsorientierten Absatzführung mit Informationen aus dem Betrieb steht die Kosten- und Leistungsrechnung, insbesondere die daraus entwickelte Absatzkosten- bzw. Absatzerfolgsrechnung im Mittelpunkt.[1] "Die Kosten- und Leistungsrechnung erfaßt im besonderen die Geschäftsvorfälle innerhalb der Unternehmung, die der Umwandlung von Produktionsfaktoren in betriebliche Leistungen dienen"[2]. Dieser Zweig des Rechnungswesens kann im Gegensatz zur Finanzbuchhaltung in hohem Maße betriebsindividuell gestaltet werden, da keine Rücksicht auf gesetzliche Regelungen, Satzungen usw. genommen werden braucht.

Wie im Gesamtbereich der Kostenrechnung üblich, erfolgt auch in der Absatzkostenrechnung die Verrechnung der Kosten zunächst nach Kostenarten, dann nach Kostenstellen und schließlich nach Kostenträgern.[3] Aufgabe und Bedeutung der Kostenartenrechnung liegt darin, die absatzwirtschaftlichen Gesamtkosten nach einzelnen Kostenarten zu ordnen und sie durch interne Vergleiche oder durch Vergleiche mit den Kosten anderer Betriebe (im Rahmen des Betriebsvergleichs) zu kontrollieren. Trotz des verhältnismäßig geringen Aussagewertes dieser Rechnung ist die Durchführung notwendig, da auf ihre Ergebnisse die weiteren Rechnungen aufbauen. Für mittelständi-

---

1) Vgl. Johannes Bidlingmaier: Marketing 1, S. 73 f

2) Wolfgang Kilger: Grenzplankosten- und Deckungsbeitragsrechnung im Klein- und Mittelbetrieb, in: Rationalisierung, 31. Jg., Heft 2, Februar 1980, S. 41

3) Vgl. Bartho Treis: Die Ausgestaltung der Vertriebskostenrechnung, in: Erfolgskontrolle im Marketing, Schriften zum Marketing, Bd. 1, hrsg. v. F.Böcker und E. Dichtl, Berlin 1975, S. 25 ff

sche Betriebe liegt in ihr ein zusätzlicher Vorteil aufgrund der Einfachheit ihrer Anwendung.

Die so ermittelten Kostenarten werden bei der Kosten<u>stellen</u>rechnung den Funktionsstellen im Absatzbereich (Akquisition, Verkaufsabwicklung, Absatzleitung) zugerechnet[1]. Zu dem ohnehin besonders problematischen Vorgang der Bildung von Kostenstellen im Absatzbereich[2] tritt in mittelständischen Betrieben noch erschwerend hinzu, daß häufig keine klaren Organisationsstrukturen und Aufgabengebiete vorhanden sind. Dennoch lassen sich auch aus den Ergebnissen der Kostenstellenrechnung wertvolle Erkenntnisse für die langfristige Absatzführung ziehen. Beispielsweise kann infolge einer starken Kostenzunahme bei einzelnen Absatzkostenstellen (z.B. im Transportbereich, im Außendienst) die Möglichkeit der Ausgliederung oder Kooperation in Erwägung gezogen werden.

Sehr große Bedeutung als Informationsquelle für absatzpolitische Entscheidungen kommt der Kosten<u>träger</u>rechnung zu, "denn erst sie gestattet es, durch Gegenüberstellung des auf die Kostenträger verwandten Mitteleinsatzes und der am Markt erzielten Umsatzerlöse eine Aussage über den Erfolg der Absatzbemühungen zu machen"[3]. Kostenträger können einzelne Produkte oder Produktgruppen sein und - um eine möglichst differenzierte Erfolgsanalyse zu erreichen - spezifische Kostenträgergruppen (Absatzsegmente) wie z.B. Auftragsgrößenklassen, Kundengruppen, Absatzbezirke, Absatzmethoden[4]. Bei entsprechender Aufgliederung der Kosten und Erlöse können Segmentrechnungen insbesondere für langfristige Entscheidungen wichtige Informationen liefern, so zum Beispiel für Entscheidungen bezüglich Eliminierung, Hinzunahme oder Beibehaltung von Absatzsegmenten.

---

1) Vgl. Johannes Bidlingmaier: Marketing 1, S. 73

2) Vgl. Karl Alewell: Absatzkalkulation, in: Handwörterbuch des Rechnungswesens, hrsg. v. E. Kosiol, Stuttgart 1970, S. 5

3) Klaus-Peter Fischer: Industrielle Vertriebskostenrechnung, Stuttgart 1963, S. 18

4) Vgl. Manfred Geist: Selektive Absatzpolitik auf der Grundlage der Absatzsegmentrechnung, 2. Aufl., Stuttgart 1974, S. 64

Die oben genannten Rechnungsarten sind zwar wirtschaftlich wenig aufwendig, jedoch sollte sich die Betriebsführung der begrenzten Aussagefähigkeit und der damit zusammenhängenden Gefahren dieser Führungsinstrumente bewußt sein.[1] Zweckmäßig wäre es, Istkosten- und Istleistungsrechnung durch Plankosten- und Planleistungsrechnungen bzw. die Vollkostenrechnung durch Teilkostenrechnungen zu ergänzen. Verfahren dieser Art sind, wenn auch nur in vereinfachter Form, in mittelständischen Industriebetrieben ebenfalls erfolgreich einsetzbar.[2] Besonders zu erwähnen sind das Konzept der Deckungsbeitragsrechnung[3] sowie die Budgetierung von Umsätzen, Kosten und Erfolgen.

Als Ergebnis ist festzuhalten, daß das Rechnungswesen eine sehr gut nutzbare Informationsquelle für die langfristige Absatzführung sein kann. Die gewonnenen Informationen tragen wesentlich dazu bei, das Absatzgeschehen zu kontrollieren, und dienen als Ausgangsbasis für die Planung.[4] Einblicke in mittelständische Industriebetriebe zeigen jedoch, daß die Bedeutung des Rechnungswesens von weiten Teilen der Praxis noch nicht erkannt wird. Die Gestaltung ist in erster Linie an den steuerlichen Bedürfnissen orientiert.[5] Durch den Verzicht auf ein aussagefähiges Rechnungswesen setzen sich diese Betriebe der Gefahr aus, ihre Leistungs- und Wettbewerbsfähigkeit - zumin-

---

1) Vgl. Josef Klook, Günter Sieben, Thomas Schildbach: Kosten- und Leistungsrechnung, Tübingen-Düsseldorf 1976, S. 152 ff und 172 f

2) Vgl. Wolfgang Kilger: Grenzplankosten- und Deckungsbeitragsrechnung im Klein- und Mittelbetrieb (II), in: Rationalisierung, 31. Jg., Heft 3/4, März/April 1980, S. 82 ff

3) Als Deckungsbeitrag wird die Differenz zwischen dem Umsatz eines Produktes und jenen Kosten, die diesem Produkt direkt zugerechnet werden können, bezeichnet. Er gibt an, in welchem Umfang ein Produkt zur Deckung der Fixkosten und darüber hinaus zur Gewinnerzielung beiträgt. Vgl. Manfred N. Geist: Die Analyse des Absatzgeschehens als Voraussetzung einer erfolgreichen Absatzpolitik, in: Betriebswirtschaft und Marktpolitik, Festschrift für Rudolf Seyffert zum 75. Geburtstag, hrsg. v. E. Sundhoff und E. Kosiol, Köln und Opladen 1968, S. 164

4) Siehe dazu auch die Ausführungen über die Informationsverarbeitung, Kap. IV.B.2., S. 169 ff

5) Vgl. Anton Heigl: Controlling im Mittelbetrieb, in: Zeitschrift für Organisation, 50. Jg., Heft 8/1981, S. 427 (im folgenden zitiert als: Anton Heigl: Controlling)

dest langfristig gesehen - zu verlieren.[1] Trotz zunehmend höherer finanzieller, personeller und organisatorischer Anforderungen an die Betriebe ist der Ausbau des Rechnungswesens somit unverzichtbar und im Rahmen der gegebenen Restriktionen auch möglich. Hier liegt auch ein wesentliches Einsatzgebiet für die elektronische Datenverarbeitung.[2]

- *Innerbetriebliche Statistiken als Sekundärquellen*

Informationen sind ferner aus den innerbetrieblichen Statistiken zu beschaffen. Die im Rahmen der Absatzdurchführung anfallenden Informationen können beispielsweise zu folgenden Statistiken aufbereitet werden:[3]

- Anfragen- und Angebotsstatistiken
- Statistiken über die Außendiensttätigkeit
- Auftragseingangs- und Auftragsbestandsstatistiken
- Umsatzstatistiken
- Reklamationsstatistiken.

Der Nutzen für die langfristige Absatzführung liegt zum einen darin, daß sich verschiedene Kennziffern erstellen lassen, die für die Konzeption der zukünftigen Absatzpolitik wichtige Erkenntnisse vermitteln können (z.B. Analyse des Umsatzes nach Produkten, Verkaufsgebieten, Kunden; Verhältnis Kundenbesuche und Bestellungen). Zum anderen besteht die Möglichkeit, Zeitvergleiche anzustellen, deren Ergebnisse unter Umständen wesentliche Marktveränderungen erkennen lassen.

Diese Informationsquelle eignet sich für mittelständische Industriebetriebe sehr, da die Gestaltung verhältnismäßig problemlos ist und der individuelle Informationsbedarf besonders berücksichtigt werden kann.

---

1) Vgl. dazu die Ausführungen zum Zusammenhang zwischen der Informationsbeschaffung aus dem Rechnungswesen und die vermutete Auswirkung auf die Umsatz- und Gewinnentwicklung, S. 50

2) Vgl. dazu die Ausführungen in Kap. V.A., S. 177 ff

3) Vgl. Battelle-Institut e.V.: Probleme und Methoden des Marketing in der Produktions- und Investitionsgüterindustrie, Frankfurt/M. 1967, Band 3, Abschnitt 3, S. 3 ff

- *Der Außendienst als innerbetriebliche Sekundärquelle*

Der Außendienst stellt das Bindeglied zwischen dem absetzenden Betrieb und dem Markt dar. Zur Erfüllung seiner Hauptaufgaben (Kontaktanbahnung und -pflege, Vertragsschließung) gibt er einerseits Informationen an seine Kunden ab, empfängt gleichzeitig aber auch Informationen aus dem Markt. Besonders für mittelständische Betriebe der Konsumgüterindustrie besitzt der Außendienst als Informationsquelle große Bedeutung[1]; und zwar aus folgenden Gründen:[2]

(1) Außendienstmitarbeiter stehen in ständigem und direktem Kundenkontakt; häufig besteht zwischen ihnen und ihrem Kundenkreis ein enges Vertrauensverhältnis.
(2) Aufgrund dessen und durch den Kontakt zu Mitarbeitern anderer Betriebe können sie Informationen beschaffen (beispielsweise über bestimmte Kundenwünsche oder Konkurrenzmaßnahmen), die anderweitig gar nicht oder nur schwer erhältlich sind.
(3) Außendienstinformationen besitzen oft "Frühwarncharakter", da sie bereits frühzeitig Entwicklungen und Veränderungen im Markt anzeigen können.
(4) Außendienstinformationen verursachen relativ nur geringe Kosten, da sie als Nebenprodukt der persönlichen Akquisition anfallen.

Die Informationsarten, die der Außendienst bereitstellen kann, gehen über die Informationen, die im Rahmen seiner eigentlichen Verkaufstätigkeit anfallen (z.B. Umsätze, Kontakte, Kosten), hinaus. Diese sind Bestandteil der Außendienststatistik (siehe S. 152). Bedeutung für die langfristige Absatzführung besitzen seine Kenntnisse beispielsweise über Wünsche und Urteile der Handelsbetriebe und Endabnehmer, über Leistungen und möglicherweise geplante Maßnahmen der Konkurrenz, über generelle Änderungen der örtlichen Marktsituation.

---

1) Vgl. dazu die Ausführungen zum Zusammenhang zwischen der Informationsbeschaffung durch den Außendienst und die vermutete Auswirkung auf die Umsatz- und Gewinnentwicklung, S. 50

2) Vgl. Klaus Heinzelbecker: Partielle Marketing-Informationssysteme, S. 92

Vorbehalte, den Außendienst für die Informationsbeschaffung zu nutzen, können im wesentlichen darin bestehen, daß die Informationsaufgabe eine zusätzliche Arbeitsbelastung darstellt und daß die Informationen mangelnde Zuverlässigkeit und Objektivität besitzen. Diese Schwierigkeiten lassen sich jedoch durch finanzielle Anreize, organisatorische Maßnahmen (regelmäßige Gespräche mit der Unternehmensführung, Berichtsformulare, Schulung) und durch Überprüfung der Informationen anhand anderer Informationsquellen teilweise ausräumen. Entscheidend ist, daß den Außendienstpersonen die Notwendigkeit bewußt ist, wichtige Informationen an ihren Betrieb zu leiten.

Die Nutzung des Außendienstes als Informationsquelle darf sich nicht nur auf den Kreis der betriebseigenen Reisenden erstrecken. In mittelständischen Konsumgüterbetrieben werden auch Außendiensttätigkeiten durch Handelsvertretungen und durch Personen der Betriebsführung selbst wahrgenommen. Auch mit Handelsvertretern läßt sich eine wirkungsvolle Informationsbeschaffung erreichen, wobei als ein zusätzlicher Vorteil die Kenntnis der Situation für mehrere vertretene Betriebe hinzukommt.[1)] Bezüglich der Informationsbeschaffung durch Führungspersonen ist es wichtig, daß sie die Erkenntnisse, die sie für die Erfüllung eigener Führungsaufgaben gewonnen haben, mit ihren Mitarbeitern diskutieren und für den Zweck einer späteren Verwendung schriftlich fixieren.

Ferner liefern die Außendienstmitarbeiter nicht nur Informationen, die sie mehr oder weniger zufällig erhalten. Sie können auch zur Erkundung bestimmter Sachverhalte (Primärforschung) eingesetzt werden.

- *Sonstige innerbetriebliche Sekundärquellen*

Weiteres Informationspotential, das für langfristige Entscheidungen genutzt werden kann, ist bei den im Betrieb tätigen Personen und in den Kommunikationsunterlagen von den Marktpartnern vorhanden. Die Erfahrung und Kreativität seiner Mitarbeiter kann für den mittelständischen Unternehmer wertvolle

---

1) Vgl. Heinz Voss: Marktforschung und Handelsvertretungen, in: Marktforschung, Heft 4, 1982, S. 102 ff

Hilfe sein, um Probleme zu erkennen und zu lösen. Um Anregungen zu gewinnen, empfiehlt es sich, regelmäßige Konferenzen abzuhalten und ein dem organisatorischen Rahmen angepaßtes Vorschlagswesen einzurichten.[1)] Voraussetzung ist, daß ein kooperatives Führungsverhalten vorliegt.[2)]

Ferner können Informationen auch durch Auswertung des Schriftverkehrs (eingegangene Kundenanfragen, Reklamationen usw.) gewonnen werden. Auch hieraus lassen sich Ansatzpunkte für langfristige Überlegungen entnehmen, beispielsweise für die Verbesserung der angebotenen Produkte, für die Selektion der Absatzkanäle.[3)]

bb) Außerbetriebliche Sekundärquellen

Wie der dargestellte Ausschnitt (Übersicht 21, S. 141) des - außerhalb der Betriebe - liegenden Informationsangebotes erkennen läßt, so ist dieses im Gesamt gesehen breit gefächert.[4)] Das gilt sowohl für die Informationsanbieter (Informationsquellen) als auch für die angebotenen Informationsarten. Eine Verbesserung der Nutzung des Sekundärmaterials für den Zweck langfristiger Absatzentscheidungen ist folglich kaum durch eine weitere Ausdehnung zu bewirken. Vielmehr ist es notwendig, daß die verschiedenen Informationsanbieter (z.B. statistische Ämter, staatliche Stellen, Verbände und Kammern, Förderungsinstitutionen) den Inhalt ihrer Veröffentlichungen stärker an den besonderen Bedingungen und am besonderen In-

---

1) Vgl. Norbert Thom: Vorschlagswesen, betriebliches, in: Handwörterbuch der Produktionswirtschaft, hrsg.v. W. Kern, Stuttgart 1979, Sp. 2223

2) Vgl. Emil Leihner: Motivation der Mitarbeiter als Unternehmeraufgabe, in: Mitteilungen des Instituts für Handelsforschung an der Universität zu Köln, 35. Jg., Nr. 9, 1983, S. 131

3) Vgl. Manfred Bruhn: Konsumentenzufriedenheit als Frühwarnsystem des Marketing, in: Jahrbuch des Marketing, Ausgabe 1982/83, hrsg. v. K.M. Schöttle, Essen 1982, S. 180 ff

4) Battelle-Institut e.V.: Probleme und Methoden des Marketing in der Produktions- und Investitionsgüterindustrie, Frankfurt/M. 1967, Band 4, S. 148 ff; Peter Mertens: Betriebliche Dokumentation, Meisenheim am Glan 1965, S. 9 ff; Klaus Wieland: Der Informationsbedarf und Möglichkeiten zu seiner Deckung beim Vertrieb elektronischer Serienerzeugnisse, Diss. Mannheim 1971, S. 127 ff

formationsbedarf mittelständischer Industriebetriebe orientieren. Um eine bessere Annahme des Informationsmaterials zu erreichen, gehört es, daß die Informationen auf einen bestimmten Zweck (beispielsweise Hinweise für die langfristige Absatzplanung) bezogen sind und daß sie branchenspezifisch ausgerichtet sind.

Wie bereits erwähnt, zählen zu den besonderen Bedingungen mittelständischer Betriebe u.a. die starke Belastung der Unternehmer mit dem Tagesgeschäft sowie das Fehlen qualitativen Personals. Um diesen Umständen auch bei der Verbesserung des Sekundärmaterials Rechnung zu tragen, ist es notwendig, dessen Übersichtlichkeit und Verständlichkeit zu erhöhen. Dies kann erreicht werden durch klare Formulierungen, durch graphische Darstellungen und durch praxisnahe Beispiele. Einen - im Sinne der Nutzer der Informationen - besonders hohen Wert erhalten Aussagen, die mit konkreten Anwendungsvorschlägen verbunden sind.

Da die Angabe direkter Handlungsalternativen nur in sehr beschränktem Maße möglich ist, ist es für eine Verbesserung des Praxisbezuges des Sekundärmaterials ebenso wichtig, den mittelständischen Industriebetrieben Hilfestellungen für den Umgang mit diesen Informationen zu geben. Zu denken wäre in diesem Zusammenhang an eine gezielte Beratung und Schulung durch die Informationsanbieter selbst.

Neben diesen Verbesserungsmaßnahmen, die am Inhalt des Informationsmaterials ansetzen, kommt es ferner darauf an, die mittelständischen Industriebetriebe verstärkt über das vorhandene Informationspotential und die Zugangsmöglichkeiten und -voraussetzungen in Kenntnis zu setzen. Einen Beitrag dazu könnten beispielsweise die Kammern und Verbände mit ihrem Außendienst und auf ihren Veranstaltungen leisten.[1)] Aber auch durch Veröffentlichungen in Fachzeitschriften oder durch Broschüren können die verschiedenen Informationsquellen und die dort zur Verfügung stehenden Informationen der mittelständi-

1) Vgl. Fritz Klein-Blenkers u.a.: Zur Verbesserung des Informationsstandes, S. 222

schen Praxis nähergebracht werden.[1]

Für privatwirtschaftliche Institutionen (z.B. Marktforschungsinstitute, Berater) ergibt sich die Notwendigkeit, Zugangshemmnisse abzubauen. Diese sind überwiegend dadurch entstanden, daß die mittelständischen Betriebe vor - nach ihrer Ansicht - zu hohen Beratungskosten zurückschrecken. Hier wäre die Möglichkeit gegeben, auf vorhandenes Sekundärmaterial, auf Nutzung und Preise aufmerksam zu machen.

Verbesserungen auf der Seite der Informationsanbieter allein genügen aber nicht, um die Nutzung sekundärstatistischer Marktinformationen in mittelständischen Betrieben der Konsumgüterindustrie effizienter zu machen. Letztendlich liegt es im Verhalten und in der Fähigkeit des mittelständischen Unternehmers, die Sekundärquellen als wesentliche Hilfsmittel anzuerkennen, für bestimmte Entscheidungen entsprechende Quellen auszuwählen, daraus relevante Informationen als solche zu interpretieren und durch Kombination der verschiedenen Informationen Entscheidungsgrundlagen zu schaffen. Wie an anderen Stellen bereits angesprochen, so muß auch hier wieder die Forderung nach einer Erhöhung des Informationsbewußtseins der Unternehmer erhoben werden. Dadurch wird es für sie zugleich möglich, auch die Informationsbereitschaft der Mitarbeiter anzuregen, wichtige Sekundärquellen zu erschließen.

2. Informationsbeschaffung durch Primärerhebungen

Obwohl innerhalb und außerhalb der kleinen und mittleren Betriebe ein sehr umfangreiches und vielfältiges Spektrum an sekundärstatistischen Informationsquellen vorhanden ist, wird es auch Betrieben dieser Größenordnung kaum möglich sein, den Informationsbedarf allein durch Sekundärerhebungen zu decken. Mangelnde Aktualität und Individualität, unzureichende Sicher-

---

1) Vgl. Fritz Klein-Blenkers u.a.: Zur Verbesserung des Informationsstandes, S. 224

heit und eine - bei bestimmten Problemstellungen - nicht ausreichende Qualität beim vorhandenen sekundären Informationsmaterial lassen Informationslücken weiter bestehen.[1] Besonders bei den langfristigen Entscheidungen im Absatzbereich ist es daher vielfach unumgänglich, verschiedentlich Primärforschung im Absatzmarkt zu betreiben. Denn einerseits wächst die Entscheidungsunsicherheit mit der Zeit und andererseits ist wegen der Tragweite dieser Entscheidungen eine besonders fundierte Informationsbasis erforderlich.

Bevor Möglichkeiten für mittelständische Konsumgüterbetriebe aufgezeigt werden, sich auch auf primärstatistischem Wege Marktinformationen zu beschaffen, soll zunächst ein Einblick in die Praxis genommen werden.

Das Gesamtergebnis aus der <u>Tabelle 23</u> (S. 159) macht deutlich, daß mehr als drei Viertel (77,6 %) aller Betriebe bisher weder eine Primärerhebung selbst durchgeführt haben, noch ein Marktforschungsinstitut damit beauftragt haben.

Sehr gut sind betriebsgrößenabhängige Unterschiede zu erkennen. Mit der Zunahme der Betriebsgröße korreliert erwartungsgemäß eine steigende primärstatistische Marktforschungstätigkeit. Während nur sehr wenige Kleinbetriebe (bis 19 Beschäftigte) Primärforschungen durchführen (10,0 %), geschieht dies bei zwei Dritteln (66,7 %) aller in die Untersuchung einbezogenen Großbetriebe (500 und mehr Beschäftigte). Dies mag in erster Linie darauf zurückzuführen sein, daß die Kleinbetriebe kostenintensive Primärforschung aus finanziellen Gründen nicht durchführen können. Andererseits ist zu vermuten, daß bei den Großbetrieben eine größere Notwendigkeit besteht, bei der Lösung absatzpolitischer Probleme primärstatistisch gewonnene Informationen heranzuziehen.

Für welche Zwecke die befragten mittelständischen Betriebe der Konsumgüterindustrie Primärerhebungen durchgeführt haben, geht aus <u>Tabelle 24</u> (S. 160) hervor. Bemerkenswert erscheint dabei

---

1) Vgl. die Grenzen der Sekundärforschung bei Ludwig Berekoven, Werner Eckert, Peter Ellenrieder: Marktforschung, S. 46 f

Tabelle 23: Die Informationsbeschaffung durch Primärerhebungen in den untersuchten Betrieben der Konsumgüterindustrie, gegliedert nach Beschäftigtengrößenklassen
- Angaben in Prozent -
(n = 152)

Eigene Durchführung von Primärerhebungen bzw. Auftragsvergabe an Marktforschungsinstitute	Beschäftigtengrößenklassen					Betriebe insgesamt
	Bis 19	2o - 49	5o - 199	2oo - 499	5oo und mehr	
Ja	1o,o	17,1	16,4	3o,o	66,7	21,1
Nein	9o,o	8o,o	83,6	65,o	33,3	77,6
Keine Angabe	-	2,9	-	5,o	-	1,3
Insgesamt	1oo,o	1oo,o	1oo,o	1oo,o	1oo,o	1oo,o

die geringe Anzahl der Nennungen, die verschiedene Ursachen haben kann: Das vorhandene Sekundärmaterial wird als ausreichend erachtet; man glaubt, die Untersuchungsbereiche gut genug zu kennen; die Notwendigkeit zu Primäranalysen wird von den Betrieben nicht erkannt. Insgesamt werden im Durchschnitt nur zwei Zwecke (225,1 %) pro Betrieb genannt, für die Primärinformationen beschafft werden.

Tabelle 24: Anwendungszwecke der Primärerhebungen in den untersuchten Betrieben der Konsumgüterindustrie
- Angaben in Prozent -[1]
(n = 32)[2]

Durchführung der Primärerhebungen für...	Anzahl der Nennungen
Abnehmeranalysen	62,5
Absatzmittleranalysen	31,3
Konkurrenzanalysen	59,4
Analysen über Wirkungen absatzpolitischer Maßnahmen	56,3
Sonstige Analysen	15,6
Anzahl der Nennungen in Prozent der Betriebe	225,1

1) Mehrfachnennungen möglich

2) 32 der insgesamt 152 untersuchten Betriebe führten Primärerhebungen durch (vgl. Tabelle 23).

Diejenigen Betriebe, die sich mit der Primärforschung beschäftigen, wollen in erster Linie etwas über die Abnehmer ihrer Konsumgüter in Erfahrung bringen (62,5 %). Auch die Konkurrenz (59,4 %) und die Wirkung absatzpolitischer Maßnahmen (56,3 %)

werden von der Mehrzahl der Betriebe, die Primärforschung betreiben, erkundet.

Von weitaus weniger großer Bedeutung scheinen die Absatzmittler (Handelsbetriebe) zu sein, da lediglich 31,3 % der in die Analyse einbezogenen Betriebe diesen Anwendungsbereich angeben.

Die insgesamt gesehen äußerst geringe Anwendung der Primärerhebung wird von mittelständischen Industriebetrieben mit der hohen finanziellen Belastung und mit dem Fehlen von qualifiziertem Personal begründet.[1)] Beide Argumente lassen sich jedoch dahingehend widerlegen, daß durchaus primärstatistische Verfahren eingesetzt werden können, die den finanziellen, personellen und organisatorischen Bedingungen mittelständischer Betriebe gerecht werden. Das Kostenargument verliert zusätzlich noch an Bedeutung, da spezielle Erhebungen im Markt nur für zentrale Fragen der langfristigen Absatzpolitik durchgeführt werden sollten. Ihr Einsatz ist somit "nur relativ selten notwendig und damit auch kostenmäßig tragbar".[2)]

Ferner ist der Einsatz primärer Erhebungen nicht nur unter Kostenaspekten zu betrachten, auch die Erfolgswirksamkeit spielt eine wesentliche Rolle. Daß gerade zwischen der Informationsbeschaffung durch primärstatistische Markterhebungen und der Umsatz- und Gewinnentwicklung positive Zusammenhänge vermutet werden können, zeigten die Ergebnisse der Tabelle 10 (S. 54).

Informationen können auf primärstatistischem Wege vom Betrieb selbst (allein oder in Kooperation mit anderen Betrieben[3)]) und/oder durch beauftragte Distributionshilfsbetriebe (z.B. Marktforschungsinstitute,Werbeagenturen, Unternehmensberater)

---

1) Die Argumente wurden bei den persönlichen Gesprächen vorgebracht; siehe aber auch Ernst Gerth: Voraussetzungen, Möglichkeiten und Grenzen der Marktforschung, S. 99 ff

2) Fritz Klein-Blenkers: Ein tüchtiger Unternehmer, S. 37

3) Die kooperative Marktforschung wird in Kapitel V.C., S.187 ff gemeinsam mit anderen Kooperationsmöglichkeiten im Bereich der Informationsversorgung behandelt.

beschafft werden. Als Erhebungsmethoden werden unterschieden:

(1) die Beobachtung ("... zielgerichtete, planmäßige Erfassung von sinnlich wahrnehmbaren Sachverhalten ..."[1]),

(2) die Befragung ("... zielgerichtete Veranlassung von Personen, Aussagen über bestimmte (vom Fragesteller vorgegebene) Sachverhalte zu treffen ..."[2]).

(3) das Experiment (Beobachtung und Befragung unter "künstlichen" Bedingungen)[3].

Die grundsätzlichen Vor- und Nachteile dieser Methoden und die Möglichkeiten ihrer Anwendung durch mittelständische Betriebe der Konsumgüterindustrie werden in der folgenden Übersicht 22 (S. 163) dargestellt.

Bei der Betrachtung der verschiedenen Methoden darf nicht der Eindruck entstehen, daß es sich um Alternativen handelt, die sich im Rahmen ihrer praktischen Nutzung gegenseitig ausschließen. Durch kombinativen Einsatz lassen sich einerseits unterschiedliche Informationsarten beschaffen und andererseits kann der Aussagewert von Informationen kontrolliert werden.

B. Zur Informationsspeicherung und Informationsverarbeitung in mittelständischen Betrieben der Konsumgüterindustrie

Im vorangegangenen Kapitel wurde gezeigt, welche Möglichkeiten sich mittelständischen Betrieben der Konsumgüterindustrie zur Beschaffung von Informationen für ihre langfristige Absatzführung anbieten. Im folgenden wenden wir uns nun den weiteren "Aktionsphasen"[4] zur Deckung des Informationsbedarfs zu, näm-

1) Wilfried Becker: Beobachtungsverfahren in der demoskopischen Marktforschung, Stuttgart 1973, S. 6

2) Ludwig Berekoven, Werner Eckert, Peter Ellenrieder: Marktforschung, S. 50

3) Das Kriterium zur Abgrenzung des Experiments von anderen Methoden der Informationsgewinnung bildet nicht die Erhebungsart, sondern allein die Versuchsanordnung (Experimental Design), die der Datengewinnung zugrunde liegt." Robert Nieschlag, Erwin Dichtl, Hans Hörschgen: Marketing, S. 123

4) Vgl. Erich Kosiol: Die Unternehmung, S. 175

Übersicht 22

Methoden der Primärerhebung und ihre Anwendung in mittelständischen Betrieben der Konsumgüterindustrie

Methoden der Primärerhebung	Grundsätzliche Beurteilung der Methoden wesentliche Vorteile	 wesentliche Nachteile	Anwendungsmöglichkeiten in mittelständischen Betrieben der Konsumgüterindustrie	Beispiele von Informationsarten, die erhoben werden können
Beobachtung	- Auskunftsbereitschaft der Marktsubjekte nicht erforderlich - Beobachtete geben Auskünfte unbewußt	- nur Informationen über Gegenwartsfakten - keine Informationen über subjektive Sachverhalte (z.B. Meinungen, Einstellungen)	gut anwendbar; nur geringe Kosten; nicht zeitaufwendig; nicht personalaufwendig; durch eigenes Personal durchzuführen; Beobachtungsorte: in Handelsbetrieben, auf Messen und Ausstellungen	Einkaufsverhalten u. -gewohnheiten der Endabnehmer Ausstattung der Handelsbetriebe; Sortimentsstruktur; Kundenstruktur; Standortbesonderheiten; Konkurrenzmaßnahmen; Produktneuheiten; Substitutionsprodukte
Befragung	- Gewinnung subjektiver Fakten - Erhebung vergangenheits-, gegenwarts- und zukunftsbezogener Tatbestände	- Auskunftsbereitschaft der zu befragenden Personen muß vorliegen - Zuverlässigkeit der Informationen nicht exakt überprüfbar - im Verhältnis zur Beobachtung tend. kostenintensiver, zeitaufwendiger		
· direkte persönliche Befragung	- unbeschränkte Fragenthematik - in Kombination mit der Beobachtung durchführbar	- Feldorganisation (Interviewer) erforderlich - Interviewerkosten - Interviewereinfluß	anwendbar in Form einer systematischen Befragung im Rahmen der Geschäftstätigkeit (Handelsbetriebe, Lieferanten); Expertenbefragungen beispielsweise auf Tagungen; Befragungen von Endabnehmern, Handelsbetrieben, Konkurrenten auf Messen und Ausstellungen; Befragung bei Besichtigungen des eigenen Betriebes	allgemeine Marktentwicklungen; Absatzchancen von Produkten; Veränderungen bei den Gewohnheiten und Ansprüchen der Endabnehmer; Image; geplante Konkurrenzmaßnahmen
· indirekte persönliche (telefon.) Befragung	- kurzfristig durchführbar - geringe Kosten	- Fragenumfang und Fragethematik eingeschränkt	anwendbar im Rahmen des täglichen Geschäftsverkehrs; auch als Sonderbefragungen	
· schriftliche Befragung	- keine Feldorganisation erforderlich - keine Interviewerkosten - Gewährleistung der Anonymität	- geringe Rücklaufquote - Frageumfang eingeschränkt - unkontrollierte Befragungssituation - zeitaufwendig	anwendbar durch Anfragen in persönlich gehaltener Form bei Handelsbetrieben (als Totalerhebung, als Teilerhebung); Endabnehmerbefragungen (z.B. durch Auswahl aufs Geratewohl) in Verbindung mit Preisausschreiben oder Versand von Warenproben	Beurteilung neuer Produkte; Ansprüche an die eigenen Leistungen; Bedarfswünsche
Experiment	Beobachtung und Befragung unter mehr oder weniger künstlichen Bedingungen	Probleme in der Erzeugung "künstlicher Bedingungen"	anwendbar als "Laborexperiment" im Betrieb	Informationen über Produktgestaltung, Packungsgestaltung; Informationen über Wirkteile von Werbekündern

lich (1.) der Informationsspeicherung und (2.) der Informationsverarbeitung.[1]

1. Möglichkeiten der Informationsspeicherung

Nicht alle Informationen werden nach ihrer Beschaffung sofort verarbeitet bzw. genutzt. Denn die Verwendung von Informationen "geschieht im Wege des Vollzuges betrieblicher Führungstätigkeiten."[2] Ferner gibt es Informationen, die nach ihrer Nutzung auch für weitere Verwendungszwecke als relevant erscheinen.[3] In diesen Fällen ist eine Informationsspeicherung [4] nützlich, die - analog zur Lagerung von Realgütern - ebenfalls in den Formen der Vor-, Zwischen- und Nachspeicherung bestehen kann.

Der Stand der Informationsspeicherung in der mittelständischen Praxis läßt sich aus den Ergebnissen der empirischen Erhebung erkennen. Aus Tabelle 25 geht zunächst hervor, daß nur 43,4 % aller in die Untersuchung einbezogenen Betriebe eine Speicherung der absatzrelevanten Informationen vornehmen. Davon wählen 20,4 % die computerisierte Speicherungsform. 13,8 % legen die Absatzinformationen nach bestimmten Ordnungskriterien ab, während in durchschnittlich jeder zehnten Unternehmung (9,2 %) die Bestände nur ungeordnet aufbewahrt werden, so daß ein rascher Zugriff kaum möglich ist. Immerhin mehr als die Hälfte aller befragten Betriebe (56,6 %) gibt an, daß absatzrelevante Informationen überhaupt nicht gespeichert werden.

Geht man von der Gesamtbetrachtung der Informationsspeicherung auf die Aufgliederung der Ergebnisse nach Beschäftigtengrößenklassen über, so sind zusätzliche Aufschlüsse erkennbar.

---

1) Vgl. hierzu Übersicht 2 auf S. 13
2) Jürgen Berthel: Betriebliche Informationssysteme, Stuttgart 1975, S. 64
3) Informationen sind Wiedereinsatzgüter, die sich bei Verwendung in Entscheidungsprozessen nicht verbrauchen oder abnutzen. Vgl. Jürgen Wild: Kosten der Information, in: Betriebswirtschaftliche Forschung und Praxis, 25. Jg., 1973, S. 621
4) Vgl. Rolf Kramer: Information, S. 84 ff und S. 89 f

Tabelle 25: Die Informationsspeicherung in den untersuchten Betrieben der Konsumgüterindustrie, gegliedert nach Beschäftigtengrößenklassen
- Angaben in Prozent -
(n = 152)

Eine Speicherung der Informationen ...	Beschäftigtengrößenklassen					Betriebe insgesamt
	Bis 19	2o - 49	5o - 199	2oo - 499	5oo und mehr	
erfolgt und zwar in Form von	16,7	25,7	41,8	85,o	1oo,o	43,4
- Speicherung in einer EDV-Datei	-	-	27,3	4o,o	75,o	2o,4
- Ablage nach Ordnungskriterien	1o,o	8,6	5,5	4o,o	25,o	13,8
- ungeordneter Ablage	6,7	17,1	9,o	5,o	-	9,2
erfolgt nicht	83,3	74,3	58,2	15,o	-	56,6
Insgesamt	1oo,o	1oo,o	1oo,o	1oo,o	1oo,o	1oo,o

Sehr deutlich zeigt sich, daß mit steigender Betriebsgröße die Zahl der Betriebe, die ihre Informationen speichern, stark zunimmt. Während lediglich 16,7 % der Betriebe bis 19 Beschäftigte die hier angesprochene informationelle Aufgabe erfüllen, geschieht dies in 85,0 % der Unternehmen der Größenklasse 200 - 499 Beschäftigte und bei allen (100,0 %) befragten Großbetrieben (500 und mehr Beschäftigte).

Eine zunehmende Tendenz bei steigender Betriebsgröße findet sich auch bei der EDV-Speicherung. In keinem der befragten Kleinbetriebe (bis 19 und 20 - 49 Beschäftigte) war diese Speicherungsform - vermutlich aufgrund der bekannten innerbetrieblichen Bedingungen - im Erhebungszeitraum verwirklicht. Von den Mittelbetrieben, in denen Informationen gespeichert werden, wird das Aufbewahren in EDV-Dateien als Speicherungsart am häufigsten genannt (Betriebe mit 50 - 199 Beschäftigten: 27,3 %; Betriebe mit 200 - 499 Beschäftigten: 40,0 %). Das gleiche gilt für die Großbetriebe, bei denen drei Viertel (75,0 %) aller einbezogenen Unternehmen Informationen auf Speichermedien von EDV-Anlagen festhalten.

Die Analysewerte zeigen, daß in den befragten Betrieben der unteren Größenklassen die Informationsspeicherung sehr vernachlässigt wird (Betriebe bis 19 Beschäftigte: 83,3 %; Betriebe mit 20 - 49 Beschäftigten: 74,3 %; Betriebe mit 50 - 499 Beschäftigten: 58,2 %), und weisen somit auf die Richtigkeit der Ergebnisse von Tabelle 22 (S. 144) hin. Dieser ist nämlich zu entnehmen, daß als die wesentlichsten Gründe für die mangelnde Nutzung verschiedener innerbetrieblicher Informationsquellen der große Zeitaufwand bei der Auswertung sowie mangelnde Eignung der Quellen angesehen werden. Diese Ursachen deuten vermutlich darauf hin, daß in den Betrieben eine bedeutende Voraussetzung, nämlich eine systematische Informationsspeicherung, nur unzureichend erfolgt.

Zusammenfassend kann somit festgestellt werden, daß sich in mittelständischen Industriebetrieben der Bereich der Informationsspeicherung offenbar als sehr bedeutende Schwachstelle erweist. Neben den - vor allem in kleineren Betrieben - ohnehin eingeschränkten Voraussetzungen für die Beschaffung primärer Informationen kommt für die Betriebsführung noch erschwerend hinzu, daß sie nur sehr bedingt die Möglichkeit des raschen Zugriffs auf die im Betrieb vorliegenden Informationsbestände hat.

Ein Marketing-Informationssystem kann jedoch nur dann erfolgreich sein, wenn die - aus den unterschiedlichsten Quellen - beschafften Informationen in Form geordneter Datenbestände (Dateien) gespeichert sind. Dort werden die für Absatzentscheidungen relevanten Informationen abrufbar gehalten.[1] Daß diese These auch für mittelständische Industriebetriebe der Konsumgüterindustrie zutrifft, zeigten bereits die Ausführungen zu den Ergebnissen der Tabelle 11 (Kap. II.B., S. 56).

Aufgrund der Art der Informationen, die zu speichern sind, wird grundsätzlich zwischen (1) formatierten und (2) unformatierten Dateien unterschieden.[2] Welche Organisation der Speicherung für mittelständische Industriebetriebe als eine Lösung angesehen werden kann, die den wirtschaftlichen Möglichkeiten und den praktischen Erfordernissen gerecht wird, soll im folgenden gezeigt werden.

(1) Den unformatierten Dateien kommt besondere Bedeutung zu,
- da für langfristige Absatzentscheidungen in hohem Maße qualitative Informationen aus außerbetrieblichen Quellen beschafft und gespeichert werden müssen[3] (vgl. auch die Ausführungen zum Informationsbedarf Kap. III, S. 61 ff),

---

1) Vgl. Karsten-Heinz Mentzel: Marketing-Informations-System, S. 74 f

2) Vgl. Volker H. Peemöller: Datenbanken im Marketing, in: Marketing-Enzyklopädie, Band 1, München 1974, S. 361 ff

3) Vgl. Klaus Heinzelbecker: Partielle Marketing-Informationssysteme, S. 162

- da die Installation dieser Dateien den organisatorischen und wirtschaftlichen Bedingungen mittelständischer Betriebe am ehesten gerecht wird.

Inhalte unformatierter Dateien sind in der Umgangssprache formulierte Informationen, die kein einheitliches Format aufweisen.[1] Dies können beispielsweise sein: qualitative Informationen von Außendienstpersonen über Handelsbetriebe, Beobachtungsberichte über Konkurrenten auf Messen, Strukturanalysen von Forschungsinstituten, Brancheninformation aus Zeitschriften, Imageanalysen von Marktforschungsinstituten. Die Quellen, aus denen diese Informationen beschafft werden, können als Ordnungskriterium für die Ablage und zur Dateikennzeichnung genommen werden.

Da der mittelständische Unternehmer für anfallende Entscheidungen meistens Informationen benötigt, die in unterschiedlichen Dateien vorhanden sind, ist es erforderlich,die Unterlagen, Berichte usw. durch Schlüsselwörter zu kennzeichnen.[2] Diese Schlüsselwörter verweisen auf den Inhalt der abgelegten Dokumente und ermöglichen ein gezieltes Aufsuchen. Die Art der Kennzeichnung sollte sich am Informationsbedarf der Führungspersonen orientieren, die Zahl der zugeordneten Schlüsselwörter an Aspekten der Zweckmäßigkeit und des Aufwandes der Handhabung. Beispiele für Schlüsselwörter wären: Namen wichtiger Abnehmer, Konkurrenten; Produkt- und Produktgattungsnamen; absatzmaßnahmenbezogene Begriffe wie Werbung, Preise; themenbezogene Begriffe wie Kooperation, Führungshilfen. Das Auffinden und Nutzen der gespeicherten Informationen ist dann möglich, wenn die Ordnungsbegriffe aufgelistet und ihnen die Standorte der Dokumente zugeordnet sind. Als Listungsverfahren eignet sich in mittelständischen Betrieben am besten eine Kartei.

(2) Darüber hinaus besteht aber auch in mittelständischen Industriebetrieben die Möglichkeit, Informationen in forma-

---

1) Vgl. Günter Mathieu: Informationssyteme, Sp. 860

2) Vgl. Jürgen Berthel: Dokumentation, betriebliche, in: Handwörterbuch der Betriebswirtschaft, hrsg. v. E. Grochla und W. Wittmann, 4., völlig neu gestaltete Aufl., Stuttgart 1974, Sp. 1199 ff

tierten Dateien zu speichern. Formierte Daten sind mit einem Format versehen (Werte, Nummern, Bezeichnungen, Namen), aufgrund dessen unmittelbar auf sie zugegriffen werden kann.[1] Formatierte Dateien enthalten im wesentlichen Informationen aus dem Rechnungswesen und lassen sich abgrenzen in Umsatzdatei, Kundendatei, Artikeldatei usw. Durch den Einsatz der elektronischen Datenverarbeitung ergeben sich hierbei vielfältige Gestaltungs- und Nutzungsmöglichkeiten.[2]

2. Möglichkeiten der Informationsverarbeitung

Wie die Ausführungen über die Informationsbeschaffung gezeigt haben, besteht für die mittelständischen Betriebe der Konsumgüterindustrie ein umfangreiches und vielfältiges Informationsangebot. Der einzelne Konsumgüterproduzent steht somit vor der Schwierigkeit, aus diesem kaum zu übersehenden Spektrum die jeweiligen Informationen so zu transformieren (Informationsverarbeitung), daß sie für seine individuellen Zwecke genutzt werden können.

Als Informationsverarbeitung wird jeder Vorgang bezeichnet, durch den die beschafften und/oder gespeicherten Informationen inhaltlich und formell geändert werden.[3] Dies bedeutet, daß vorhandene Informationen mit Hilfe unterschiedlicher Verfahren in neue Informationen umgewandelt werden können. Die Informationen werden durch die Verarbeitung so aufbereitet, daß sie für die anstehenden Entscheidungen - in diesem Falle für die langfristigen absatzpolitischen Entscheidungen - genutzt werden können.[4]

---

1) Vgl. Ansgar Breitung: Marketing-Informationssyteme. Ein methodologischer Beitrag zur Analyse von Datenverarbeitungsprozessen in Marketing-Informationssystemen, Meisenheim am Glan 1975, S. 23 f

2) Hierzu finden sich viele Gestaltungsformen bei Carl W. Meyer, Hans R. Hansen: Vertriebsinformatik. Ein Lehr- und Handbuch, Berlin-New York 1973

3) Vgl. Rolf Kramer: Informationen, S. 87 ff

4) Vgl. Norbert Szyperski: Analyse der Merkmale und Formen der Büroarbeit, in: Bürowirtschaftliche Forschung, hrsg. v. E. Kosiol, Berlin 1961, S. 101 f

Im Rahmen dieser informationellen Aufgaben sind folgende Tätigkeiten besonders notwendig:

- <u>Selektieren:</u> Aus der Vielzahl der internen und externen Informationen muß der mittelständische Unternehmer eine sinnvolle Auswahl der wichtigsten Informationen treffen, die auf den speziellen Bedarf eines Problems abgestellt sind.

- <u>Zuordnen:</u> Bezüglich formaler Führungsaufgaben (z.B. Planung, Kontrolle) und bezüglich der verschiedenen Sachgebiete (z.B. Kundenselektion, Konkurrenzstrategien) besteht ein unterschiedlicher Informationsbedarf. Daraus leitet sich die Aufgabe ab, die Informationen anwendungsgerecht zuzuordnen.

- <u>Verknüpfen:</u> Eine weitere Tätigkeit der Informationsverarbeitung besteht darin, verschiedene Informationen zu kombinieren. Kombinationen können beispielsweise erfolgen bei Informationen unterschiedlicher Sachverhalte (Kosteninformationen aus dem betrieblichen Rechnungswesen, Informationen über Konsumenten-, Absatzmittler-, Konkurrenzreaktionen) oder bei Informationen, die einen unterschiedlichen zeitlichen Ursprung haben (Zeitreihenvergleiche).

- <u>Verdichten:</u> Für langfristige Entscheidungen sind besonders zusammengefaßte Informationen wichtig, da sie Auskünfte über Gesamtbereiche geben.[1)] Ein Beispiel für Informationsverdichtung wäre die Bildung von Durchschnittswerten.

Welche Verarbeitungsvorgänge mittelständische Konsumgüterhersteller an absatzorientierten Informationen vornehmen und in welchem Umfang die Verarbeitung durchgeführt wird, läßt sich aus <u>Tabelle 26</u> (S. 172) ablesen.[2)]

---

1) Vgl. Helmut Garbe: Der Verdichtungsgrad von Informationen, in: Management - Informations-Systeme, eine Herausforderung an Forschung und Entwicklung, hrsg. v. E. Grochla und N. Szyperski, Wiesbaden 1971, S. 201 ff

2) Vgl. dazu Frage 19 des im Anhang beigefügten Fragebogens, S. 219

Danach geben die befragten Betriebe noch nicht einmal zwei (153,3 %) Tätigkeiten durchschnittlich an, durch die die beschafften Informationen umgewandelt und somit auch für mehrere Zwecke verwendet werden können.

Insgesamt gesehen nehmen 50,0 % der Betriebe eine systematische Selektion der wichtigsten Informationen vor. 48,0 % der in die Analyse einbezogenen Unternehmen ordnen sie den einzelnen Zwecken bzw. Führungsaufgaben zu. Nur 28,3 % betreiben eine "derivative Informationsgewinnung"[1], indem sie unterschiedliche Informationen miteinander verbinden und somit einen neuen Informationsinhalt erzeugen. Eine Zusammenfassung verschiedener Informationen (Verdichtung) nehmen ebenfalls nur relativ wenige Betriebe (23,7 %) vor.

Aus einem betriebsgrößenbezogenen Vergleich lassen sich nur einzelne wesentliche Unterschiede feststellen. Bei der aufgabenorientierten Zuordnung der Informationen zeigt sich eine deutliche Beziehung zwischen den zunehmenden Größenklassen und der Häufigkeit der Nennung. Während nur 20,0 % der Kleinbetriebe (bis 19 Beschäftigte) diese Tätigkeit nennen, wird sie fast von allen Großbetrieben (500 und mehr Beschäftigte) angegeben (91,7 %).

Besonders auffallend ist darüber hinaus, daß 70,0 % der Betriebe bis 19 Beschäftigte angaben, ein systematisches Auswählen der Informationen vorzunehmen. Sie liegen damit deutlich über dem Durchschnitt. Dies kann möglicherweise so interpretiert werden, daß die kleinen Betriebe einen Schutzmechanismus aufgebaut haben, um die vielen Informationen, mit denen sie zwangsläufig konfrontiert werden, einigermaßen in den Griff zu bekommen. Ob dies unter systematischen Gesichtspunkten geschieht, muß jedoch aufgrund der empirischen Ergebnisse angezweifelt werden. Ferner hat es sich gezeigt, daß viele Informationen, die die Betriebe erreichen, nicht oder nur wenig auf die Belange mittelständischer Unternehmen ausgerichtet sind und ein Selektieren somit zwangsläufig erfolgt.

---

1) Vgl. Erich Kosiol: Die Unternehmung, S.178

Tabelle 26: Tätigkeiten der Informationsverarbeitung in den untersuchten Betrieben der Konsumgüterindustrie, gegliedert nach Beschäftigtengrößenklassen
- Angaben in Prozent -[1)]
(n = 152)

Informationsverarbeitungstätigkeiten	Beschäftigtengrößenklassen					Betriebe insgesamt
	Bis 19	2o - 49	5o - 199	2oo - 499	5oo und mehr	
Systematisches Auswählen der wichtigsten Informationen	7o,o	45,7	41,8	55,o	41,7	5o,o
Zuordnen der Informationen zu den einzelnen Führungsaufgaben	2o,o	31,4	56,4	7o,o	91,7	48,o
Verknüpfen unterschiedlicher Informationen	26,7	25,7	3o,9	3o,o	25,o	28,3
Verdichten von Informationen	26,7	2o,o	2o,o	3o,o	33,3	23,7
Sonstige Tätigkeiten	-	2,9	-	5,o	-	1,3
Nennungen insgesamt in Prozent der Betriebe	143,4	125,7	149,1	19o,o	191,7	153,3

1) Mehrfachnennungen möglich

Insgesamt gesehen deuten die empirischen Ergebnisse darauf hin, daß die Problematik im Bereich der Informationsversorgung nicht allein aus einer nur unzureichenden Inanspruchnahme der Beschaffungsmöglichkeiten resultiert, sondern daß eine mangelhafte Handhabung der Informationen eine zusätzliche Verschlechterung der Situation bewirkt.[1] Denn es darf vermutet werden, daß einerseits für einen bestimmten Zweck beschaffte Informationen von den Führungspersonen des Absatzbereiches auch nur für diesen einen Zweck benutzt werden. Zum anderen werden aufgrund eines empfundenen Überangebots an nicht relevanten Informationen wichtige Informationen von den Entscheidungsträgern nicht als solche erkannt.

Ferner kann mögliche Ursache mangelhafter Informationsverarbeitung auch darin bestehen, daß mittelständische Betriebe Informationen jeglicher Art beschaffen, weil bei der Betriebsführung ein latentes Informationsbedürfnis herrscht. Danach unterbleibt möglicherweise in vielen Fällen eine Verarbeitung der gewonnenen Erkenntnisse. Dazu kommt, daß auch Entscheidungen von langfristiger Tragweite für den Absatzbereich in den kleineren und mittleren Konsumgüterbetrieben häufig aus der Erfahrung der Unternehmensführung getroffen werden. Daß Erfahrung und Intuition auch auf mehr oder weniger zufällige oder unplanmäßig erworbene Informationen zurückzuführen sind, soll an dieser Stelle nicht unerwähnt bleiben.

Die Transformation von Informationen für Auswertungszwecke wird unter Zuhilfenahme verschiedener mathematischer und nicht-mathematischer Verfahren[2] ermöglicht. Aufgrund der Vielfalt der Methoden muß auf eine vollständige Darstellung verzichtet werden. Es soll lediglich eine Auswahl derjenigen Techniken vorgestellt werden, deren Anwendung sich in mittelständischen Industriebetrieben und insbesondere für die langfristige Planung und Kontrolle eignet.

---

1) Vgl. dazu die Ausführungen zum Zusammenhang von Umsatz- und Gewinnentwicklung und Informationsverarbeitung in Kap. II.B.2., S. 57 f

2) Die Begriffe Verfahren, Methode und Prozedur werden in dieser Untersuchung synonym verwendet.

Mathematische Auswertungsverfahren (z.B. Summierung, Prozentuierung) wurden bereits in der Betrachtung der innerbetrieblichen Informationsquellen "Rechnungswesen" und "Statistiken" einbezogen. Die Informationen, die aus diesen Quellen zu beschaffen sind, erfahren schon eine Verarbeitung anhand dieser Methoden. Zu erwähnen sind ferner noch verschiedene Vergleichsrechnungen (Zeitvergleiche, Soll/Ist-Vergleiche usw.) sowie die Bildung von Absatzkennzahlen für den innerbetrieblichen und zwischenbetrieblichen Vergleich (z.B. Preisindex: Preis im Ermittlungszeitpunkt/Preis im Basiszeitpunkt; Umsatzstruktur: Umsatzerlöse von Produkten, Absatzwegen, Kundengruppen usw./gesamte Umsatzerlöse; Beanstandungsstruktur: Beanstandungen nach bestimmten Ursachen/gesamte Beanstandungen).[1] Ferner können erste Prognosewerte durch einfache Trendrechnungen ermittelt werden.

Zur Sortierung und Darstellung qualitativer Informationen gibt es ebenfalls eine Reihe von Techniken (nicht-mathematische Auswertungsverfahren), durch deren Anwendung aus den Basisinformationen weitere wichtige Erkenntnisse gewonnen werden können. Für mittelständische Betriebe kommen insbesondere Checklisten und Wertprofile in Frage. In Checklisten werden alle für die Entscheidung wichtigen Informationen gesammelt und durch eine Bewertungsskala beurteilt. Durch Profildarstellung lassen sich beispielsweise Stärken-/Schwächenanalysen vornehmen, die sich auf Kriterien aus dem Betrieb selbst beziehen können und darüber hinaus im Vergleich mit den wichtigsten Konkurrenten vorgenommen werden können.[2]

Stellt man die Frage nach dem Anwendungsstand dieser Informationsverarbeitungsverfahren in der mittelständischen Praxis, erhält man folgende - in der Tabelle 27 (S. 175) im Überblick dargestellte - Antwort:

---

1) Weitere Kennzahlen siehe bei Claus Meyer: Betriebswirtschaftliche Kennzahlen und Kennzahlen-Systeme, Stuttgart 1982; Jürgen Bussiek: Erfolgsorientierte Steuerung mittelständischer Unternehmen, München 1981

2) Vgl. Bruno Bircher: Langfristige Unternehmensplanung. Konzepte, Erkenntnisse und Modelle auf systematischer Grundlage, Bern und Stuttgart 1976, S. 320 ff

Tabelle 27: Die Anwendung von Verfahren zur Auswertung von Informationen der Absatzführung in den untersuchten Betrieben der Konsumgüterindustrie, gegliedert nach Beschäftigtengrößenklassen

- Angaben in Prozent -[1]
(n = 152)

Verfahren zur Informationsauswertung		Beschäftigtengrößenklassen					Betriebe insgesamt
		Bis 19	2o - 49	5o - 199	2oo - 499	5oo und mehr	
Mathematische Auswertungsverfahren	Einfache Auswertungsverfahren (Summierung, Prozentuierung usw.)	6o,o	54,3	78,2	9o,o	83,3	71,1
	Statistische Prognosemethoden (Trendberechnungen usw.)	13,3	14,3	21,8	3o,o	41,7	21,1
	Multivariate Verfahren (Faktoranalyse usw.)	-	-	-	-	8,3	o,7
Anzahl der Verfahren in Prozent der Betriebe		73,3	68,6	1oo,o	12o,o	133,3	92,9
Nicht-mathem. Auswertungsverf.	Sortieren von Informationen	33,3	34,3	52,7	75,o	75,o	49,3
	Graphische Darstellungen	16,7	2o,o	4o,o	65,o	5o,o	34,9
Anzahl der Verfahren in Prozent der Betriebe		5o,o	54,3	92,7	14o,o	125,o	84,2

1) Mehrfachnennungen möglich

Insgesamt gesehen zeigt sich zunächst, daß im Durchschnitt weniger als zwei Verfahren zur Informationsauswertung pro Betrieb genannt werden (mathematische Verfahren: 92,9 % und nicht-mathematische Verfahren: 84,2 %; dies ergibt zusammen 177,1 %).

Nach der Art der verschiedenen Verfahren differenziert, ergeben sich deutlich erkennbare Abstufungen im Hinblick auf ihre Anwendung. Häufig werden von den untersuchten Betrieben die absatzorientierten Informationen mittels einfacher mathematischer Verfahren (z.B. Summieren, Prozentuieren) ausgewertet (71,1 %).

Statistische Prognosemethoden (z.B. Trendextrapolationen), die besonders bei langfristigen Betrachtungen absatzwirtschaftlicher Sachverhalte wichtige Entwicklungen erkennen lassen, werden nur von 21,1 % der Befragten genannt. So gut wie keine Anwendung finden spezielle statistische Verfahren (Faktoranalysen, Clusteranalysen usw.), die nur 0,7 % der einbezogenen Unternehmen angeben.

Im Rahmen der nicht-mathematischen Verfahren werden in durchschnittlich jedem zweiten Betrieb (49,3 %) Sortierungen der Informationen vorgenommen. Auswertungen in Form graphischer Darstellungen werden in 34,9 % der befragten Betriebe realisiert.
Der geringe Einsatz vielfältiger Auswertungsverfahren in mittelständischen Konsumgüterbetrieben ist möglicherweise darauf zurückzuführen, daß die Absatzführung und die für die Informationsversorgung zuständigen Stellen nur unzureichend über die Verfahren selbst und über die damit zu erzielenden Ergebnisse informiert sind. Fehlendes Verständnis bei der Auswertung der Verfahren und Überlastung durch das Tagesgeschäft dürften weitere Gründe dafür sein, daß die Informationsverarbeitung weitgehend große Schwächen aufweist.[1)]

---

1) Ergebnisse anderer Untersuchungen zeigen, daß die Problematik in diesem Bereich nicht unbedingt spezifisch für die Klein- und Mittelbetriebe ist. Auch in Großbetrieben ist die Anwendung komplexer Verfahren noch wenig verbreitet. Vgl. Klaus Heinzelbecker, Richard Köhler, Albrecht Stölzel: MIS 75 - Erhebung zum Entwicklungsstand betrieblicher Informationssysteme unter besonderer Berücksichtigung des Bereiches "Marketing/Verkauf/Vertrieb", in: DBW-Depot, Nr. 77-4-6, Stuttgart 1977, S. 55 ff

Hier dürften auch Ursachen für die mangelhafte Inanspruchnahme der Informationsbeschaffungsmöglichkeiten liegen. Wenn nämlich nicht bekannt ist, wie die Informationen zu analysieren und zu interpretieren sind, werden auch nicht die erforderlichen Anstrengungen zur Beschaffung des Basismaterials unternommen. Zur Verbesserung der Situation sollten daher von den verschiedenen Institutionen (Kammern, Verbände usw.) Schulungsprogramme angeboten werden, in denen vor allem Techniken der Informationsverarbeitung vermittelt werden.

V. Organisatorische Aspekte eines Informationssystems für die langfristige Absatzführung mittelständischer Betriebe der Konsumgüterindustrie

Nachdem in den vorangegangenen Kapiteln die Informationsversorgung mittelständischer Konsumgüterbetriebe unter funktionellen Gesichtspunkten (Ermittlung des Informationsbedarfs, Informationsbeschaffung, -speicherung und -verarbeitung) betrachtet wurde, soll abschließend noch der organisatorische Aspekt bei der Gestaltung eines Informationssystems Berücksichtigung finden. Im Vordergrund stehen dabei die Träger der informatorischen Aufgaben (Menschen und Maschinen) sowie die verschiedenen Organisationsformen.

A. Zum Einsatz der elektronischen Datenverarbeitung (EDV)

Bei der - im einleitenden Kapitel zu dieser Arbeit (Kap.I.B.3., S. 29) - vorgenommenen Beschreibung eines Marketing-Informationssystems wurde betont, daß seine Gestaltung und Nutzung auch ohne Einsatz von Computern erfolgen kann. Der EDV-technische Aspekt wurde daher bislang ausgeklammert. Aufgrund der Zielsetzung dieser Untersuchung, nämlich Verbesserungsmöglichkeiten der Informationsversorgung für die langfristige Absatzführung aufzuzeigen, muß jedoch auch die Unterstützung der informationellen Aufgaben durch die EDV in die Betrachtung mit einbezogen werden. Um den vorgegebenen sachlichen Rahmen dieser Arbeit nicht zu übersteigen, soll aber eine konzentrierte

Behandlung der wesentlichsten Gesichtspunkte genügen.[1)]

Die EDV-Anlage hat für den Betrieb den Charakter eines Sachmittels, das im Zusammenhang mit menschlichen Aufgabenträgern Aufgaben der Informationsversorgung erfüllen kann.[2)] Notwendige Voraussetzung für die Übertragung dieser Aufgaben auf die EDV ist, daß sie programmierbar sind.[3)] Betrachtet man die in dieser Arbeit aufgezeigten Aufgaben der Informationsgewinnung für langfristige Absatzentscheidungen, so zeigt es sich, daß ein großer Teil durchaus von der EDV übernommen werden kann; beispielsweise

- Informationsbeschaffung aus dem Rechnungswesen und aus der Absatzstatistik,
- Informationsspeicherung in formatierten Dateien,
- Verfahren der Informationsverarbeitung (Soll/Ist-Vergleiche, Kennzahlenbildung usw.)

Wenn auch ein Großteil der Informationsaufgaben für die rein personelle Erfüllung verbleibt, ergeben sich dennoch Rationalisierungseffekte durch den Computereinsatz: Die Betriebsführung wird von Routineaufgaben entlastet und findet Zeit, sich strategischen Überlegungen zu widmen sowie sich anderen Informationsquellen intensiver zuzuwenden; durch eine umfangreiche Informationsverarbeitung können die Entscheidungen auf eine sichere Informationsbasis gestellt und die Güte der Entscheidungen dadurch möglicherweise verbessert werden.

Wieweit die EDV in mittelständischen Betrieben der Konsumgüterindustrie zum Zeitpunkt der Erhebung der Fakten für die empirische Analyse der Arbeit verbreitet war und in welchem Umfang sie für die Speicherung und Verarbeitung der Informationen

---

1) Zur Vertiefung der Aspekte sei u.a. verwiesen auf: Ralf-Peter Thürbach: Betriebsführung; Erwin Grochla (und Mitarbeiter): Handbuch der Computer-Anwendung, Auswahl und Einsatz der EDV im Klein- und Mittelbetrieb, Braunschweig/Wiesbaden 1979 (im folgenden zitiert als: Erwin Grochla: Handbuch)

2) Vgl. Erwin Grochla, Friedrich Meller: Datenverarbeitung in der Unternehmung 1, Grundlagen, Reinbek 1974, S. 25

3) Vgl. Ralf-Peter Thürbach: Betriebsführung, S. 54

für die langfristige Absatzführung genutzt wurde, läßt sich in der Tendenz aus Tabelle 28 (S. 180) entnehmen.[1)]

In der Gesamtbetrachtung zeigt sich zunächst, daß etwa jedes zweite befragte Unternehmen (51,3 %) keine eigene Anlage besitzt. In 46,7 % der in die Untersuchung einbezogenen Betriebe ist dagegen ein solches Hilfmittel installiert, das durchschnittlich von mehr als jedem dritten Betrieb (35,5 %) auch bei der Bewältigung informationeller Aufgaben im Rahmen der langfristigen Absatzführung herangezogen wird.

Auch wenn es für die Beantworter des Erhebungsbogens vermutlich schwierig war, Informationsaufgaben für bestimmte Einsatzgebiete (z.B. Absatzführung) zu differenzieren,und die Aussagen somit unter einem bestimmten Vorbehalt zu interpretieren sind, lassen die Ergebnisse den Schluß zu, daß die EDV nicht allein für den Verwaltungsbereich (z.B. Buchführung) genutzt wird.

Eine auf die verschiedenen Größenklassen bezogene Analyse zeigt deutlich, daß mit zunehmender Betriebsgröße auch der Anteil der Betriebe wächst, denen innerbetrieblich eine EDV-Anlage zur Verfügung steht.

Damit die EDV in verstärktem Maße als wirksames Führungsinstrument in den mittelständischen Industriebetrieben eingesetzt wird, ist es notwendig, daß - an den besonderen Bedingungen dieser Betriebe angepaßte - Voraussetzungen geschaffen werden und daß bestehende Hindernisse abgebaut werden. Dazu zählen insbesondere die Einstellung der Führungspersonen zur EDV, der finanzielle Rahmen sowie die personelle Situation.[2)] Maßnahmen in dieser Hinsicht sind bereits von verschiedenen Seiten getroffen worden. Daher darf vermutet werden, daß sich das allgemein zunehmende Interesse der Klein- und Mittelbetriebe an eigenen EDV-Anlagen zukünftig auch auf die Nutzung auswirken wird.

---

1) Um evtl. auftretenden Widersprüchen vorzubeugen, die sich aus einem Vergleich der Ergebnisse der Tabelle 25 und 28 ergeben können, sei hier folgendes angemerkt: In Tabelle 25 wird die EDV nur für die Speicherung genutzt, während sie in Tabelle 28 sowohl für die Speicherung als auch für die Verarbeitung genutzt wird.

2) Vgl. Ralf-Peter Thürbach: Betriebsführung, S. 58 ff

Tabelle 28: Die Installation von EDV-Anlagen und ihre Nutzung für Informationsaufgaben der langfristigen Absatzführung in den untersuchten Betrieben der Konsumgüterindustrie, gegliedert nach Beschäftigtengrößenklassen

- Angaben in Prozent -

(n = 152)

EDV-Installation und Nutzung	Beschäftigtengrößenklassen					Betriebe insgesamt
	Bis 19	2o - 49	5o - 199	2oo - 499	5oo und mehr	
EDV-Anlagen sind installiert, und zwar werden sie für Informationsaufgaben der langfristigen Absatzführung	3,3	2o,o	63,6	85,o	91,7	46,7
- genutzt	3,3	14,3	45,5	65,o	83,4	35,5
- nicht genutzt	-	5,7	18,1	2o,o	8,3	11,2
EDV-Anlagen sind nicht installiert	96,7	77,1	34,5	1o,o	8,3	51,3
Keine Angabe	-	2,9	1,9	5,o	-	2,o
Insgesamt	1oo,o	1oo,o	1oo,o	1oo,o	1oo,o	1oo,o

Ganz entscheidend sind die Einsatzmöglichkeiten von eigenen EDV-Anlagen durch die informationstechnologische Entwicklungen verbessert wurden. Mittlerweile wird von den Computerherstellern eine kaum noch überschaubare Palette von Kleincomputern angeboten, die aufgrund ihrer Leistungsfähigkeit, ihrer Benutzerfreundlichkeit und ihrer relativ niedrigen Kosten den Erfordernissen der mittelständischen Wirtschaft weitgehend entsprechen.[1)] Damit verbunden ist eine Auswertung des Angebotes an Dienstleistungen, beispielsweise die Erstellung von betriebsindividuellen Programmen, Organisationsberatung, Ausbildung und Einarbeitung von Mitarbeitern.[2)]

Darüber hinaus werden auch Schulungs- und Beratungsmaßnahmen von speziellen EDV-Beratern und von den die mittelständische Industrie fördernden Institutionen (Kammern, Verbänden usw.) angeboten.[3)] Ursachen für die verhältnismäßig geringe Inanspruchnahme dieser Maßnahmen sind zum einen die nach Auffassung der mittelständischen Betriebe zu hohen Kosten (insbesondere bei privaten Beratern) und zum anderen die zu schematische Durchführung der Maßnahmen. Hier liegen Ansätze zur Verbesserung. Dies geschieht zwar durch die Vergabe von Zuschüssen durch Bund und Länder zur Verbilligung der EDV-Beratung, jedoch müssen die Betriebe selbst für die Inanspruchnahme dieser Hilfen stärker als bisher motiviert werden.[4)]

Neben der Installation einer eigenen EDV-Anlage besteht für die mittelständischen Konsumgüterproduzenten ferner die Möglichkeit der "Datenverarbeitung außer Haus". Hierunter wird verstanden: die Benutzung der Rechenzentren von Computerher-

---

1) Vgl. u.a. Günter Rühl, Klaus Koschnitzki, Franz Heitz: Einsatz der Mittleren Datentechnik (MDT) zur Verbesserung technisch-ökonomischer Managemententscheidungen und zur Arbeitssteuerung in Klein- und Mittelbetrieben, Schorndorf 1977

2) Vgl. Erwin Grochla, Helmut Weber, Hans Gürth: Kleincomputer in Verbundsystemen - Organisatorische Gestaltung und Anwendung -, Opladen 1976, S. 25

3) Vgl. Hans-Jürgen Mortsiefer: Der kombinierte Einsatz von Förderungsmaßnahmen, S. 50

4) Vgl. Winfried Reske, Hans-Jürgen Mortsiefer (Bearbeiter): Mittelstandsförderung in der Bundesrepublik Deutschland - Anregungen zur Neugestaltung der Größenklassen bei der Vergabe staatlicher Förderungsmittel -, Heft 47 der Beiträge zur Mittelstandsforschung, Göttingen 1978, S. 12 ff

stellern oder von "befreundeten" Betrieben; die Ausgliederung der Datenverarbeitung an Service-Rechenzentren; die Beteiligung an Gemeinschaftsrechenzentren.[1]

Die Datenverarbeitung außer Haus hat bei den mittelständischen Betrieben in der Vergangenheit großen Anklang gefunden, da sie im wesentlichen folgende Vorteile bietet: kein Investitionsrisiko, Ersparung der Einstellung von EDV-Fachkräften, Nutzung von modernster Computertechnologie, vergleichsweise niedrige Kosten.[2] Demgegenüber steht jedoch auch eine Reihe von Nachteilen, beispielsweise Einbußen hinsichtlich der Zuverlässigkeit der Datenverarbeitung, zeitliche Verzögerungen, kaum Möglichkeit der Berücksichtigung individueller Besonderheiten. Insbesondere der letztgenannte Aspekt dürfte Ursache dafür sein, daß wichtige Verarbeitungsvorgänge für langfristige Entscheidungen kaum in Erwägung gezogen werden. Denn aus Kostengründen bleibt es üblicherweise bei den Standardauswertungen der Rechenzentren.

B. Zur Institutionalisierung der Informationsversorgung für die Absatzführung in den mittelständischen Betrieben der Konsumgüterindustrie

Wie bei allen Aufgaben, die im Betrieb erfüllt werden müssen, so stellt sich auch bei der Informationsversorgung die Frage nach der organisatorischen Eingliederung in das gesamte Betriebsgeschehen. Eine allgemein gültige Antwort darauf läßt sich nicht geben, da die Institutionalisierung der informationellen Aufgaben im Betrieb im wesentlichen von den dort bestehenden personellen und organisatorischen Bedingungen und den wirtschaftlichen Verhältnissen abhängt.

Als Ziel dieser organisatorischen Gestaltung muß eindeutig im Vordergrund stehen, daß eine systematische und kontinuierliche Informationsgewinnung erfolgt und daß die Deckung des Informa-

1) Vgl. Lutz J. Heinrich: Gemeinsame Computerbenutzung in der Industrie. Datenverarbeitung außer Haus, Wiesbaden 1969, S. 20

2) Vgl. Erwin Grochla (und Mitarbeiter): Handbuch, S. 175

tionsbedarfs der Führungspersonen gewährleistet ist. Als mögliche Organisationsformen in mittelständischen Industriebetrieben wären denkbar: die Übertragung der Informationsaufgaben auf Personen, die bereits andere Tätigkeiten versehen (z.B. im Vertrieb, im Rechnungswesen), die Einrichtung einer nur für die Informationsversorgung zuständigen Stelle, die Erledigung der Aufgaben durch die Führungspersonen selbst. Bevor wir die verschiedenen Möglichkeiten diskutieren, wollen wir zunächst die Situation in der mittelständischen Praxis betrachten.

Tabelle 29 (S. 184) gibt Aufschluß darüber, ob die Erfüllung der informationellen Aufgaben innerbetrieblich organisiert ist und welche Stellen im Betrieb dafür zuständig sind.[1]

Wie die Gesamtbetrachtung zeigt, ist in immerhin 27,0 % aller untersuchten Betriebe die Informationsversorgung für die Absatzführung weder institutionalisiert noch organisatorisch geregelt. Da die einzelnen informationellen Aufgaben (Beschaffung, Speicherung, Verarbeitung) nicht bestimmten Aufgabenträgern zugeordnet sind, deutet dieses Ergebnis darauf hin, daß der Informationsbedarfsdeckung kaum Bedeutung beigemessen wird oder ihre Wahrnehmung allenfalls sporadisch erfolgt.

Nach Aussage von nahezu drei Viertel aller in die Erhebung einbezogenen Betriebe (73,0 %) besteht eine institutionelle Zuständigkeit und organisatorische Regelung der Informationsversorgung.

Als Träger der informationellen Aufgaben stehen - gemessen an der Zahl der Nennungen - die Führungspersonen selbst an erster Stelle (71,1 %). In 34,2 % der befragten Betriebe übernimmt die Verkaufsabteilung, in 29,6 % das Rechnungswesen die Beschaffung, Speicherung und Verarbeitung der notwendigen Informationen.

Lediglich 7,9 % der befragten mittelständischen Konsumgüterhersteller haben eine spezielle interne Stelle, in der die Informationsaufgaben erfüllt werden.

---

1) Vgl. dazu Frage 24 des im Anhang beigefügten Fragebogens, S. 220

Tabelle 29: Die Institutionalisierung der Informationsversorgung für die Absatzführung in den untersuchten Betrieben der Konsumgüterindustrie, gegliedert nach Beschäftigtengrößenklassen

- Angaben in Prozent -
(n = 152)

Institutionalisierung	Beschäftigtengrößenklassen					Betriebe insgesamt
	Bis 19	2o - 49	5o - 199	2oo - 499	5oo und mehr	
Institutionalisierung und organisatorische Regelung ist vorgenommen,	8o,o	65,7	67,3	85,o	83,3	73,o
... und zwar Informationsversorgung durch ...[1]						
- Führungspersonen	8o,o	77,1	67,3	7o,o	5o,o	71,1
- Verkaufsabteilung	13,3	2o,o	41,8	6o,o	5o,o	34,2
- Rechnungswesen	13,3	8,6	36,4	6o,o	5o,o	29,6
- eigens dafür abgestellte Person(en)	6,7	2,9	5,5	5,o	41,7	7,9
Ist nicht vorgenommen	2o,o	34,3	32,7	15,o	16,7	27,o
Insgesamt	1oo,o	1oo,o	1oo,o	1oo,o	1oo,o	1oo,o

1) Mehrfachnennungen möglich

Erwartungsgemäß ergeben sich auch betriebsgrößenbezogene Besonderheiten. So nimmt mit zunehmender Betriebsgrößenklasse der Anteil der Unternehmen ab, in denen die Informationsversorgungsstelle die Unternehmensführung selbst ist. Umgekehrt wächst folglich der Anteil der Betriebe, bei denen die Informationen durch Personen der Verkaufsabteilung oder des Rechnungswesens gewonnen werden.

Während in nur wenigen mittelständischen Betrieben Aufgabenträger existieren, die ausschließlich mit Informationsaufgaben betraut sind, haben 41,7 % der Großbetriebe (Größenklasse 500 und mehr Beschäftigte), die an der Erhebung teilgenommen haben, eigene Informationssammel- und Informationsverarbeitungsstellen.

Bei der Betrachtung dieser empirischen Untersuchungsergebnisse fällt ganz besonders die Konzentration der Informationsaufgaben bei den Führungspersonen auf. Das hat den Vorteil, daß die Informationen gleich im "Zentrum der Willensbildung"[1] vorhanden sind, daß abweichende Entwicklungen frühzeitig erkannt werden und daß ein rasches Eingreifen möglich ist. Aufgrund der Funktionshäufung bei diesem Personenkreis kann jedoch die Informationsgewinnung entweder nur unzureichend besorgt werden, oder es steht - bei intensiveren Informationsaktivitäten - für die eigentliche Lösung betrieblicher Probleme nur noch begrenzte Zeit zur Verfügung.

Damit sich die Führungspersonen jedoch verstärkt den strategischen absatzorientierten Überlegungen widmen können, liegt es nahe, durch Delegation von informationellen Teilaufgaben eine Entlastung zu erzielen.[2] Aufgaben, die bei den Führungspersonen verbleiben, sind die Ermittlung und Artikulation des individuellen Informationsbedarfs; die Beschaffung von Informationen aufgrund des direkten Kontaktes zu Marktpartnern usw; Informationsverarbeitung, die für die Entscheidung unmittel-

---

1) Vgl. Erich Gutenberg: Unternehmensführung, Wiesbaden 1962, S. 13

2) "Gerade in schwierigen und umfangreichen Entscheidungen sind Teilaktivitäten enthalten, die nicht den eigentlichen Beschluß selbst betreffen und daher delegiert werden können". Erwin Grochla u.a.: Entlastung durch Delegation. Leitfaden zur Anwendung organisatorischer Maßnahmen in mittelständischen Betrieben, Berlin 1981, S. 36

bar notwendig ist. Demgemäß wäre beispielsweise delegierbar die Erschließung sekundärer Informationsquellen (Außendienst, Publikationen usw.), die Informationsspeicherung, verschiedene Verarbeitungsprozesse.

Ursache dafür, daß die Informationsaufgaben noch weitgehend bei den Führungspersonen verbleiben, liegt zum Teil in der fehlenden Delegationsmöglichkeit in mittelständischen Industriebetrieben und in der mangelnden Delegationsbereitschaft ihrer Unternehmer. Nach Aussagen von Praktikern hindert überwiegend ein gewisses Unsicherheitsgefühl die Übertragung von Informationsaufgaben an untergeordnete Stellen. Häufig herrscht die Meinung vor, die mit der Informationsversorgung beschäftigten Personen könnten aufgrund eines Informationsvorsprungs einen zu großen Einfluß im Betrieb gewinnen. Voraussetzung für eine erfolgreiche Delegation ist daher, daß die in Frage kommenden Mitarbeiter entsprechend geschult werden, daß ihnen der Nutzen ihrer Tätigkeit bewußt gemacht wird und die Kommunikationsbeziehungen eindeutig geregelt sind.

Die Verkaufsabteilung und/oder das Rechnungswesen als "Informationszentralstelle" einzurichten ist grundsätzlich als eine vorteilhafte Lösung anzusehen, da die Mitarbeiter bereits im Rahmen ihrer "Haupttätigkeit" Informationsversorgungsaufgaben erfüllen. Es muß jedoch gewährleistet sein, daß sie die Informationsgewinnung nicht einseitig - nur aus den ihnen direkt zugänglichen Unterlagen - besorgen, sondern alle relevanten Informationsquellen erschließen.

In mittleren Betrieben dürfte es wirtschaftlich und organisatorisch durchaus vertretbar sein, für die Informationsversorgung eine separate Stelle einzurichten, die der Geschäftsführung direkt zugeordnet ist.[1)] Die Aufgaben des Stelleninhabers sollten sich nicht auf die Informationsbeschaffung beschränken, sondern den Funktionsbereich umfassen, der unter der Konzeption des "Controlling" verstanden wird, beispielsweise Koordination aller Informationsaufgaben; Verarbeitung

---

1) Vgl. Hans Rühle von Lilienstern: Beschaffung und Auswertung von exogenen Informationen, S. 14 ff

der Informationen dergestalt, daß sie für die Planung und Kontrolle direkt nutzbar sind.[1)]

Mit der Einrichtung einer für die Informationsaufgaben zuständigen Stelle im Betrieb ist nicht auch gleichzeitig verbunden, daß alle Tätigkeiten der Informationsversorgung vom Betrieb selbst erfüllt werden. Es besteht durchaus die Möglichkeit, außerbetriebliche Institutionen mit der Durchführung verschiedener Teilaufgaben zu beauftragen. Dies wurde bereits anhand der Vergabe der Primärforschung an Marktforschungsinstitute (S.161) sowie anhand der "Datenverarbeitung außer Haus" (S.181f) gezeigt.

Die Ausgliederung kann sich darüber hinaus auch auf andere Gebiete erstrecken, so zum Beispiel auf die Beratung bei grundsätzlichen Problemen im Rahmen der Ermittlung des Informationsbedarfs und seiner Deckung, ferner auf die Verarbeitung und Auswertung von Informationen. Sogenannte Informationsdienste oder Informationsberater haben sich auf diese Aufgaben spezialisiert.

C. Zur Kooperation im Bereich der Informationsversorgung

Häufig wird darauf hingewiesen, daß sich den mittelständischen Betrieben durch die Beteiligung an Kooperationen eine Möglichkeit eröffnet, strukturbedingte Nachteile zu kompensieren.[2)] Auch für die Informationsgewinnung wird die zwischenbetriebliche Zusammenarbeit als eine geeignete Rationalisierungsmaßnahme angesehen.[3)]

Die Gestaltungsmöglichkeiten sind hierbei vielfältig. So kann die kooperative Informationsversorgung einerseits

---

1) Vgl. Wolfgang Müller: Die Koordination von Informationsbedarf und Informationsbeschaffung als zentrale Aufgabe des Controlling, in: Zeitschrift für betriebswirtschaftliche Forschung, 26. Jg., Heft 10/1974, S. 683 ff

2) Vgl. u.a. Ulf Starke: Kooperation; Karl Robl: Unternehmensstrategien, S. 27 f

3) Vgl. Hans Rühle von Lilienstern: Kooperative Marktforschung - eine zentrale Aufgabe der mittleren und kleineren Unternehmen, in: Marktforschung, 23. Jg., 1979, Heft 1, S. 8 ff; Ernst Gerth: Voraussetzungen, Möglichkeiten und Grenzen, der Marktforschung, S. 110

alleiniger Kooperationsgegenstand sein oder andererseits ein Teil einer umfassenden zwischenbetrieblichen Zusammenarbeit (z.B. im Rahmen der Werbung, des Einkaufs). Ferner kann sie sich auf einzelne oder mehrere Aufgabengebiete erstrecken, für die Informationen benötigt werden, sowie auf einzelne oder mehrere Phasen des Informationssystems (z.B. Beschaffung, Verarbeitung). Dazu gibt es verschiedene Kooperationsformen, wie sie in der Übersicht 23 dargestellt sind.[1)]

Übersicht 23

Kooperationsformen der Informationsversorgung

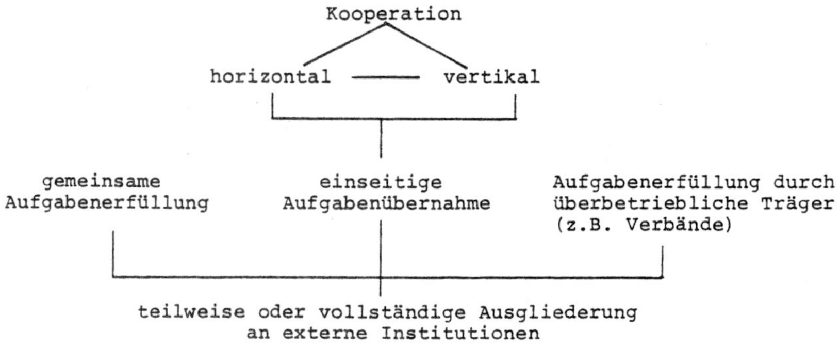

Die Zusammenarbeit mit anderen Betrieben erweist sich im Bereich der Informationsversorgung für langfristige Absatzentscheidungen als besonders vorteilhaft. So wird beispielsweise den mittelständischen Betrieben erst durch eine Kooperation der Zugang zu einem umfangreicheren und qualitativ höher stehenden Informationspotential ermöglicht.[2)]

In welcher Weise nun Klein- und Mittelbetriebe diese Möglichkeiten generell nutzen bzw. welche Kooperationsformen Anwen-

1) Vgl. auch Hans-Joachim Brandenburg: Absatzforschung, S. 246 ff

2) Vgl. Werner Benisch: Kooperationsfibel, 4., neubearb. u. erweiterte Aufl., Bergisch-Gladbach 1973, S. 152

dung finden, geht es aus den Tabellen 30 und 31 hervor.

Wie die Gesamtbetrachtung der Tabelle 30 (S. 190) zeigt, beteiligt sich nicht einmal die Hälfte der untersuchten Betriebe (40,8 %) an Kooperationen zum Zweck der Deckung des absatzorientierten Informationsbedarfs. Lediglich jedes zehnte Unternehmen (9,9 %) pflegt eine regelmäßige Zusammenarbeit auf diesem Sektor. Der überwiegende Teil der Betriebe (28,9 %), die eine Teilnahme an Kooperationen bejahen, entscheidet sich für eine sporadische Nutzung. 57,3 % der in die Untersuchung einbezogenen Betriebe machen von der Möglichkeit einer Zusammenarbeit keinen Gebrauch.

Bemerkenswert erscheint, daß in vielen Betrieben (36,2 %) durchaus eine Bereitschaft besteht, Kooperationen einzugehen, wenn geeignete Partner gefunden würden. Dieses Ergebnis deutet darauf hin, daß die Durchführung kooperativer Informationsgewinnung sich bei den mittelständischen Betrieben weiter ausweiten kann. Entscheidend ist jedoch, daß Voraussetzungen geschaffen werden, die das Zusammenführen kooperationswilliger Unternehmen erleichtern.

Die Häufigkeit der Inanspruchnahme wichtiger Kooperationsformen durch die befragten Konsumgüterbetriebe, die bereits kooperiert haben, ist der Tabelle 31 (S. 191) zu entnehmen.[1)]

Dabei wird deutlich, daß insgesamt ein Betrieb im Durchschnitt mehr als eine Kooperationsform (151,6 %) nutzt.

Nach der Gestaltungsmöglichkeit zwischenbetrieblicher Informationsgewinnung differenziert, ergeben sich in der Nutzung deutlich erkennbare Abstufungen.

An erster Stelle rangiert der gegenseitige Informationsaustausch unter mehreren Betrieben (69,4 %), gefolgt von der Zusammenarbeit mit Kammern und Verbänden (61,3 %).

---

1) Vgl. dazu Frage 17 des im Anhang beigefügten Fragebogens, S. 219

Tabelle 30: Zur Nutzung von Kooperationen im Bereich der Informationsversorgung in den untersuchten Betrieben der Konsumgüterindustrie, gegliedert nach Beschäftigtengrößenklassen
- Angaben in Prozent -
(n = 152)

Nutzung von Kooperationen	Beschäftigtengrößenklassen					Betriebe insgesamt
	Bis 19	2o - 49	5o - 199	2oo - 499	5oo und mehr	
Kooperationen werden genutzt und zwar ...	46,7	37,2	38,2	5o,o	33,3	4o,8
- regelmäßig	13,3	5,7	1o,9	1o,o	8,3	9,9
- sporadisch	26,7	28,6	27,3	4o,o	25,o	28,9
- einmalig und seitdem ablehnende Haltung	6,7	2,9	-	-	-	2,o
Kooperationen werden nicht genutzt und zwar, weil ...	53,3	6o,o	58,2	5o,o	66,7	57,3
- eine grundsätzlich skeptische Einstellung besteht	23,3	22,9	12,7	1o,o	66,7	21,1
- geeignete Partner fehlen, obwohl eine Bereitschaft zur Kooperation besteht	3o,o	37,1	45,5	4o,o	-	36,2
Keine Angabe	-	2,8	3,6	-	-	1,9
Insgesamt	1oo,o	1oo,o	1oo,o	1oo,o	1oo,o	1oo,o

Im Gegensatz dazu werden von den Betrieben kaum gemeinsame Absatzmarkterhebungen durchgeführt (11,3 %) sowie nahezu überhaupt keine Marktforschungsinstitute gemeinsam eingeschaltet (3,2 %).

Tabelle 31: Kooperationsformen im Bereich der Informationsversorgung in den untersuchten Betrieben der Konsumgüterindustrie[1)]

- Angaben in Prozent -
(n = 62)[2)]

Kooperationsformen	Anzahl der Nennungen
Gegenseitiger Informationsaustausch unter mehreren Betrieben	69,4
Gemeinsame Durchführung von Markterhebungen	11,3
Gemeinsames Einschalten von Marktforschungsinstituten	3,2
Zusammenarbeit mit Kammern und Verbänden	61,3
Sonstige Formen	6,4
Anzahl der Nennungen in Prozent der Betriebe	151,6

1) Mehrfachnennungen möglich

2) 62 der insgesamt 152 untersuchten Betriebe kooperieren.

Unterzieht man die gewonnenen Ergebnisse einer gesamten Beurteilung, so muß konstatiert werden, daß die zwischenbetriebliche Zusammenarbeit auf dem Gebiet der Informationsversorgung von den mittelständischen Betrieben der Konsumgüterindustrie noch verhältnismäßig wenig genutzt wird. Aus diesem Grunde soll auf die verschiedenen Formen kurz eingegangen werden, um ihre Bedeutung für die mittelständische Praxis zu dokumentieren.

Was die Kooperationsteilnehmer betrifft, so können diese derselben Wirtschaftsstufe (horizontal) als auch verschiedenen Wirtschaftsstufen (vertikal) angehören. Eine vertikale Kooperation wäre beispielsweise möglich, wenn große Lieferanten den mittelständischen Konsumgüterbetrieben anbieten, sich an Markterhebungen (selbst oder durch Marktforschungsinstitute durchgeführt) zu beteiligen (gemeinsame Aufgabenerfüllung). Ferner können Handelsbetriebe (insbesondere Großbetriebsformen) Informationsmaterial für die mittelständischen Produzenten aufbereiten und zur Verfügung stellen (einseitige Aufgabenübernahme). In diesen Fällen liegen auf beiden Seiten ureigene Absatzinteressen vor, die durch eine solche Zusammenarbeit verbessert werden können.

Kooperative Informationsgewinnung auf horizontaler Ebene kann zum einen zwischen Konkurrenten erfolgen. Diese Möglichkeit erscheint auf den ersten Blick als abwegig und ist auch naturgemäß problematisch. Dennoch gibt es Situationen, in denen das gegenseitige Wettbewerbsverhältnis keine Rolle spielt bzw. in den Hintergrund zu treten vermag. Dies wäre beispielsweise der Fall, wenn eine klare Trennung der Absatzbereiche (kundenbezogen, geographisch usw.) vorliegt oder wenn Auslandskonkurrenz den Gesamtmarkt bedroht (z.B. in der Schuhindustrie). Eine gemeinschaftliche Zusammenarbeit läßt sich indessen vor allem bei bestimmten Basisuntersuchungen erreichen, die nicht in einem direkten Bezug zu Produkten und Absatzstrategien stehen. Erfolgversprechende Zusammenarbeit mit Konkurrenten bietet auch die gemeinsame Erkundung von Exportmärkten, zu deren gründlicher Erforschung der mittelständische Konsumgüterhersteller gar nicht erst imstande wäre. In diesen Fällen der gemeinsamen Aufgabenerfüllung empfiehlt es sich, daß die Kooperationsgruppe Marktforschungsinstitute beauftragt.

Zum anderen können auf horizontaler Ebene auch nicht-konkurrierende Betriebe zusammenarbeiten (Hersteller von Substitutionsgütern). Die Kooperation ist unproblematischer, da kein direkter Wettbewerb besteht. Jedoch dürften die Untersuchungsgegenstände in der Regel umfangreicher sein, da teilweise unterschiedliche Interessen vorliegen.

Eine wichtige Aufgabe als Träger kooperativer Informationsversorgung kommt den Verbänden zu.[1] Beispielsweise bei Fragen, die für die gesamte Branche von Interesse sind, können sie Untersuchungen selbst durchführen oder in Auftrag geben.

Des weiteren wird von ihnen der Erfahrungsaustausch zwischen Betrieben initiiert. Auch im Bereich der Informationsspeicherung werden Anstrengungen unternommen, indem man versucht, Datenbanken zu installieren, deren Datenbestände von den Mitgliedsfirmen genutzt werden können.

Die in gestraffter Form aufgezeigten Kooperationsmöglichkeiten und die sich für den Betrieb ergebenden Vorteile dürften Anlaß genug sein, die mittelständische Wirtschaft zu einer verstärkten Zusammenarbeit auf dem Gebiet der Informationsversorgung aufzufordern. Wichtigste Voraussetzung, daß dies in Zukunft auch praktiziert wird, ist die Änderung der bisher sehr skeptischen Einstellung der Unternehmer. Ihnen muß bewußt gemacht werden, daß bei gemeinsamen Informationsbeschaffungsaktivitäten Konkurrenzfurcht unbegründet ist. Denn auch bei gleichgelagerter Informationsbasis ist letztlich die individuelle Fähigkeit entscheidend, wie die Informationen in erfolgreiche Absatzstrategien umgesetzt werden.

---

1) Vgl. dazu Chlodwig Kapferer, Wolfgang K.A. Disch: Kooperative Marktforschung, Köln und Opladen 1965

VI. Zusammenfassung der Untersuchungsergebnisse

Angesichts der heutigen Verhältnisse auf den Konsumgütermärkten wird die Anwendung einer langfristigen, absatzorientierten Unternehmensführung als existenznotwendig erachtet. Dies setzt in besonderem Maße einen fundierten Informationsstand bei den Entscheidungsträgern voraus.

Einsichten in die Praxis der mittelständischen Wirtschaft zeigen jedoch, daß die Hauptursachen des Scheiterns kleiner und mittlerer Industriebetriebe nicht nur in der schwach ausgeprägten langfristigen Orientierung ihrer Absatzführung, sondern auch in der schlechten Informationsversorgung der Führungspersonen liegen.

Ein erfolgversprechender Weg zur Lösung dieser Probleme, den die Mehrzahl der Großbetriebe bereits seit langem eingeschlagen hat, wird allgemein in der Gestaltung absatzwirtschaftlicher Informationssysteme gesehen. Die vorliegende Arbeit geht daher der Frage nach, auf welche Weise ein Marketing-Informationssystem in mittelständischen Betrieben der Konsumgüterindustrie eingerichtet werden kann und ob durch seine Nutzung die langfristige Absatzführung verbessert werden kann.

Insgesamt läßt die durchgeführte Analyse einerseits eine Vielfalt an Problemen im Bereich der Informationsversorgung erkennen. Andererseits zeigt sie jedoch auch ein großes Angebot an Möglichkeiten auf, die der mittelständische Betrieb zur Erfüllung seiner Informationsaufgaben durchaus in Anspruch nehmen kann. Die Ergebnisse sind im einzelnen in der Übersicht 24 (S. 195) dargestellt.

Für eine effiziente Informationsversorgung reicht es jedoch nicht aus, einzelne Maßnahmen isoliert einzusetzen. Unbedingt erforderlich ist die systematische Ermittlung des Informationsbedarfs und der kombinierte Einsatz der Informationsbeschaffungs-, -speicherungs- und -verarbeitungsmöglichkeiten, worin die Konzeption eines Informationssystems konkret zum Ausdruck kommt. Dies bringt jedoch die Notwendigkeit mit sich, daß der Informationsversorgung in mittelständischen Industriebetrieben zukünftig ein viel höherer Stellenwert im betrieblichen Aufgabengesamt eingeräumt wird als bisher.

Synop

Organisatorische Aspekte des Informationssystems

onsspeicherung
beitung

e der untersuch-
eine Absatzin-
rt. Sehr wenige
satzinforma-
n Ordnungskri-
durschnittlich
mmung die Infor-
ngeordnet auf-

beitung stellt
ende Schwach-
chnitt werden
mal zwei Tätig-
durch die In-
n oder formal
n. Nur jeder
eine systema-
den beschafften
n den Auswer-
überwiegend
e Prozentuie-

Problemstellung

Hauptschwachste
ständischer Bet
Konsumgüterindu

- unzureichende
  tionsversorgu
- Fehlen einer
  Absatzführung

Analyse organisatorischer Tatbestände im Bereich der Informationsversorgung

EDV-Anlagen werden teilweise auch zur Erfüllung von Informationsaufgaben genutzt, die im Zusammenhang mit der langfristigen Absatzführung stehen.

In nahezu drei Viertel aller Unternehmen dieses Samples wird die Informationsversorgung für absatzpolitische Entscheidungen von der Betriebsführung selbst wahrgenommen. Sehr häufig ist dieser Bereich nicht organisiert.

An Kooperationen zum Zweck der Informationsgewinnung beteiligen sich verhältnismäßig wenige Betriebe.

besserung der
ng und Infor-

mationen, die
formuliert
Informationen
alysen von
in unforma-
abe von
systematische
Aufsuchen;
Form einer

mationen aus
formatier-
eit des EDV-

ung durch
, Verknüpfen,
ung von Ver-
ldung von
hungen; Er-
en und Wert-

r die bessere
itungstech-
erarbeitung

Möglichkeit zur
lösung

Gestaltung ein
absatzorientie
Informationssy

Möglichkeiten zur Verbesserung der Organisation

Rationalisierungseffekte durch Computereinsatz (Informationsbeschaffung aus dem Rechnungswesen, aus den Absatzstatistiken; Informationsspeicherung in formatierte Dateien; Auswertungsverfahren); Installation von Kleincomputern; Nutzung des Angebots an Dienstleistungen (betriebsindividuelle Programme, Organisationsberatung, Ausbildung und Einarbeitung);
Nutzung der Schulungs- und Beratungsprogramme von Förderungsinstitutionen und privaten Beratern; Nutzung staatlicher Zuschüsse;
Datenverarbeitung außer Haus (Benutzung der Rechenzentren von Computerherstellern, von befreundeten Unternehmen; Ausgliederung an Service-Rechenzentren; Gemeinschaftsrechenzentren);

Delegation von Informationsaufgaben an Verkaufsabteilung oder Rechnungswesen; Einrichtung einer seperaten Stelle, evtl. mit "Controlling"-Funktion;

Ausgliederung von Teilaufgaben an Informationsdienste oder Informationsberater; Möglichkeit zur Kooperation (gemeinsame Markterhebungen; Zurverfügungstellung von Informationsmaterial von Großbetrieben; Zusammenarbeit mit Konkurrenten bei Basisuntersuchungen; unter der Trägerschaft von Verbänden; Erfahrungsaustausch)

VERZEICHNIS DER LITERATUR

I. Bücher

BATHMANN, Arnold R.	Informationsbedarfsanalyse für das Beschaffungsmanagement, Gelsenkirchen 1982
BATTELLE-INSTITUT E.V.	Probleme und Methoden des Marketing in der Produktions- und Investitionsgüterindustrie, Frankfurt/Main 1967
BATZER, Erich; GREIPL, Erich; MEYERHÖFER, Walter; SINGER, Eugen	Der Ausleseprozeß im Groß- und Einzelhandel, Nr. 82 der Schriftenreihe des IFO-Instituts für Wirtschaftsforschung, Berlin, München 1974
BECKER, Wilfried	Beobachtungsverfahren in der demoskopischen Marktforschung, Stuttgart 1973
BEHRENS, Karl-Christian	Kurze Einführung in die Handelsbetriebslehre, 2. Aufl., Stuttgart 1972
BENISCH, Werner	Kooperationsfibel, 4., neubearbeitete und erweiterte Aufl., Bergisch-Gladbach 1973
BEREKOVEN, Ludwig; ECKERT, Werner; ELLENRIEDER, Peter	Marktforschung, Methodische Grundlagen und praktische Anwendung, Wiesbaden 1977
BERTHEL, Jürgen	Betriebliche Informationssysteme, Stuttgart 1975
BERTHEL, Jürgen; MOEWS, Dieter	Information und Planung in industriellen Unternehmungen, Berlin 1970
BEYER, Horst-Tilo	Die Lehre der Unternehmensführung, Entwurf eines Forschungsprogrammes, Berlin 1970
BIDLINGMAIER, Johannes	Marketing 1 und 2, Reinbek 1973
BIRCHER, Bruno	Langfristige Unternehmungsplanung. Konzepte, Erkenntnisse und Modelle auf systemtheoretischer Grundlage, Bern und Stuttgart 1976
BLEICHER, Knut; MEYER, Erik	Führung in der Unternehmung, Formen und Modelle, Reinbek 1976

BÖRSTLER, Burkhard STEINER, Joachim (Bearbeiter)	Zur Ausgliederung von Betriebsprozessen aus mittelständischen Betrieben des Produzierenden Gewerbes - Ergebnisse einer empirischen Untersuchung -, Heft 71 der Beiträge zur Mittelstandsforschung, Göttingen 1980
BOHRER, Peter	Die Vollzieher der betrieblichen Werbung, Diss. Köln 1962
BRANDENBURG, Achim (Bearbeiter)	Möglichkeiten und Grenzen der Marktforschung in mittelständischen Handwerksbetrieben, Heft 37 der Beiträge zur Mittelstandsforschung, Göttingen 1978
BRANDENBURG, Hans-Joachim	Absatzforschung in mittelständischen Handwerksbetrieben, Diss. Köln 1979
BREITUNG, Ansgar	Marketing Informationssysteme. Ein methodologischer Beitrag zur Analyse von Datenverarbeitungsprozessen in Marketing-Informationssystemen, Meisenheim am Glan 1975
BUSSIEK, Jürgen	Erfolgsorientierte Steuerung mittelständischer Unternehmen, München 1981
DICHTL, Erwin	Über Wesen und Struktur absatzpolitischer Entscheidungen, Berlin 1967
DILLER, Hermann	Produkt-Management und Marketing-Informationssysteme, Berlin 1975
DINGELDEY, Klaus	Herstellermarketing im Wettbewerb um den Handel, Berlin 1975
DWORATSCHEK, Sebastian; DONIKE, Hartmut	Wirtschaftlichkeitsanalyse von Informationssystemen, Berlin-New York 1972
ELM, Winfried Anton	Das Informationssystem als Mittel der Unternehmensführung, Diss. Berlin 1970
EUCKEN, Walter	Grundsätze der Wirtschaftspolitik, hrsg. v. E. Eucken-Erdsiek und K.P. Hensel, Hamburg 1959
FISCHER, Klaus-Peter	Industrielle Vertriebskostenrechnung, Stuttgart 1963

GANTZEL, Klaus-Jürgen — Wesen und Begriff der mittelständischen Unternehmung, Nr. 4 der Abhandlungen zur Mittelstandsforschung, Köln und Opladen 1962

GEIST, Manfred — Selektive Absatzpolitik auf der Grundlage der Absatzsegmentrechnung, 2. Aufl., Stuttgart 1974

GROCHLA, Erwin; MELLER, Friedrich — Datenverarbeitung in der Unternehmung, 1. Grundlagen, Reinbek 1974

GROCHLA, Erwin; WEBER, Helmut; GÜRTH, Hans — Kleincomputer in Verbundsystemen - Organisatorische Gestaltung und Anwendung, Opladen 1976

GROCHLA, Erwin (und Mitarbeiter) — Handbuch der Computer-Anwendung, Auswahl und Einsatz der EDV im Klein- und Mittelbetrieb, Braunschweig/Wiesbaden 1979

GROCHLA, Erwin (und andere) — Entlastung durch Delegation, Leitfaden zur Anwendung organisatorischer Maßnahmen, Berlin 1981

GÜNZEL, Dieter — Das betriebswirtschaftliche Größenproblem kleiner und mittlerer industrieller Unternehmen, Göttingen 1975

GUTENBERG, Erich — Unternehmensführung, Wiesbaden 1962

GUTENBERG, Erich — Grundlagen der Betriebswirtschaftslehre, Band 1: Die Produktion, 23. unveränderte Aufl., Berlin-Heidelberg-New York 1979

GUTENBERG, Erich — Grundlagen der Betriebswirtschaftslehre, Band 2: Der Absatz, 15., neu bearbeitete und erweiterte Aufl., Berlin-Heidelberg-New York 1976

HANSEN, Peter — Die handelsgerichtete Absatzpolitik der Hersteller im Wettbewerb um den Regalplatz, Berlin 1972

HEDINGER, Peterr — Die Nutzung kooperativer Werbung zur Steigerung der Leistungsfähigkeit mittelständischer Betriebe, Nr. 77 der Schriften zur Mittelstandsforschung, Göttingen 1978

HEINEN, Edmund — Grundlagen betriebswirtschaftlicher Entscheidungen. Das Zielsystem der Unternehmung, 3. Aufl., Wiesbaden 1976

HEINRICH, Lutz J. — Gemeinsame Computerbenutzung in der Industrie. Datenverarbeitung außer Haus, Wiesbaden 1969

HEINZELBECKER, Klaus — Partielle Marketing-Informationssysteme, Zürich, Frankfurt/Main, Thun 1977

HILL, Wilhelm; FEHLBAUM, Raymond; ULRICH, Peter — Ziele Instrumente und Bedingungen der Organisation sozialer Systeme, 3. Aufl., Bern 1981

HINTERHUBER, Hans H. — Strategische Unternehmensführung, 2., durchgesehene und erweiterte Aufl., Berlin-New York 1980

HINTERHUBER, Hans H. — Wettbewerbsstrategie, Berlin-New York 1982

HÖFLINGER, Peter — Informationsoptimierung in betrieblichen Entscheidungsprozessen, Köln 1975

HOFFMANN, Klaus — Die Konkurrenzuntersuchung als Determinante der langfristigen Absatzplanung, Göttingen 1979

KAPFERER, Chlodwig; DISCH, Wolfgang K.A. — Kooperative Marktforschung, Köln und Opladen 1965

KERN, Werner — Industriebetriebslehre, Stuttgart 1970

KLEIN-BLENKERS, Fritz — Die Ökonomisierung der Distribution, Köln und Opladen 1964

KLEIN-BLENKERS, Fritz — Ansatzstellen und Maßnahmen zur Verbesserung der Betriebsführung des mittelständischen Facheinzelhandels unter besonderer Berücksichtigung staatlicher Gewerbeförderungsmaßnahmen, Nr. 48 der Abhandlungen zur Mittelstandsforschung, Köln 1971

KLEIN-BLENKERS, Fritz; LEIHNER, Emil; RESKE, Winfried; ROBL, Karl; GEISER, Josef — Die mittelständische Wirtschaft - heute, - Probleme und Lösungsansätze -, Heft 50 der Beiträge zur Mittelstandsforschung, Göttingen 1979

KLEIN-BLENKERS, Fritz; unter Mitwirkung von LEIHNER, Emil; BRANDENBURG, Achim; MORTSIEFER, Hans-Jürgen; RESKE, Winfried; HÜHNERT, Sigrid — Zur Verbesserung des Informationsstandes mittelständischer Betriebe über leistungssteigernde Maßnahmen, Nr. 81 der Schriften zur Mittelstandsforschung, Göttingen 1981

KLOOCK, Josef; SIEBEN, Günter; SCHILDBACH, Thomas — Kosten- und Leistungsrechnung, Tübingen-Düsseldorf 1976

KOREIMANN, Dieter S. — Methoden der Informationsbedarfsanalyse, Berlin-New York 1976

KOSIOL, Erich — Die Unternehmung als wirtschaftliches Aktionszentrum, Einführung in die Betriebswirtschaftslehre, Reinbek 1966

KOTLER, Philip — Marketing Management (Analyse, Planung und Kontrolle), Studienausgabe Stuttgart 1977

KRAMER, Rolf — Information und Kommunikation, Berlin 1965

LANGE, Peter Günther — Der Kundendienst im Rahmen des Vertriebs von Konsumgütern, Diss. Berlin 1963

MAI, Diethard — Marketing und Kybernetik, Frankfurt/ Main, Zürich 1971

MEFFERT, Heribert — Computergestützte Marketing-Informationssysteme, Wiesbaden 1975

MEFFERT, Heribert; STEFFENHAGEN, Hartwig — Konflikte zwischen Industrie und Handel, Wiesbaden 1975

MELLEROWICZ, Konrad — Betriebswirtschaftslehre der Industrie, 6. neubearbeitete und erweiterte Aufl., Band I, Freiburg i. Br. 1968

MENTZEL, Karsten-Heinz — Das Marketing-Informations-System, Grundlagen für Entscheidungen im Marketing-Management, Essen 1974

MERTENS, Peter — Betriebliche Dokumentation und Information, Meisenheim am Glan 1965

MEYER, Carl W.; HANSEN, Hans R. — Vertriebsinformatik, Berlin, New York 1973

MEYER, Claus — Betriebswirtschaftliche Kennzahlen und Kennzahlen-Systeme, Stuttgart 1982

MISCHON, Claudia; unter Mitwirkung von ROBL, Karl — Zum Problem der Diskriminierung mittelständischer Betriebe - Eine empirische Untersuchung, Heft 63 der Beiträge zur Mittelstandsforschung, Göttingen 1980

MISCHON, Claudia; MORTSIEFER, Hans-Jürgen (Bearbeiter) — Zum Stand der Insolvenzprophylaxe in mittelständischen Betrieben - Eine empirische Analyse -, Nr. 83 der Schriften zur Mittelstandsforschung, Göttingen 1981

MORTSIEFER, Hans-Jürgen — Zur Notwendigkeit eines kombinierten Einsatzes von Förderungsmaßnahmen in mittelständischen Industriebetrieben - Ergebnisse einer Analyse von Angebot, Inanspruchnahme von Förderungsmaßnahmen -, Heft 58 der Beiträge zur Mittelstandsforschung, Göttingen 1980

MORTSIEFER; Hans-Jürgen — Der kombinierte Einsatz von Förderungsmaßnahmen zur Verbesserung der Betriebsführung mittelständischer Industriebetriebe, Nr. 84 der Schriften zur Mittelstandsforschung, Göttingen 1981

MORTSIEFER, Hans-Jürgen; RESKE, Winfried; STEINER, Joachim (Bearbeiter) — Betriebsgrößenbedingte Wettbewerbsvorteile und Wettbewerbsnachteile mittelständischer Betriebe, Heft 64 der Beiträge zur Mittelstandsforschung, Götttingen 1980

NIEMEYER, Heinz-Wilhelm — Der Informationsbedarf im Marketing-Informationssystem, Frankfurt, Zürich 1977

NIESCHLAG, Robert; DICHTL, Erwin; HÖRSCHGEN, Hans — Marketing, 10., unveränderte Aufl., Berlin 1979

NIESCHLAG, Robert; KUHN, Gustav — Binnenhandel und Binnenhandelspolitik, 3., neubearbeitete Aufl., Berlin 1980

NOACK, Willi H. — Rechenhafte Betriebsführung im Einzelhandel. Ergebnisse einer empirischen Untersuchung, Nr. 41 der Schriften zur Handelsforschung, Köln und Opladen 1969

PAFFHAUSEN, Andreas — Zur Informationsversorgung der Absatzführung in mittelständischen Betrieben - Eine empirische Analyse in ausgewählten Branchen der Konsumgüterindustrie -, Heft 80 der Beiträge zur Mittelstandsforschung, Göttingen, 1981

PERREVORT, Helmut — Die Strukturierung der Informationen im Informationssystem der Unternehmung, Diss. Köln 1974

PÜMPIN, Cuno Beat — Langfristige Marketingplanung, Konzeption und Formalisierung, 2. Aufl., Bern und Stuttgart 1970

PÜMPIN, Cuno Beat — Information und Marketing, St. Gallen 1973

RATIONALISIERUNGSKURATORIUM DER DEUTSCHEN WIRTSCHAFT (RKW) e.V. (Hrsg.) — Marketing in mittleren und kleineren Industrieunternehmen, dargestellt am Beispiel der Wohnmöbel-Industrie, Frankfurt 1975

RESKE, Winfried; BRANDENBURG, Achim; MORTSIEFER, Hans-Jürgen (Bearbeiter) — Insolvenzursachen mittelständischer Betriebe - Eine empirische Analyse -, Nr. 70 der Schriften zur Mittelstandsforschung, 2. Aufl., Göttingen 1978

RESKE, Winfried; MORTSIEFER, Hans-Jürgen (Bearbeiter) — Mittelstandsförderung in der Bundesrepublik Deutschland - Anregungen zur Neugestaltung der Größenklassen bei der Vergabe staatlicher Förderungsmittel -, Heft 47 der Beiträge zur Mittelstandsforschung, Göttingen 1978

ROBL, Karl unter Mitwirkung von THÜRBACH, Ralf-Peter (Bearbeiter) — Zur Problemsituation mittelständischer Betriebe - Eine empirische Analyse -, Heft 10 der Beiträge zur Mittelstandsforschung, Göttingen 1976

RÖMHELD, Dieter — Informationssysteme und Management-Funktionen, Wiesbaden 1973

ROTH, Konrad — Informationsbeschaffung von Organisationen, Analyse des Informationsverhaltens von Organisationen am Beispiel von Entscheidungsprozessen auf Investitionsgütermärkten, Diss. Mannheim 1976

RÜHL, Günter; KOSCHNITZKE; Klaus; HEITZ, Franz — Einsatz der Mittleren Datentechnik (MDT) zur Verbesserung technisch-ökonomischer Managemententscheidungen und zur Arbeitssteuerung in Klein- und Mittelbetrieben, Schorndorf 1977

RÜHLE VON LILIENSTERN, Hans — Konkurrenzfähiger durch bessere Informationen, Berlin 1974

SCHÄFER, Erich — Die Unternehmung, 9., durchgesehene Aufl., Wiesbaden 1978

SCHÄFER, Erich — Absatzwirtschaft, 3., wesentlich erweiterte Aufl., Stuttgart 1981

SCHÄFER, Erich; KNOBLICH, Hans — Grundlagen der Marktforschung, 5., neubearbeitete Aufl., Stuttgart 1978

SCHMELTER, Heinrich — Organisatorische Auswirkungen des EDV-Einsatzes im Klein- und Mittelunternehmen, Zürich-Frankfurt/Main-Thun 1977

SCHNUTENHAUS, Otto R. — Entscheidungsanalyse der Unternehmungsführung für das systematische Gewinnmachen im Markt und die Typologie der Unternehmung, Herne-Berlin 1969

SCHÖNENBORN, Friedhelm — Zur Beschaffungsituation mittelständischer Industriebetriebe - Eine empirische Analyse -, Heft 62 der Beiträge zur Mittelstandsforschung, Göttingen 1980

SCHWARTING, Uwe; THOBEN, Christa; WITTSTOCK, Matthias (Bearbeiter) — Nachfrageverhalten kleiner und mittlerer Unternehmen nach Außenhandelsinformationen und -beratung, Heft 83 der Beiträge zur Mittelstandsforschung, Göttingen 1982

STAHR, Gunter — Auslandsmarketing, Band I: Marktanalyse, Berlin-Köln-Mainz 1979

STARKE, Ulf — Absatzwirtschaftliche Kooperation zwischen Unternehmungen der Konsumgüterindustrie, Diss. Erlangen-Nürnberg 1970

STEINER, Joachim unter Mitwirkung von RESKE, Winfried (Bearbeiter) — Aufgaben und Bedeutung von Führungspersonen in mittelständischen Betrieben - Ergebnisse einer empirischen Analyse -, Heft 36 der Beiträge zur Mittelstandsforschung, Göttingen 1978

STEINER, Joachim; BÖRSTLER, Burkhard; RESKE, Winfried (Bearbeiter) — Die Entwicklung von Unternehmen und Umsätzen in der Bundesrepublik Deutschland von 1970 - 1976 auf der Basis nominaler und realer Daten - Mittelstandsstatistik -, Heft 49 der Beiträge zur Mittelstandsforschung, Göttingen 1979

THIES, Gerhard — Vertikales Marketing, Berlin-New York 1976

THÜRBACH, Ralf-Peter — Betriebsführung und elektronische Datenverarbeitung im Einzelhandel. Möglichkeiten und Erfahrungen beim Einsatz der EDV zur Verbesserung der Betriebsführung in Klein- und Mittelbetrieben, Nr. 66 der Schriften zur Mittelstandsforschung, Göttingen 1974

THÜRBACH, Ralf-Peter unter Mitwirkung von MENZENWERTH, Heinz-Hermann (Bearbeiter) — Die Entwicklung der Unternehmensgrößen in der Bundesrepublik Deutschland von 1962 bis 1972 - Mittelstandsstatistik -, Heft 4 der Beiträge zur Mittelstandsforschung, Göttingen 1975

THÜRBACH, Ralf-Peter unter Mitwirkung von HUTTER, Evelyn (Bearbeiter) — Zum Stand der Organisation in mittelständischen Betrieben - Eine empirische Analyse -, Heft 11 der Beiträge zur Mittelstandsforschung, Göttingen 1976

THÜRBACH, Ralf-Peter; GEISER, Josef (Bearbeiter) — Exportprobleme mittelständischer Betriebe. Eine empirische Analyse in ausgewählten Industriebereichen, Heft 23 der Beiträge zur Mittelstandsforschung, Göttingen 1977

ULRICH, Hans — Die Unternehmung als produktives, soziales System, Bern, Stuttgart 1968

WACKER, Wilhelm H. — Betriebswirtschaftliche Informationstheorie, Grundlagen des Informationssystems, Opladen 1971

WEINHOLD-STÜNZI, Heinz — Grundlagen wirtschaftlicher Absatzführung, 2., unveränderte Aufl., Bern und Stuttgart 1974

WIELAND, Klaus — Der Informationsbedarf und Möglichkeiten zu seiner Deckung beim Vertrieb elektronischer Serienerzeugnisse, Diss. Mannheim 1971

WINTERLING, Klaus — Externe Dienstleistungen im Absatzbereich, Leitlinien für ihre wirksame Nutzung durch mittlere und kleine Unternehmen, hrsg. v. Rationalisierungs-Kuratorium der deutschen Wirtschaft (RKW) e.V., Eschborn 1981

WITTMANN, Waldemar — Unternehmung und vollkommene Information, Köln und Opladen 1959

II. Beiträge aus Sammelwerken, Festschriften und Jahrbüchern

AHLERT, Dieter — Grundprobleme des Marketing-Rechts-Managements, in: Jahrbuch des Marketing, hrsg. v. K.M. Schöttle, Ausgabe 1982/83, Essen 1982, S. 90 ff

ALEWELL, Karl — Absatzkalkulation, in: Handwörterbuch des Rechnungswesens, hrsg. v. E. Kosiol, Stuttgart 1970, Sp. 1 ff

BERTHEL, Jürgen — Dokumentation, betriebliche, in: Handwörterbuch der Betriebswirtschaft, hrsg. v. E. Grochla und W. Wittmann, 4., völlig neu gestaltete Aufl., Band I/1, Stuttgart 1974, Sp. 1199 ff

BERTHEL, Jürgen — Information, in: Handwörterbuch der Betriebswirtschaft, 4., völlig neu gestaltete Aufl., hrsg. v. E. Grochla und W. Wittmann, Band I/2, Stuttgart 1975, Sp. 1865 ff

BLEICHER, Knut — Organisation des Rechnungswesens, in: Handwörterbuch des Rechnungswesens, hrsg. v. E. Kosiol, Stuttgart 1970, Sp. 1292 ff

BRUHN, Manfred — Konsumentenzufriedenheit als Frühwarnsystem des Marketing, in: Jahrbuch des Marketing, Ausgabe 1982/83, hrsg. v. K.M. Schöttle, Essen 1982, S. 180 ff

GARBE, Helmut — Der Verdichtungsgrad von Informationen, in: Management-Informations-Systeme, eine Herausforderung an Forschung und Entwicklung, hrsg. v. E. Grochla und N. Szyperski, Wiesbaden 1971, S. 199 ff

GARBE, Helmut — Informationsbedarf, in: Handwörterbuch der Betriebswirtschaft, hrsg. v. E. Grochla und W. Wittmann, 4., völlig neu gestaltete Aufl., Bd. I/2, Stuttgart 1975, Sp. 1873 ff

GEIST, Manfred — Die Analyse des Absatzgeschehens als Voraussetzung einer erfolgreichen Absatzpolitik, in: Betriebswirtschaft und Marktpolitik, Festschrift für Rudolf Seyffert zum 75. Geburtstag, hrsg. v. E. Sundhoff und E. Kosiol, Köln und Opladen 1968, S. 151 ff

GROCHLA, Erwin — Gegenstand und Entwicklung der Managementlehre, in: Management, Aufgaben und Instrumente, hrsg. v. E. Grochla, 1. Aufl., Düsseldorf und Wien 1974, S. 11 ff

GROCHLA, Erwin; LEHMANN, Helmut — Systemtheorie und Organisation, in: Handwörterbuch der Organisation, hrsg. v. E. Grochla, 2., völlig neu gestaltete Aufl., Stuttgart 1980, Sp. 2204 ff

HAX, Karl — Wachstum und Organisation, in: Handwörterbuch der Organisation, hrsg. v. E. Grochla, Studienausgabe, Stuttgart 1973, Sp. 1755 ff

KERN, Werner — Industriebetriebslehre, in: Handwörterbuch der Betriebswirtschaft, hrsg. v. E. Grochla und W. Wittmann, 4., völlig neu gestaltete Aufl., Stuttgart 1975, Sp. 1849 ff

KLEIN-BLENKERS, Fritz — Distribution, in: Handwörterbuch der Absatzwirtschaft, hrsg. v. B.Tietz, Stuttgart 1974, Sp. 473 ff

KÖNIG, René — Probleme der Mittelstandsforschung heute, in: Soziologische Probleme mittelständischer Berufe, I. Teil, Nr. 1 der Abhandlungen zur Mittelstandsforschung, Köln und Opladen 1962, S. 7 ff

KOTLER, Philip — A Design for the Firm's Marketing Nerve Center, in: Information for Decision Making, hrsg. v. A. Rappaport, Englewood Cliffs, N.J. 1970, S. 258 ff

KUBICEK, Herbert; THOM, Norbert — Umsystem, betriebliches, in: Handwörterbuch der Betriebswirtschaft, hrsg. v. E. Grochla und W. Wittmann, 4., völlig neu gestaltete Aufl., Band I/3, Stuttgart 1976, Sp. 3977 ff

LEIHNER, Emil — Versuch einer systematischen Unternehmensführungslehre für den Einzelhandel, in: Jahrbuch 1970 der Betriebswirtschaftlichen Beratungsstelle für den Einzelhandel, hrsg. v. E. Leihner, Köln 1970, S. 39 ff

MARZEN, Walter — Gegengewichtsprinzip und Nachfragekonzentration im Handel, in: Betriebswirtschaft und Marktpolitik, Festschrift für Rudolf Seyffert zum 75. Geburtstag, hrsg. v. E. Sundhoff und E. Kosiol, Köln und Opladen 1968, S. 327 ff

MATHIEU, Günter — Informationssysteme im Marketing, in: Handwörterbuch der Absatzwirtschaft, hrsg. v. B. Tietz, Stuttgart 1974, Sp. 850 ff

PEEMÖLLER, Volker H. — Datenbanken im Marketing, in: Marketing Enzyklopädie, Band 1, München 1974, S. 359 ff

PETERMANN, Günter — Aktuelle Probleme des Marketing im Handel, in: Modernes Marketing-Moderner Handel, hrsg. v. J. Bidlingmaier, Wiesbaden 1972, S. 485 ff

ROBL, Karl — Ansätze eines theoretischen Systems der Wettbewerbsvorteile und Wettbewerbsnachteile mittelständischer Betriebe, in: Die Betriebsgröße als Bestimmungsfaktor der Wettbewerbsfähigkeit mittelständischer Betriebe, hrsg. v. F. Klein-Blenkers, Heft 55 der Beiträge zur Mittelstandsforschung, Göttingen 1979, S. 1 ff

RÖLLE, Harald — Die Ermittlung des Informationsbedarfs der Manager. Ausgangspunkt oder Ziel der MIS, in: Management-Informations-Systeme, hrsg. v. E. Grochla und N. Szyperski, Wiesbaden 1971, S. 761 ff

RÜHLE VON LILIENSTERN, Hans — Beschaffung und Auswertung von exogenen Informationen für unternehmerische Entscheidungen, in: RKW-Handbuch Führungstechnik und Organisation, hrsg. v. E. Potthoff, Berlin 1978, S. 1 ff

SZYPERSKI, Norbert — Analyse der Merkmale und Formen der Büroarbeit, in: Bürowirtschaftliche Forschung, hrsg. v. E. Kosiol, Berlin 1961, S. 75 ff

SZYPERSKI, Norbert — Informationsbedarf, in: Handwörterbuch der Organisation, hrsg v. E. Grochla, 2., völlig neu gestaltete Aufl., Stuttgart 1980, Sp. 904 ff

SZYPERSKI, Norbert — Informationssysteme, computergestützte, in: Handwörterbuch der Organisation, hrsg. v. E. Grochla, 2., völlig neu gestaltete Aufl., Stuttgart 1980, Sp. 920 ff

THOM, Norbert — Vorschlagswesen, betriebliches, in: Handwörterbuch der Produktionswirtschaft, hrsg. v. W. Kern, Stuttgart 1979, Sp. 2223 ff

TOPRITZHOFER, Edgar — Marketing-Mix, in: Handwörterbuch der Absatzwirtschaft, hrsg. v. B. Tietz, Stuttgart 1974, Sp. 1247 ff

TREIS, Bartho — Die Ausgestaltung der Vertriebskostenrechnung, in: Erfolgskontrolle im Marketing, Band 1, hrsg. v. F. Böcker und E. Dichtl, Berlin 1975, S. 25 ff

WEBER, Helmut Kurt — Industriebetrieb und Absatzwirtschaft, in: Handwörterbuch der Absatzwirtschaft, hrsg. v. B. Tietz, Stuttgart 1974, Sp. 835 ff

WEINHOLD-STÜNZI, Heinz — Konsumgütermarketing, in: Handwörterbuch der Absatzwirtschaft, hrsg. v. B. Tietz, Suttgart 1974, Sp.1063

WELGE, Martin K. — Synergie, in: Handwörterbuch der Betriebswirtschaft, 4., völlig neu gestaltete Aufl., hrsg. v. E. Grochla und W. Wittmann, Stuttgart 1976, Band I/3, Sp. 3800 ff

III. Beiträge aus Zeitschriften und Zeitungen

ALEWELL, Karl — Die Koppelung des Systems Unternehmung mit dem Umsystem, dargestellt am Beispiel des Absatzsystems, in: Zeitschrift für Organisation, 40. Jg., 1971, Heft 4, S. 178 ff

ANGEHRN, Otto — Bedeutung der Handelskonzentration für die Markenartikelindustrie, in: Markenartikel, 33. Jg., 1971,Heft 2, S. 49 ff

BERG, Claus C. — Schwachstellenanalyse. Informationsbereitstellung in der Materialwirtschaft, in: Beschaffung aktuell,1980, Heft 11, S. 58 ff

BLACH, Claus E. — Wie findet man die richtige Werbeagentur?, in: ZV + ZV, 1982, Heft 19, S. 645 ff

BOTTLER, Jörg — Die Strukturierung eines branchenorientierten Systems informationeller Beziehungen der Unternehmung, in: Zeitschrift für Organisation, 41. Jg., 1972, Heft 7, S. 339 ff

BRIEN, Richard H.; STAFFORD, James E. — Marketing Information Systems: A New Dimension for Marketing Research, in: Journal of Marketing, Vol. 32, July 1968, S. 19 ff

EHRLINGER, Erich — Kundengruppen - Management, Erfahrungen mit einer neuen Organisationsform im Vertrieb, in: Die Betriebswirtschaft, 39. Jg., 1979, Heft 2, S. 261 ff

FRENZEL, Helmut — Jedes Unternehmen braucht eine Konzeption. Die Management-Lücke gegenüber Großunternehmen, in: Blick durch die Wirtschaft, hrsg. v. Frankfurter Allgemeine Zeitung, 21. Jg., Nr. 16 vom 19.1.1978, S. 3

GERTH, Ernst — Voraussetzungen, Möglichkeiten und Grenzen der Marktforschung für Klein- und Mittelbetriebe, in: Der Marktforscher, 7. Jg., 1963, Heft 4, S. 99 ff

GROCHLA, Erwin; KUBICEK, Herbert — Zur Zweckmäßigkeit und Möglichkeit einer umfassenden betriebswirtschaftlichen Beschaffungslehre, in: Zeitschrift für betriebswirtschaftliche Forschung, 28. Jg., 1976, Nr. 5, S. 257 ff

HAHN, Dietger — Führungsaufgaben bei schrumpfendem Absatz, in: Zeitschrift für betriebswirtschaftliche Forschung, 33. Jg., 1981, Heft 12, S. 1079 ff

HANSEN, Robert; WAIBEL, Heinz Peter — Marktorientierte Unternehmensführung mit Computern, Teil 1: Grundlagen der marktorientierten Unternehmensführung, in: IBM-Nachrichten, 22. Jg., Feb. 1972, Nr. 209, S. 25 ff

HEIGL, Anton — Controlling im Mittelbetrieb, in: Zeitschrift für Organisation, 50. Jg., 1981, Heft 8, S. 425 ff

HEINZELBECKER, Klaus — Problembereiche, Komponenten und Entwicklungsstand computergestützter Marketing-Informationssysteme, in: Der Marktforscher, 18. Jg., 1974, Heft 2, S. 36 ff

HÖFNER, Klaus; KALTENBACH, Horst
So verbessern Sie Ihr Marketing, in: Marketing Journal, 10. Jg., März 1977, S. 314 ff

HOFFMANN, Klaus; WOLFF, Volker
Zur Systematik von Absatzstrategien als Grundlage langfristig-wirkender Entscheidungen im Absatzbereich, in: Jahrbuch der Absatz- und Verbrauchsforschung, 23. Jg., 1977, S. 161 ff

HRUSCHKA, Erich
Die Besonderheiten der Klein- und Mittelbetriebe, in: Internationales Gewerbearchiv, 23. Jg., 1975, Heft 4, S. 237 ff

HÜNERBERG, Reinhard
Marktinformationen für den Einzelhandel, Datenbereiche und Datenermittlung, in: FfH-Mitteilungen, neue Folge, Juli/August 1979, S. 1

KILGER, Wolfgang
Grenzplankosten- und Deckungsbeitragsrechnung im Klein- und Mittelbetrieb, in: Rationalisierung, 31. Jg., Heft 2, Februar 1980, S. 41 ff; Teil (II): Heft 3/4, März/April 1980, S. 82 ff

KLEIN-BLENKERS, Fritz
Ein tüchtiger Unternehmer hat immer Chancen, in: Mitteilungen des Instituts für Handelsforschung an der Universität zu Köln, 30. Jg., Nr. 3, 1978, S. 33 ff

KLEIN-BLENKERS, Fritz
Förderung der Betriebsführung kleiner und mittlerer Unternehmungen, in: Betriebswirtschaftliche Forschung und Praxis, 34. Jg., September 1982, S. 393 ff

KLEIN-BLENKERS, Fritz
Die Kombination der Betriebsfaktoren und ihr Einfluß auf die Handelsleistung, in: Mitteilungen des Instituts für Handelsforschung an der Universität zu Köln, 34. Jg., Nr. 10, 1982, S. 118 ff

KLEIN-BLENKERS, Fritz
Handelsbetriebslehre, in: WiSt, 6. Jg., 1977, Teil I: Heft 11, S. 505 ff; Teil II: Heft 12, S. 553 ff

KÖHLER, Richard
Informationssysteme für die Unternehmensführung, in: Zeitschrift für Betriebswirtschaft, 41. Jg., 1971, S. 27 ff

KÖHLER, Richard
Nutzen Sie Ihr Rechnungswesen, Teil I: Einführung, in: Marketing Journal, 1976, Heft 3, S. 267 ff

KOPPELMANN, Udo — Zur Verzahnung von Beschaffungs- und Absatzprozessen in Unternehmen, in: Zeitschrift für betriebswirtschaftliche Forschung, 32. Jg., 1980, Nr. 2, S. 121 ff

LEIHNER, Emil — Motivation der Mitarbeiter als Unternehmeraufgabe, in: Mitteilungen des Instituts für Handelsforschung an der Universität zu Köln, 35. Jg., Nr. 9, S. 125 ff

MEFFERT, Heribert — Perspektiven des Marketing in den 80er Jahren, in: Die Betriebswirtschaft, 40. Jg., 1980, Heft 1 (März), S. 59 ff

MEYER, Carl W. — Möglichkeiten der Konkurrenzpolitik, in: Betriebswirtschaftliche Forschung und Praxis, 13. Jg., 1961, S. 495 ff

MÜLLER, Wolfgang — Die Koordination von Informationsbedarf und Informationsbeschaffung als zentrale Aufgabe des Controlling, in: Zeitschrift für betriebswirtschaftliche Forschung, 26. Jg., 1974, Heft 10, S. 683 ff

NAEGLER, Heinz — Management- Informations-Systeme für Klein- und Mittelbetriebe?, in: Zeitschrift für betriebswirtschaftliche Forschung, 25. Jg., Jan. 1973, S. 20 ff

RAFFEÉ, Hans — Marketingperspektiven der 80er Jahre, in: Marketing, 4. Jg., 1982, Heft 2 (Mai), S. 81 ff

ROBL, Karl — Unternehmensstrategien mittelständischer Betriebe auf der Basis größenspezifischer Vorteile und Nachteile, in: Mitteilungen des Instituts für Handelsforschung an der Universität zu Köln, 32. Jg., Nr. 2, Februar 1980, S. 25 ff

RÜHLE VON LILIENSTERN, Hans — Kooperative Marktforschung - eine zentrale Aufgabe der mittleren und kleinen Unternehmen, in: Marktforschung, 23. Jg., 1979, Heft 1, S. 8 ff

SCHENK, Hans-Otto — Plädoyer für ein eigenständiges Handelsmarketing, in: FfH-Mitteilungen, XV. Jg., neue Folge, 1974, Heft 7, S. 1 ff

TRÄGER, Wolfgang — Konkurrenzanalyse - Waffe im Wettbewerb, in: Markenartikel, 35. Jg., 1973, Heft 12, S. 550 ff

UEBELE, Herbert; HEINZELBECKER, Klaus — Der situationsgerechte Aufbau betrieblicher Informationssysteme, in: Zeitschrift für Organisation, 49. Jg., 1980, S. 396 ff

VOSS, Heinz — Marktforschung und Handelsvertretungen, in: Marktforschung, 1982, Heft 45, S. 102 ff

WEIHERMÜLLER, Michael; WIMMER, Frank — Auslandsmarktforschung in Mittelbetrieben - Analyse von Schwachstellen und Ansätze zur Verbesserung, in: Zeitschrift für betriebswirtschaftliche Forschung, 34. Jg., Nr. 10, 1982, S. 919 ff

WILD, Jürgen — Zur Problematik der Nutzenbewertung von Informationen, in: Zeitschrift für Betriebswirtschaft, 41. Jg., 1971, Nr. 5, S. 315 ff

WILD, Jürgen — Kosten der Information, in: Betriebswirtschaftliche Forschung und Praxis, 25. Jg., Nr. 11, 1973, S. 616 ff

ZACHERT, Hans-Karl — Die überbetriebliche Delegierung von Aufgaben in mittelständischen Produktionsbetrieben, in: Betriebswirtschaftliche Forschung und Praxis, 16. Jg., 1964, Heft 2, S. 82 ff

IV. Sonstige Veröffentlichungen

HEINZELBECKER, Klaus; — MIS 75 - Erhebung zum Entwicklungsstand betrieblicher Informationssysteme unter besonderer Berücksichtigung des Bereichs "Marketing/Verkauf/Vertrieb", in: DBW-Depot, Nr. 77-4-6, Stuttgart 1977

INDUSTRIE- UND HANDELSKAMMER ZU KOBLENZ (Hrsg.) — "Zukunft im Nebel", im Kleinbetrieb wird Planen klein geschrieben, Koblenz Dez. 1978

INFRATEST (Hrsg.) — Kriterien für die Beurteilung von Marktforschungsinstituten, o.O., 1970

KLEIN-BLENKERS, Fritz — Grundlagen der Distributionswirtschaft, Veranstaltungen zur Distributionswirtschaft an der Universität zu Köln, 1981, Umdruck 9 (Absatzpolitische Instrumente)

KOMMISSION ZUR FÖRDERUNG DER HANDELS- UND ABSATZWIRTSCHAFTLICHEN FORSCHUNG (Hrsg.) — Katalog E, Begriffsdefinitionen aus der Handels- und Absatzwirtschaft, 3. Ausgabe, Köln 1982

MANAGER MAGAZIN Verlagsgesellschaft mbH (Hrsg.) — Managementlücken im Mittelstand - Ergebnisse einer empirischen Untersuchung (Manager Magazin Enquête), wissenschaftliche Leitung M.E. Kamp, Hamburg 1977

STATISTISCHES BUNDESAMT — Statistisches Jahrbuch 1978 für die Bundesrepublik Deutschland, Stuttgart und Mainz, im August 1978

A N H A N G

INSTITUT FÜR MITTELSTANDSFORSCHUNG

Vorstand: Prof. Dr. M. Ernst Kamp, Bonn · Prof. Dr. Fritz Klein-Blenkers, Köln

5 Köln 1, Barbarossaplatz 2, Telefon (0221) 235177-79

Geschäftsleitung der Firma

Köln, im September 1979

Sehr geehrte Dame, sehr geehrter Herr,

empirische Untersuchungen zeigen eindeutig, daß die Leistungs- und Wettbewerbsfähigkeit von Betrieben aller Größenordnungen maßgeblich von dem Informationsstand ihrer Führungspersonen abhängt. Besonders für den Absatzbereich benötigt jede Betriebsführung Informationen über den eigenen Betrieb, über Entwicklungen auf den Märkten und die Situation der betrieblichen Umwelt, um auf dieser Basis eine betriebsindividuelle Absatzpolitik gestalten zu können.

Dem gegenüber stehen allerdings Anhaltspunkte aus der Praxis, die andeuten, daß sich bei mittelständischen Betrieben gerade das Informationswesen als typische Schwachstelle erweist. Konkret kommt dies darin zum Ausdruck, daß der Bedarf an Informationen weitgehend unbekannt ist, Informationen nicht systematisch beschafft und verarbeitet werden, ergiebige und kostengünstige Informationsquellen ungenutzt bleiben. Insbesondere für die langfristigen Führungsaufgaben, durch deren Erfüllung im wesentlichen die Existenzsicherung der Betriebe bestimmt wird, ist nur eine sehr mangelhafte Informationsversorgung festzustellen.

Aus diesem Grunde sollen den Klein- und Mittelbetrieben Möglichkeiten und Wege zur Verbesserung bzw. zur Entwicklung eines geeigneten Informationswesens aufgezeigt werden. Notwendige Voraussetzung ist jedoch eine detaillierte Analyse der gesamten Problematik, die nur durch eine enge Zusammenarbeit mit der Praxis möglich ist.

- 2 -

- 2 -

Wir bitten Sie daher, den beigefügten Erhebungsbogen auszufüllen und im beiliegenden Freiumschlag zurückzusenden. Der erforderliche Zeitaufwand ist gering, da die meisten Fragen durch Ankreuzen ohne Hinzuziehung betrieblicher Unterlagen zu beantworten sind. Uns ist natürlich bekannt, daß Sie tagtäglich mit vielerleit Erhebungen "belästigt" werden, jedoch bitten wir in diesem Falle zu bedenken,

- daß Sie durch Ihre Bereitschaft mithelfen, die Probleme der mittelständischen Wirtschaft zu lösen und ihre Position zu verbessern,
- daß der ausgefüllte Fragebogen Ihnen ein Bild darüber vermittelt, wie es um das augenblickliche Informationswesen Ihres Betriebes steht.

Ihre Angaben werden selbstverständlich <u>streng vertraulich</u> behandelt. Ihre Anschrift benötigen wir für die Untersuchung nicht. Als Gegenleistung senden wir Ihnen aber gerne die Hauptergebnisse der Erhebung zu, wenn Sie Ihre Adresse bei der Rücksendung des Fragebogens auf einem gesonderten Blatt beifügen.
Für Ihre Mitwirkung danke ich Ihnen im voraus und bin

mit den besten Empfehlungen
Ihr

Klein-Blenkers

(Prof. Dr. F. Klein-Blenkers)

<u>Anlage</u>
Erhebungsbogen
Freiumschlag

INSTITUT FÜR MITTELSTANDSFORSCHUNG

– FORSCHUNGSGRUPPE KÖLN –

Direktor: Prof. Dr. Fritz Klein-Blenkers

ERHEBUNG ZUM PROBLEMBEREICH INFORMATIONSWESEN
FÜR DIE ABSATZFÜHRUNG MITTELSTÄNDISCHER BETRIEBE DER KONSUMGÜTERINDUSTRIE

I. FRAGEN ZUR CHARAKTERISIERUNG DES BETRIEBES UND SEINER MARKTVERHÄLTNISSE

1 In welcher Branche ist Ihr Betrieb überwiegend tätig? ....

2 Wieviele Beschäftigte hat Ihr Betrieb? ....Personen ⟶ Davon erledigen schätzungsweise Absatzaufgaben (Innen- u. Außendienst)? ....Personen.

3 Wie kann das Produktprogramm Ihres Betriebes umschrieben werden?
☐ enges Produktprogramm ☐ breites Produktprogramm ☐ enges, aber spezialisiertes Produktprogramm
☐ breites und spezialisiertes Produktprogramm

4 Über welche Absatzwege setzen Sie hauptsächlich Ihre Produkte ab? (Mehrfachnennungen möglich)
☐ Facheinzelhandel ☐ Warenhaus ☐ Filialbetrieb ☐ Großhandel ☐ Direktabsatz an Konsumenten
☐ Einkaufsvereinigung, -genossenschaft, Freiwillige Kette ☐ sonstige, nämlich ....

5 Wie charakterisieren Sie längerfristig Ihre betriebliche Absatzsituation hinsichtlich

Absatzmarkt	☐ lokal	☐ regional	☐ national	☐ international
Nachfrage	☐ stabil	☐ wechselhaft		☐ stark schwankend
Abnehmerstruktur	☐ gleichbleibend	☐ hin und wieder wechselnd		☐ sehr wechselhaft
Konkurrenzverhalten	☐ passiv	☐ gelegentlich aktiv		☐ sehr aktiv
Technologischer Entwicklung	☐ nur geringe Änderungen	☐ Entwicklung ist überschaubar		☐ ständig Neuerungen

6 Liegen Sie bezüglich der Umsatz- und Gewinnentwicklung im Durchschnitt der letzten 5 Jahre
☐ über ☐ im ☐ oder unter Branchendurchschnitt? ☐ weiß nicht

II. FRAGEN ZUR LANGFRISTIGEN FÜHRUNG IM ABSATZ

7 Welche der folgenden langfristigen Absatzmaßnahmen werden in Ihrem Betrieb verfolgt bzw. sind in Zukunft geplant? (Mehrfachnennungen möglich)

langfristige Absatzmaßnahmen	werden verfolgt	sind geplant
Konzentration auf Spezialprodukte		
Permanente Produktverbesserungen bzw. -neuerungen		
Konzentration auf besonders höherwertiges Qualitätsniveau		
Markenartikelpolitik		
Tendenzielle Hochpreispolitik		
Tendenzielle Niedrigpreispolitik		
Spezialisierung auf bestimmte Absatzwege		
Werbe- und Verkaufsförderungsstrategien		
Konzentration auf bestimmte Abnehmergruppen		
Konzentration auf regionale Marktsegmente		
Erschließen neuer Märkte		
Verstärktes Auslandsengagement		
Kooperation mit anderen Betrieben		
sonstige Maßnahmen, nämlich:		
keine Maßnahmen		

8 Wenn in Ihrem Betrieb langfristige Überlegungen über zukünftige Entwicklungsmöglichkeiten angestellt werden, an welchen der folgenden Gegebenheiten orientieren Sie sich und welche Bedeutung messen Sie diesen Orientierungsschwerpunkten bei? (Mehrfachnennungen möglich)

inner- und außerbetriebliche Orientierungsschwerpunkte	haben .... Bedeutung			
	außerordentl.	große	geringe	keine
Produkt bzw. Produktprogramm				
finanzielle Situation				
personelle Situation				
Bedarf und Wünsche der Kunden				
Maßnahmen der Konkurrenz				
Situation auf den Absatzwegen				
Verhältnisse auf den Beschaffungsmärkten				
sonstige, nämlich:				

9 Welche Personen sind in Ihrem Betrieb vorwiegend Träger von Führungsaufgaben (vgl. Frage 11) ?
der (die) Eigentümer☐, Anzahl ....; leitende Angestellte☐, Anzahl ....
sonstige Personen: ....

10 Welche Ausbildungsrichtung haben diese Personen vorwiegend?
Kfm.☐ Techn.☐ Jurist.☐ sonstige, nämlich: ....

11 Wie hoch schätzen Sie die zeitliche Belastung durch folgende Führungsaufgaben bzw. -tätigkeiten im Absatzbereich und welche Bedeutung wird diesen in Ihrem Betrieb beigemessen?

Funktionsbereiche	einzelne Führungsaufgaben bzw. -tätigkeiten	stellen eine ... Belastung dar				haben .... Bedeutung			
		sehr große	große	unbedeutende	keine	außerordentl.	große	geringe	keine
Innovation	Entwicklung neuer Ideen und Vorschläge (bezügl. Produkte, Verfahren, Märkte, absatzpol. Maßnahmen usw.)								
Planung	Setzen von langfristigen Absatzzielen								
	Festlegung von langfristigen Absatzmaßnahmen								
Organisation	Entscheidungen über Aufbau bzw. Änderung der Absatzorganisation								
	Entscheidungen über langfristige organisatorische Maßnahmen zur Regelung der Absatztätigkeit								
	Entscheidungen über die Gestaltung des Informationswesens								
Kontrolle	Kontrolle der langfristigen Absatzziele								
	Kontrolle der langfristigen Absatzmaßnahmen								
Repräsentation	Repräsentation des Betriebes nach außen hin								
	Sonstige, nämlich								

III. FRAGEN ZUM INFORMATIONSBEDARF FÜR LANGFRISTIGE FÜHRUNGSAUFGABEN IM ABSATZ

12 Welche Bedeutung messen Sie den nachstehend aufgeführten Informationen für die langfristigen Führungsaufgaben im Absatz (vgl. Frage 11) bei und wie beurteilen Sie diesbezüglich Ihren derzeitigen Informationsstand?

Informationsbereich	einzelne Informationsarten	Informationen ... haben Bedeutung				derzeitiger Informationsstand		
		außerordentl.	große	geringe	keine	zufriedenstellend	wenig zufriedenstellend	nicht zufriedenstellend
Betrieb	Kosten und Erlöse des eigenen Produktes bzw. Produktprogramms							
	Kosten für den Einsatz absatzpol. Maßnahmen (z.B. für Werbung, Produktgestaltung usw.)							
	Reklamationen							
	Kapazitäten, Engpässe in den Bereichen Beschaffung, Produktion, Finanzen, Personal							
Markt	Bedarf, Wünsche und Kaufverhalten der Konsumenten							
	Änderung in der Konkurrenzstruktur							
	Konkurrenzmaßnahmen							
	Entwicklungen auf dem Branchenmarkt							
	Umsatzentwicklungen auf den Märkten ergänzender Produkte							
	Entwicklungen auf vorgelagerten Märkten							
	Entwicklungen bei den Absatzmittlern (wirtschaftl. Situation, Änderungen in den Betriebsformen usw.)							
	Entwicklungen auf den Beschaffungsmärkten							
betriebliche Umwelt	Konjunkturelle Entwicklungen							
	Währungsschwankungen							
	Entwicklungen auf internationalen Märkten							
	Neuerungen von Produkten und Prozessen							
	Entwicklungen auf dem Kapitalmarkt							
	Entwicklungen auf dem Arbeitsmarkt							
	Wirtschafts-, steuer- und finanzpol. Maßnahmen des Staates							
	Gesetzliche Regelungen und Auflagen							
	Allgemeine Mode- und Geschmacksveränderungen							
	Bevölkerungsentwicklungen							
	Förderungshilfen für mittelständische Betriebe							
	Sonstige, nämlich							

13 Welche Informationen sind insgesamt Ihrer Meinung nach für die langfristige Absatzführung am wichtigsten? (Gewichten Sie bitte die Informationsbereiche wie folgt: 3 = sehr wichtig / 2 = wichtig / 1 = unwichtig.)

- ☐ die Betriebsinformationen
- ☐ die Marktinformationen
- ☐ die Umweltinformationen

IV. FRAGEN ZUR INFORMATIONSBESCHAFFUNG

14 Aus welchen Informationsquellen bzw. aus welchem -material und in welchem Umfang beschafft sich Ihr Betrieb die notwendigen Informationen für die langfristige Absatzführung?

	Informationsquellen/ -material (Mehrfachnennungen möglich)	Informationsquellen werden .... genutzt: regelmäßig	nur bei Problemanfall	selten	gar nicht	Begründen Sie bitte die Fälle "selten" bzw. "gar nicht genutzt" (Mehrfachnennungen möglich): zu hohe Kosten bei der Informationsgewinnung	großer Zeitaufwand bei der Auswertung der Quellen/des Materials	Informationen sind für langfr. Absatzführung ungeeignet	Quellen/Material ist unbekannt
inner-betriebl.	Außendienstberichte								
	Rechnungswesen								
	Betriebsinterne Statistiken								
	Betriebl. Vorschlagswesen								
	Innerbetriebl. Konferenzen								
	Kommunikationsunterlagen von Marktpartnern								
außer-betriebl.	Erfahrungsaustausch mit Konkurrenten								
	Bereits vorliegendes Material von Marktforschungsinstituten								
	Informationsdienste								
	Kreditinstitute								
	Private Berater / Agenturen								
	Patentanwälte								
	Betriebsvergleiche								
	Messen und Ausstellungen								
	Mitteilungen von Kammern								
	Mitteilungen von Fachverbänden								
	Amtl. Statistiken								
	Informationsschriften von staatl. Organen								
	Veröffentlichungen von wissenschaftlichen Instituten								
	Mitteilungen von Förderungsinstitutionen								
	Fachzeitschriften								
	Tages- und Wirtschaftspresse								
	Sonstige, nämlich:								

15 Werden von Ihrem Betrieb bzw. von beauftragten Instituten eigene Markterhebungen durchgeführt?

☐ Nein ☐ Ja ⟶ Wenn ja, welchen Zweck haben die Erhebungen? (Mehrfachnennungen möglich)

- ☐ Abnehmeranalyse
- ☐ Absatzmittleranalyse
- ☐ Konkurrenzanalyse
- ☐ Analyse über Wirkungen absatzpolitischer Maßnahmen
- ☐ Sonstige, nämlich: ....

16 Wie steht Ihr Betrieb zu der Möglichkeit, in Form einer Kooperation (z.B. mit Konkurrenten, Handelsbetrieben usw.) die Informationsbeschaffung und/oder -verarbeitung durchzuführen?

- ☐ Ist hin und wieder schon mal gemacht worden.
- ☐ Haben wir einmal gemacht und lehnen es seitdem ab, weil ....
- ☐ Wird regelmäßig gemacht.
- ☐ Würden wir machen, wenn wir geeignete Partner finden würden (Weiter mit Frage 18)
- ☐ Stehen wir grundsätzlich skeptisch gegenüber, weil ....(Weiter mit Frage 18)

17 In welcher Weise geschah/geschieht diese kooperative Zusammenarbeit? (Mehrfachnennungen möglich)

- ☐ Gegenseitiger Informationsaustausch unter mehreren Betrieben
- ☐ Gemeinsame Durchführung von Markterhebungen mit mehreren Betrieben
- ☐ Gemeinsame Einschaltung von Marktforschungsinstituten
- ☐ Zusammenarbeit mit Verbänden bzw. Kammern
- ☐ Sonstige Form, nämlich: ....

18 Sind Sie der Ansicht, daß Ihre bisherigen Bemühungen zur Deckung des Informationsbedarfs für den Absatzbereich insgesamt gesehen ausreichend waren?

Für tägl. Routineentscheidungen: ☐ voll und ganz ☐ mehr oder weniger ☐ ganz und gar nicht
Für langfristige Entscheidungen: ☐ voll und ganz ☐ mehr oder weniger ☐ ganz und gar nicht

V. FRAGEN ZUR INFORMATIONSVERARBEITUNG, -SPEICHERUNG UND -ORGANISATION

19 Wenn Sie Informationen aus den verschiedensten Quellen ermittelt haben, welche Tätigkeiten werden im Rahmen der Informationsverarbeitung durchgeführt?

- ☐ Systematisches Auswählen der wichtigsten Informationen
- ☐ Zuordnung der Informationen zu den einzelnen Führungsaufgaben
- ☐ Verknüpfung unterschiedlicher Informationen
- ☐ Verdichtung von Informationen
- ☐ Sonstige Tätigkeiten, nämlich: ....

20 Ist in Ihrem Betrieb eine EDV-Anlage installiert?

☐ Nein ☐ Ja ⟶ Wenn ja, werden auch Informationen für die langfristige Absatzführung (vgl. Frage 12) verarbeitet und gespeichert? ☐ Ja ☐ Nein

21 Welche der folgenden Verfahren zur Auswertung beschaffter Informationen werden in Ihrem Betrieb angewendet, und wird die EDV dabei zu Hilfe genommen? (Mehrfachnennungen möglich)

	Auswertungsverfahren	werden ... angewendet manuell	mit Hilfe der EDV	nicht angewendet
math. Verfahren	einfache Verfahren der Datenauswertung (Summierung, Prozentuierung usw.)			
	statistische Prognosemethoden (Trendberechnungen, Regressionsanalysen usw.)			
	multivariate Verfahren (Faktoranalyse, Clusteranalyse usw.)			
nicht math. Verfahren	Sortieren von Datenbeständen			
	Graphische Darstellung von Datenmengen			
	Sonstige, nämlich:			

22 Werden Informationen in Ihrem Betrieb gespeichert und in welcher Form geschieht dies?

- ☐ ungeordnet abgelegt
- ☐ nach Ordnungskriterien abgelegt
- ☐ in einer EDV-Datei gespeichert, bei der ein rascher Zugriff nach bestimmten Kriterien möglich ist
- ☐ sonstige Möglichkeiten, nämlich: ....
- ☐ nicht gespeichert

23 Gliedert Ihr Betrieb die Informationsverarbeitung aus?

☐ nie ☐ hin und wieder ☐ regelmäßig → an wen? (z.B. Marktforschungsinstitute): ....

24 Wer ist in Ihrem Betrieb für das Informationswesen zuständig? (Mehrfachnennungen möglich)

☐ Betriebsführung ☐ Verkaufsabteilung ☐ Rechnungswesen ☐ eigens dafür abgestellte Personen
☐ ist nicht exakt geregelt ☐ Aufgaben werden vom Betrieb selbst nicht wahrgenommen

VI. ABSCHLIESSENDE FRAGEN

25 Sehen Sie einen Zusammenhang zwischen einem systematisch aufgebauten Informationswesen und einer Verbesserung der langfristigen Absatzführung?

☐ Ja ☐ Nein

Wenn ja, wo ergeben sich für mittelständische Betriebe Ihrer Meinung nach besondere Chancen durch ein Informationssystem? (Mehrfachnennungen möglich)

- ☐ bei der Erhöhung der Leistungs- und Wettbewerbsfähigkeit
- ☐ bei der Einschätzung zukünftiger Marktentwicklungen
- ☐ bei der Planung und Kontrolle langfristiger Absatzmaßnahmen
- ☐ bei der Suche nach neuen Märkten
- ☐ bei der Entwicklung neuer Produkte
- ☐ sonstige, nämlich: ....

26 Gibt es in Ihrem Betrieb einen Etat für Informationsbeschaffung und -verarbeitung?

☐ Nein ☐ Ja → Wenn ja, in welchem Verhältnis steht dieser zum Werbeetat?

- ☐ sehr viel niedriger als der Werbeetat
- ☐ niedriger als der Werbeetat
- ☐ etwa gleich
- ☐ höher als der Werbeetat
- ☐ keine Vergleichsangaben möglich

27 Wo sehen Sie für das Informationswesen mittelständischer Betriebe grundsätzlich die wichtigsten Probleme? (Gewichten Sie bitte die Probleme in den Kästchen wie folgt: 3 = groß / 2 = mittel / 1 = gering.)

- ☐ Probleme beim Erkennen und Ermitteln notwendiger Informationen
- ☐ Probleme bei der Informationsverarbeitung
- ☐ Probleme bei der innerbetrieblichen Informationsweitergabe
- ☐ Finanzielle Probleme
- ☐ Organisatorische Probleme
- ☐ Probleme bei der Informationsbeschaffung
- ☐ Probleme bei der Informationsspeicherung
- ☐ Probleme bei der Einführung und Handhabung der EDV
- ☐ Personelle Probleme
- ☐ Sonstige Probleme, nämlich: ....

28 Für eine Verbesserung des Informationswesens in mittelständischen Betrieben kommen verschiedene Maßnahmen in Betracht. Welche Bedeutung messen Sie den folgenden Maßnahmen im einzelnen bei?

Verbesserungsmaßnahmen	Maßnahmen haben ... Bedeutung außerordentl.	große	geringe	keine
Nutzbarmachen der innerbetrieblichen Informationsquellen (Rechnungswesen, Außendienstberichte usw.)				
Installation einer eigenen EDV-Anlage				
Inanspruchnahme der "EDV außer Haus"				
Erschließen außerbetrieblicher Informationsquellen				
Ausbau der Zusammenarbeit mit anderen Betrieben auf dem Gebiet der Informationsversorgung				
Unterstützung durch Kammern und Verbände bei der Informationsbeschaffung u. -verarbeitung				
Finanzielle Unterstützungsmaßnahmen durch den Staat zur Errichtung eines zentralen Informationssystems				
Beratungs- und Schulungsmaßnahmen				
Sonstige, nämlich:				

Im Rahmen der Untersuchung soll nach Abschluß der schriftlichen Erhebung auch eine Reihe von persönlichen Gesprächen zur Vertiefung der angeschnittenen Fragen geführt werden. Wenn Sie evtl. bereit sind, ein kurzes Gespräch mit einem meiner Mitarbeiter zu führen, dann bitte ich Sie, die Kontaktperson mit deren Telefonnummer einzusetzen.

Kontaktperson: Frau/Herr: ....Telefonnummer: ....

Vielen Dank für Ihre Mitarbeit !

Anschrift für diese Untersuchung:

Institut für Mittelstandsforschung
- Forschungsgruppe Köln -
Barbarossaplatz 2
5000 Köln 1

Neuerscheinungen des Josef Eul Verlages

Reihe: Steuer, Wirtschaft und Recht
Herausgegeben von StB Dr. Johannes Georg Bischoff, Köln und Dr. Alfred Kellermann, Richter am BGH, Karlsruhe

Band 1: Johannes Georg Bischoff, Die Beeinflußbarkeit des Kapitalrisikos eines Gesellschafters einer Personengesellschaft durch den Gesellschaftsvertrag
Bergisch Gladbach 1983, 306 S., 29,50 DM, ISBN 3-89012-001-6

Band 2: Hans-Joachim Marschdorf, Unternehmensverwertung im Vorfeld und im Rahmen gerichtlicher Insolvenzverfahren – eine entscheidungsorientierte Analyse unter besonderer Berücksichtigung personalbedingter Belastungen
Bergisch Gladbach 1984, 312 S., 48,— DM, ISBN 3-89012-002-4

Band 3: Bernd Kempen, Der Provisionsanspruch des Zivilmaklers bei fehlerhaftem Hauptvertrag
Bergisch Gladbach 1984, 280 S., 49,— DM, ISBN 3-89012-003-2

Band 4: Hans-Bert Binz, Kritik an deutschen Wirtschaftsprüfern – Ein Glaubwürdigkeitsproblem? Eine Profession im Spannungsfeld der Interessen
Bergisch Gladbach 1984, 336 S., 49,— DM, ISBN 3-89012-004-0

Band 5: Klaus Müller, Steuerzahlungen in der Kapitalbedarfsrechnung einer Kapitalgesellschaft
Bergisch Gladbach 1984, 238 S., 42,— DM, ISBN 3-89012-005-9

Band 6: Ursula Ley, Der Begriff ‚Wirtschaftsgut' und seine Bedeutung für die Aktivierung
Bergisch Gladbach 1984, 291 S., 48,— DM, ISBN 3-89012-006-7

Band 7: Erich Dörner, Plankostenrechnungen aus produktionstheoretischer Sicht
Bergisch Gladbach 1984, 406 S., 54,— DM, ISBN 3-89012-012-1

Band 8: Wolfgang Rebel, Der Widerruf des betrieblichen Ruhegeldes bei wirtschaftlicher Notlage des Arbeitgebers
Bergisch Gladbach 1984, 292 S., 49,— DM, ISBN 3-89012-011-3

Band 9: Wolfgang Russ, Der Anhang als dritter Teil des Jahresabschlusses – Eine Analyse der bisherigen und der zukünftigen Erläuterungsvorschriften für die Aktiengesellschaft
Bergisch Gladbach 1984, 350 S., 54,— DM, ISBN 3-89012-013-X

Reihe: Planung, Information und Unternehmungsführung

Herausgegeben von Prof. Dr. Norbert Szyperski, Köln; Prof. Dr. Paul Schmitz, Köln; Prof. Dr. Winfried Matthes, Köln und Dr. Udo Winand, Frankfurt

Band 1: Renate Mayntz, Norbert Szyperski, Dokumentation und Organisation – Eine vergleichende Studie zu Primär- und Sekundär-Dokumentationen in Wirtschaft, Wissenschaft und öffentlicher Verwaltung
Bergisch Gladbach 1984, 135 S., 29,— DM, ISBN 3-89012-008-3

Band 2: Michael Timm, Konstruktion und Analyse Strukturierter Spezifikationen der Benutzeranforderungen bei der Gestaltung Rechnergestützter Betrieblicher Informationssysteme
Bergisch Gladbach 1984, 310 S., 48,— DM, ISBN 3-89012-009-1

Band 3: Hartmut Voß, Nutzungsmöglichkeiten von Bildschirmtext an wissenschaftlichen Hochschulen – dargestellt am Beispiel der Universität zu Köln
Bergisch Gladbach 1984, 234 S., 42,— DM, ISBN 3-89012-010-5

Band 4: Andreas Paffhausen, Grundlagen eines Informationssystems für die langfristige Absatzführung in mittelständischen Betrieben der Konsumgüterindustrie
Bergisch Gladbach 1984, 230 S., 45,— DM, ISBN 3-89012-014-8

Reihe: Gründung, Innovation und Beratung

Herausgegeben von Prof. Dr. Norbert Szyperski, Köln; Dr. Heinz Klandt, Köln und StB Dr. Johannes Georg Bischoff, Köln

Band 1: Heinz Klandt, Aktivität und Erfolg des Unternehmungsgründers – Eine empirische Untersuchung unter Einbeziehung des mikrosozialen Umfeldes
Bergisch Gladbach 1984, 461 S., 59,— DM, ISBN 3-89012-007-5